江苏科技大学人文社科优秀学术专著资助计划；江苏省社科

经管文库·管理类

前沿·学术·经典

# 传统制造业与数字经济
# 融合机制与模式研究

RESEARCH ON THE INTEGRATION
MECHANISM AND MODEL OF TRADITIONAL
MANUFACTURING INDUSTRY AND DIGITAL
ECONOMY

周　慧　崔祥民　著

经济管理出版社
ECONOMY & MANAGEMENT PUBLISHING HOUSE

**图书在版编目（CIP）数据**

传统制造业与数字经济融合机制与模式研究/周慧，崔祥民著.—北京：经济管理出版社，2023.11

ISBN 978-7-5096-9470-1

Ⅰ.①传…　Ⅱ.①周…②崔…　Ⅲ.①制造工业—数字化—研究—中国　Ⅳ.①F426.4-39

中国国家版本馆 CIP 数据核字（2023）第 223324 号

组稿编辑：赵天宇
责任编辑：赵天宇
责任印制：许　艳
责任校对：张晓燕

出版发行：经济管理出版社
　　　　　（北京市海淀区北蜂窝 8 号中雅大厦 A 座 11 层　　100038）
网　　　址：www.E-mp.com.cn
电　　　话：（010）51915602
印　　　刷：唐山玺诚印务有限公司
经　　　销：新华书店
开　　　本：720mm×1000mm/16
印　　　张：13.5
字　　　数：245 千字
版　　　次：2023 年 12 月第 1 版　　　2023 年 12 月第 1 次印刷
书　　　号：ISBN 978-7-5096-9470-1
定　　　价：88.00 元

# 前　言

　　党的十九届五中全会提出，坚持把发展经济着力点放在实体经济上，这一轮实体经济质量变革、效率变革和动力变革的关键在于"数字经济赋能"。传统制造业与数字经济融合已成为重塑传统制造模式，促进生产过程网络化、协同化、生态化，实现传统制造业转型升级和价值链攀升的重要途径。然而，相较于在消费领域的应用速度，制造业领域的数字化转型仍处于起步期，对实体经济的影响也处于"过渡阶段"，甚至产生了"挤出效应"。因此，系统评估传统制造业与数字经济融合发展水平、揭示二者相互关系及作用机制、发现融合的有效模式和影响效应、提出促进深度融合的政策建议对于促进传统制造业高质量发展具有重要意义。

　　本书按照"发现问题—分析问题—解决问题"的研究思路，构建传统制造业与数字经济融合理论模型，测度传统制造业与数字经济融合水平，发现传统制造业与数字经济融合的内在动力机制，识别数字经济与实体经济融合的经济效应，提出微观视角的融合模式和宏观视角的融合政策体系，推动传统制造业与数字经济的深度融合，促进传统制造业转型升级与高质量发展。

　　本书共有九章，第一章为绪论，第二章为研究热点与前沿演进，第三章为传统制造业与数字经济融合现状调查与水平测度，第四章为传统制造业与数字经济融合过程研究，第五章为传统制造业与数字经济融合动力机制研究，第六章为传统制造业与数字经济融合模式研究，第七章为传统制造业与数字经济融合效应研究，第八章为传统制造业与数字经济融合典型案例研究，第九章为传统制造业与数字经济融合政策研究。

　　本书深化了传统制造业与数字经济融合的理论蕴含，加深了传统制造业与数字经济融合的学理认知，丰富了中国情境下的传统制造业与数字经济融合研究，为推动传统制造业与数字经济深度融合提供有效路径。

本书是江苏省社科基金《乡村振兴视域下数字赋能返乡人员高质量创业的机制与政策研究》（23SHB008）、江苏科技大学人文社科优秀学术专著资助计划的部分成果。张子煜、葛恒刚、裴颖慧、柴晨星等参与了部分工作。感谢江苏科技大学的资助，感谢经济管理出版社的编辑以及参与者的辛勤付出。

# 目　录

# 第一章　绪论

## 第一节　研究背景

### 一、经济背景

党的十九届五中全会提出，坚持把发展经济着力点放在实体经济上。此外，还要将"数字经济赋能"作为实体经济质量、效率和动力变革的关键要素。制造业是实体经济中最重要和最基础的部分，是国家经济命脉所系，是立国之本、强国之基。我国制造业虽然体系最健全、规模最大，但创新能力不足，利润率不高，在全球价值链中处于中低端位置。在国内背景与复杂国际影响下，传统制造业与数字经济深度融合，逐渐成为传统制造业发展的中心议题，成为我国制造业增强竞争力和转向高质量增长模式的重要渠道。

（一）国际经济背景

1. 重振制造业成为国际趋势

制造业是国民经济之根本，地位不可动摇，推动制造业转型已成为当务之急。一方面，根据中国工程院战略咨询中心等发布的《2020中国制造强国发展指数报告》，中国制造业仍旧处于大而不强的地位，位于第三阵营，而美国依旧处于第一阵营，德国、日本处于第二阵营；另一方面，此前因受到金融危机影响，欧美等国家和地区为了增设岗位、促进经济增长，纷纷鼓励高端制造业回流，又因受到劳动力、土地、原材料等生产成本要素影响，大量的跨国公司选择将国内的工厂转移至越南、柬埔寨等东南亚国家，在此情况下，中国制造业势必受到影响，转型迫在眉睫，由低端制造业逐步转向高端制造业，最终实现智能制造。

2. "福特主义"终结，"后福特主义"兴起

"福特主义"一词首先由安东尼奥·葛兰西提出，主要用来描述一种基于美国方式的新的工业模式①。福特主义模式下，主要是以生产机械化、自动化和标准化形成的流水作业及其相应的工作组织。随着经济增长以及一系列条件变化，福特主义出现危机，继而进入后福特主义时代，即以灵活的专业化生产取代大规模标准化消费商品的生产。如今我国也正处于这一状态，制造业产能过剩，但在全球经济一体化的情况下，消费者的观念悄然发生变化，大众消费已经不再是主流，取而代之的是个性化消费，需要更多定制化的产品，那么大型标准化的生产模式已经不能满足消费者的需求，而此时传统制造业就需要寻求改变来满足消费者的需求，转型就成为了传统制造业的主题。

（二）国内经济背景

1. 创新驱动成为国家核心战略

目前，新产业革命对制造技术、流程和组织模式形成了巨大冲击，世界各主要经济体对此高度重视，纷纷将先进制造业创新发展提升到战略高度②，希望在未来产业发展和国际竞争中占据主动权；而中国也提出创新是发展的第一动力，把创新摆在国家发展全局的核心位置，但从《2020 中国制造强国发展指数报告》中得知，致使中国制造业持续发展降低的主要原因是中国制造业研发投入不够，企业缺乏创新积极性，与此同时，欧美等国家和地区的创新综合指数明显高于其他国家，并且掌握了全世界将近 90% 的高端技术，这些均表明由于我国制造业长期以来基础薄弱，创新能力不足，制造业发展因此受到限制，而想要打破这种限制，则需要鼓励龙头企业发挥"带头作用"，激励中小企业勇于创新，以期能够突破核心技术，解决"卡脖子"的难题。

2. 人口老龄化成为新常态

改革开放以来，中国抓住国际产业转移的机会，凭借着低廉的人工成本迈入了全球制造业产业链，实现了制造业的飞速发展，推动了经济的持续增长，但随

---

① 安东尼奥·葛兰西. 狱中札记 [M]. 曹雷雨，姜丽，张跣，译. 北京：中国社会科学出版社，2000.

② 刘明达，顾强. 从供给侧改革看先进制造业的创新发展——世界各主要经济体的比较及其对我国的启示 [J]. 经济社会体制比较，2016（1）：19-29.

着中国进入经济新常态，中国人口也逐渐进入了以人口增长率持续走低、劳动年龄人口减少、老龄化程度加深、人口素质提高以及人口城镇化进程加快为特点的时代，制造业无法享受到人口红利，人工成本上升，利润降低，企业生存困难，而要摆脱这些困境最好的方式就是进行数字化转型。

## 二、技术背景

随着新一代信息技术的发展，世界开始进入第四次工业革命，进入了传统产业向数字化转型时期。数字技术是多种数字化技术的集称①，包括人工智能（Artificial Intelligence）、区块链（Block Chain）、云计算（Cloud Computing）和大数据（Big Data）等技术，虽然数字技术已经广泛应用于各行各业，但是在应用的过程中也存在着诸多问题。

（一）数字技术发展趋势

1. 人工智能

人工智能是研究人类智能行为规律，如学习、计算、推理、思考、规划等，构造具有一定智慧能力的人工系统，以完成往常需要人的智慧才能胜任的工作②。人工智能一词在 1956 年的美国达特茅斯会议上被正式提出，直到 2016 年，世界围棋冠军李世石以总分 1∶4 输给谷歌计算机围棋程序 "AlphaGo"，人工智能才引起了人们的广泛关注，利用人工智能技术，可以节约成本、提高全要素生产率、推动柔性生产和大规模定制等，并且随着人工智能的逐步发展，已成为未来科技不可缺少的一环，是推动制造业转型不可或缺的技术，推动制造业向 "智能制造" 发展，促进中国制造业由低端转向中、高端，从制造大国变为制造强国。

2. 区块链

区块链是随着比特币等数字加密货币的逐渐普及而兴起的一种全新的去中心化基础架构与分布计算范式，具有去中心化、可编程和安全可信等特点③，并被广泛应用于农业、制造业、金融业等领域。随着区块链技术发展日趋成熟，区块

---

① Kohli R，Melville N P. Digital innovation：A review and synthesis ［J］. Information Systems Journal，2019，29（1）：200-223.

② 卢克·多梅尔. 人工智能——改变世界，重建未来 ［M］. 赛迪研究院专家组，译. 北京：中信出版社，2016.

③ 袁勇，王飞跃. 区块链技术发展现状与展望 ［J］. 自动化学报，2016，42（4）：481-494.

链数据流通更加高效，企业可以通过区块链来进行信息交流、资源共享，并且因为区块链可以保存最原始的资料，制造公司可以长期保存客户数据。

3. 云计算

复旦大学钟亦平等根据 Foster 等（2008）的研究，将云计算定义为以服务的方式将应用通过互联网进行发布，以实现这些服务所涉及的硬件以及系统软件[①]。现在，云计算以平台即服务（PaaS）、基础设施即服务（IaaS）和软件即服务（SaaS）为主要服务形式，并且《云计算白皮书（2021 年）》的数据表明，在公有云市场，直到 2020 年，SaaS 一直呈现持续增长的趋势，尤其是相比较2019 年增长了 145.3%，此外，IaaS 一直占据着我国市场的主要份额，规模达到895 亿元，这些数据均体现了云计算在我国企业数字化转型中的重要性。

4. 大数据

根据维基百科的定义，大数据是指利用常用软件工具捕获、管理和处理数据所耗时间超过可容忍时间的数据集。现在大数据逐步覆盖数据分析应用、数据技术管理以及基础技术等，其中，在数据管理方面，因为人工智能的发展，可以通过精确分析数据、识别数据特征进行数据主题分类等。

（二）数字技术发展问题

虽然我国数字技术发展迅速，但也存在诸如安全、基础设施建设薄弱、核心技术受限等问题。

1. 安全问题引人担忧

随着大数据、人工智能、云计算、区块链等数字技术的不断发展，数字技术的安全问题也引起人们的广泛关注。比如，随着企业不断"上云"，企业纷纷担心云计算架构的安全，担心被非法访问和盗窃数据；区块链的不同节点防护能力不同，导致系统存在被攻击的风险，并且随着数据链上的数据越来越丰富，在使用数据过程中容易产生被人盗用信息等问题。

2. 基础设施建设薄弱

基础设施建设不仅包括传统的基础设施建设，还包括新型的基础设施建设。一方面，我国幅员辽阔，地区经济发展不一，沿海地区经济发达，内陆地区经济欠发达，存在城镇化信息基础设施完善、农村信息基础设施落后，以及东、西部

---

① Foster I, Yong Z, Raicu I, et al. Cloud computing and grid computing 360-degree compared ［C］. Grid Computing Environments. Workshop，2008：1-10.

地区基础设施建设差距较大等问题；另一方面，尽管我国在移动通信技术 5G 领域取得了优势，但是谷歌、微软等国际互联网公司纷纷投身卫星互联网和超高速海底光缆等新一代信息基础设施建设，从而中国在卫星通信和海底电缆方面仍处于起步阶段。

3. 核心技术受限

目前，由于我国核心数字技术尚未取得根本性的突破，数字技术发展受到制约。一方面，因为中央处理器（CPU）、内存、操作系统等核心硬件和数据库、中间件等基础软件依赖进口；另一方面，因为芯片生产工艺较为复杂以及诸多关键知识产权均为美国所拥有，受制于美国在关键技术上的"卡脖子"封锁，且我国尚未具备量产芯片尤其是 5 纳米、7 纳米等高端芯片的能力，这些因素致使我国的数字技术进一步发展受限。

4. 数字技术人才缺失

随着数字技术发展，我国在高端技术人才方面的缺口也体现出来了。首先，因为开源软件丰富多样并且具备便利等特征，能够推动数字技术在应用场景中更快地进行迭代，然后解决问题，而我国缺乏具备软件开发的知识和经历的人才。其次，我国高校人才培养模式脱离制造业实际情况，培养学生时并不能很好地将理论与实际相结合，致使缺乏同时具有丰富经验和理论基础知识的复合型人才。

### 三、政策背景

金融危机以来，传统制造业产能过剩，市场竞争激烈，企业生存和发展面临困境，而世界主要制造业国家为了走出这种困境，纷纷出台政策，希望利用数字化转型带领制造业走出困境，助力制造业形成发展新模式。

（一）国际政策

从国际上看，多数发达国家较早认识到数字经济的重要性，而传统制造业又在数字经济中占有重要地位，因此纷纷期望利用政策来助力制造业进行数字化转型升级。如美国在 20 世纪 90 年代初就已经提出了"国家信息基础设施行动计划"，随后在 2012 年白宫发布了数字化战略计划，主要目标就是抓住数字化战略机遇，希望美国的制造业能够增加创新机会并稳坐世界第一制造强国宝座；德国联邦政府在 2016 年 3 月提出《数字战略 2025》，希望通过数字化促进制造业转型和利用"工业 4.0"推动德国数字经济发展；英国政府在 2017 年 3 月出台《数字发展战略》，旨在打造世界领先的数字经济中心以及全面为企业数字化转型提供政策支持，随后在 2020 年 9 月发布了《国家数据战略》，希望通过数据的使用，来提高生产力，创造新的就业机会；2013 年日本提出《日本复兴战略》，实行"日本产业复兴计划"来强化产业基础，并保持制造业在全球竞争中处于优势，创造具有更高附加值的服务制造业，此外，日本政府从 2013 年开始每年制定《科学技术创新综合战略》，提出从"智能化、系统化、全球化"的角度推动科技创新为制造业的转型升级服务。韩国早在 1999 年就发布了《21 世纪网络韩国》的报告，在之后又相继发布了《IT 融合发展战略》《第五次国家信息化基本计划（2013-2017）》《物联网基本规划》《基于数字的产业创新发展战略》等，希望通过数字技术的发展来增强韩国制造业的竞争力。欧盟在 2020 年 3 月提出《2030 数字罗盘》计划，希望到 2030 年，90%的欧盟中小企业已经进行数字化转型，75%的欧盟企业已经使用大数据、人工智能和云计算服务。

（二）国内政策

从国内来看，随着数字经济的快速发展并在 GDP 中占据重要比例，国家不断出台政策鼓励制造业企业进行数字化转型。2015 年国务院印发《关于积极推进"互联网+"行动的指导意见》，要求大力发展智能制造、推动大规模个性化定制、提升网络化协同制造水平以及加速制造业服务化转型。2020 年 6 月，中央全面深化改革委员会发布《关于深化新一代信息技术与制造业融合发展的指导意见》，表明了政府对促进传统制造业进行数字化转型的决心，希望将实体经济与数字技术相融合，带动经济增长，工业和信息化部在 2020 年 12 月发布了《工业互联网创新发展行动计划（2021-2023 年）》，旨在顺应新一轮科技革命和产业升级变革，实现工业互联网整体发展阶段性跃升，推动经济社会数字化转型和高质量发展。2021 年 3 月，国务院发布《中华人民共和国国民经济和社会发展第十四个五年规划和 2035 年远景目标纲要》明确提出应该重点发展实体经济，实施制造强国战略，增强制造业在全球的竞争优势，推动制造业高质量发展，并指出应该发展服务型制造新模式、实施绿色制造和智能制造工程。

## 第二节 研究目的与意义

### 一、研究目的

传统制造业与数字经济融合的重要性已经形成理论共识，但由于数字经济尚处于发展起步阶段，融合过程、融合动力、融合价值等一系列理论问题尚未得到根本解决，传统制造业与数字经济融合仍然处于摸索阶段，仍然缺乏有效理论指导。本书的研究目的是解决传统制造业与数字经济为什么融合、如何融合等一系列问题，以推动传统制造业与数字经济融合向纵深发展。

（1）构建传统制造业与数字经济融合度测量指标与方法体系，为传统制造业与数字经济融合研究奠定坚实理论基础。

（2）发现传统制造业与数字经济融合的内在动力机制，总结传统制造业与数字经济融合发展的规律，揭开传统制造业与数字经济融合的黑箱。

（3）实证分析传统制造业与数字经济融合的创新效应、全球价值链位置效应、转型升级效应，发现传统制造业与数字经济融合的价值。

（4）构建传统制造业与数字经济融合的政策体系，为政府制定与本区域经济发展相契合的传统制造业与数字经济政策提供决策参考。

### 二、研究意义

（一）理论意义

（1）构建传统制造业与数字经济融合测度体系，有利于深化数字经济融合的理论蕴涵。

现有研究着重于数字经济对制造业的单向融合，而忽略了数字经济与制造业产业的动态双向特征，且对融合的测度也仅停留在技术系数法和投入产出法上，具有一定的片面性，未来应该考虑对传统制造业与数字经济的双向融合进行研究，并采用更加精确的非参数随机前沿方法进行更精确的测量，延伸和拓展传统制造业与数字经济融合的视域与问题域。

（2）构建传统制造业与数字经济融合的动力机制和影响效应，有助于加深传统制造业与数字经济融合的学理认知。

学界主要从商业模式、产业结构和产业质量三个方面论述数字经济对传统制造业的影响，既缺乏对融合过程、融合动力等理论问题的深层次探究，也没有将影响效应细化为创新能力、价值链攀升、制造业升级等效应，构建传统制造业与数字经济融合的动力机制模型，刻画传统制造业与数字经济融合的过程，探索传统制造业与数字经济融合的有效模式，审视数字经济对制造业创新能力、价值链攀升、转型升级的影响效应，为传统制造业与数字经济融合提供新的解释逻辑，有利于深化传统制造业与数字经济融合的理论认识，丰富和发展传统制造业与数字经济融合的理论体系。

（二）实践意义

（1）构建传统制造业与数字经济融合测度模型，提供具有较强操作性的测量方法和较为清晰的测量程序，为科学评价制造业细分行业与数字经济融合情况提供方法论指导。

（2）开展传统制造业与数字经济融合模式研究，为传统制造业与数字经济融合提供有效路径，有效指导传统制造业依据资源禀赋选择有效的融合模式，从而提高传统制造业与数字经济融合水平。

（3）开展传统制造业与数字经济融合政策研究，深入了解融合的实际困难和政策需求，为政策制定提供第一手资料。在对传统制造业与数字经济融合政策量化研究的基础上，提出有效的融合促进政策体系。

## 第三节　研究思路与方法

### 一、研究思路

按照"发现问题—分析问题—解决问题"的研究思路，构建传统制造业与数字经济融合理论模型，采取非参数随机前沿方法，从双向融合视角测度传统制造业与数字经济融合水平，发现传统制造业与数字经济融合的内在动力机制，识别数字经济与实体经济融合的经济效应，提出微观视角的融合模式和宏观视角的融合政策体系，推动传统制造业与数字经济的深度融合，促进传统制造业转型升级与高质量发展。本书的研究框架如图 1-1 所示。

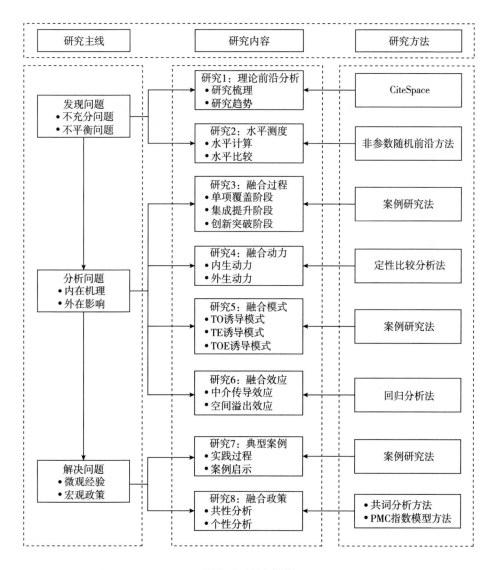

**图 1-1 研究框架**

第一章 绪论。本章主要起到提纲挈领作用，主要阐明研究背景、研究目的、研究意义、研究内容、技术路线和研究方法。

第二章 研究热点及前沿演进。本章运用科学知识图谱分析方法，应用 CiteSpace 软件，进行核心作者网络、关键词共现、高频词时区划分、热点词聚类和突显词辨析等文献计量研究方法，对中外传统制造业与数字经济融合领域的文献特征、研究热点、演进路径、前沿动向进行探索性分析。

第三章　传统制造业与数字经济融合现状调查与水平测度。本章运用非参数随机前沿模型与协调发展系数方法构建数字经济与传统制造业融合模型，为数字经济与传统制造业融合研究奠定坚实的理论基础，以长三角为例开展融合水平测度，为数字经济与传统制造业融合实证研究奠定现实基础。

第四章　传统制造业与数字经济融合过程研究。本章以多重制度理论视角，研究数字经济与传统制造业融合动态演化过程，研究发现：传统制造业与数字经济融合过程具有阶段交叉性特征，传统制造业与数字经济融合不同阶段存在不同的制度逻辑组合，市场逻辑和政府逻辑的协同更加有利于传统制造业与数字经济融合。

第五章　传统制造业与数字经济融合动力机制研究。本章基于组态视角和QCA研究方法，以172家机械制造类上市公司为样本，探究传统制造业和数字经济融合的多重并发和非对称复杂因果关系，发现传统制造业与数字经济高融合动机的有效组态，揭示传统制造业与数字经济高水平融合和非高水平融合存在的复杂机制。

第六章　传统制造业与数字经济融合模式研究。本章引用TOE理论框架，构建三种融合模式，选取三个典型案例加以证明模式的可行性，以期丰富现有的理论体系，从实践层面助力制造企业成功实现数字化转型。

第七章　传统制造业与数字经济融合效应研究。本章采取实证研究方法，分别分析传统制造业与数字经济融合的创新能力提升、价值链攀升、产业升级效应等。

第八章　传统制造业与数字经济融合典型案例研究。本章在深入调研的基础上，分析了四个传统制造业与数字经济融合的典型案例，发现传统制造业通过与数字经济融合实现了由产品中心向客户中心的转变，由人智驱动向数智驱动的转变，由局部建设向全面发展的转变，由传统组织向柔性组织的转变。

第九章　传统制造业与数字经济融合政策研究。本章利用Python搜集2012~2021年国家层面发布的121项传统制造业与数字经济融合的相关政策，从共性层面通过Jieba分词后对主要高频主题词进行词频分析与社会网络图分析，在政策词频分析的基础上结合PMC模型，选取不同类型的四项政策文本进行个性分析。

## 二、研究方法

（1）定量分析法。

本书运用定量分析方法，采取投入—产出的逻辑，计算各个行业实体经济与数字经济之间的正向融合度和反向融合度。在融合度计算的基础上，从横向和纵向两个维度开展对比研究，以发现不同行业、不同发展阶段融合度的变化与问题。

（2）文献分析法。

广泛收集国内外数字经济、产业融合相关研究成果，分析数字经济与实体经济内在联系与相互作用的机理，构建理论分析模型。

（3）归纳法。

本书运用归纳方法，对江苏省纺织、汽车制造等行业与数字经济融合情况开展访谈、观察，获取各种资源，应用时间序列、逻辑模型与比较等技术，进行归纳和总结，以确定融合过程的演化进路、演化规律和特征等。

（4）实证研究法。

基于城市面板数据，运用分位数回归、门槛回归和 OP 方法，分别实证分析数字经济对各个实体经济影响的数量效应、全球价值链位置效应、全要素生产率效应，并对基准回归进行稳健性分析。

# 第四节　创新之处与研究局限

## 一、创新之处

（1）学术思想创新。

一是数字经济向制造业的融合已经深入渗透到制造业升级发展的方方面面，数字技术不仅作为一项技术对制造业的生产环节有效率提升作用，而且其在制造业企业的运营环节与产品流通环节都具有举足轻重的作用，因此在分析数字经济与制造业融合水平对制造业升级的影响时，应采用全局性思想考虑。二是数字经济与制造业融合对制造业升级的影响机制并非单一的直接机制，也存在部分中介变量的间接影响，因此本书基于辩证的全方位分析思想研究了数字经济与制造业融合对制造业升级的影响机制。

（2）学术观点创新。

一是数字经济与制造业融合是一个双向融合的过程，因此融合水平的测算既要考虑数字经济向制造业的正向融合，也要考虑制造业向数字经济的反向融合，同时对融合水平的变化存在时间和空间的双维度差异，需要分别进行分析。二是数字技术与制造业融合对制造业升级的影响存在异质性现象，应采取细粒化的视角研究不同省份、不同城市规模和不同等级的城市数字经济与制造业融合对制造业升级的影响效应。

（3）研究方法创新。

一是基于趋同理论构建数字经济与制造业融合数理模型，运用非参数随机前沿法对融合数理模型进行测度。二是基于数字经济与制造业的融合水平对制造业升级的直接效应，应用空间计量方法进行验证研究，基于数字经济与制造业的融合水平对制造业升级的间接效应，运用中介效应模型进行验证。三是采用系统动力学研究不同政策组合的实施效果，选择最优政策组合。

## 二、研究局限

（1）受限于微观层面的数据可得性，本书仅对某一类传统制造业开展了研究，这在一定程度上影响了结论的可推广性，未来可以收集更多类型传统制造业与数字经济融合的数据，尤其是中小型传统制造企业数据，并对不同类型传统制造业与数字经济融合有效组态开展对比分析，以发现不同类型传统制造业与数字经济融合组态异同。

（2）由于传统制造业与数字经济融合尚处于初级阶段，所以本书仅获取了静态数据，未来可收集跨年度的动态数据，采用时序 QCA 研究方法研究内生与外生因素变化"轨迹"如何影响与数字经济融合度的变化"轨迹"。

# 第二章　研究热点及前沿演进

为了准确掌握传统制造业与数字经济融合的研究脉络以及演进趋势，本章运用科学知识图谱分析方法，基于国外 WOS 核心数据库中的 SSCI 论文数据和国内 CSSCI 数据库中的论文数据，应用 CiteSpace 软件，进行核心作者网络、关键词共现、高频词时区划分、热点词聚类和突显词辨析等文献计量研究方法，对中外传统制造业与数字经济融合领域的文献特征、研究热点、演进路径、前沿动向进行探索性分析，以擘画该领域现行研究成果的全景，为未来的进一步研究提供参考。

## 第一节　文献来源与特征分析

### 一、研究方法与文献来源

（一）研究方法

知识图谱法是指将所分析的对象进行可视化的方法，在中外文献研究中勃然兴起并获得了长足发展。在文献的科学计量中采用知识图谱法，可以科学地探测某一学科知识领域的发展状况及其研究热点、前沿与趋势。本章运用 CiteSpace 软件（由陈超美研发）制作中外传统制造业与数字经济融合研究领域的知识图谱，通过分析文献作者、关键词等网络节点，分析中外相关研究现状及变动趋势。

（二）文献来源

国外文献数据来源于 Web of Science 数据库，检索式设定为 TI＝（manufacturing）AND TI =（"smart" OR "artificial intelligence" OR "industry robot" OR "cloud" OR "internet" OR "blockchain" OR "big data" OR "3D Print"），文献类型限定为 Artical，来源类别限定为 SSCI，检索发现国外与"传统制造业与数字经济融合"主题相关的文献最早于 1991 年出现，为了完整地呈现国外有关该主题研究的发展历程，将国外文献数据的时间跨度设定为 1991~2021 年，获取的文献数量为 2687 篇。国内文献来源于 CSSCI 数据库，检索关键词分别为"制造 AND 智能""制造 AND 机器人""制造 AND 互联网""制造 AND 大数据""制造 AND 区块链""制造 AND 3D 打印""制造 AND 数字""云制造"等，文献类型限定为论文，最早的文献出现时间为 1998 年，将文献数据的时间跨度设定为 1998~2021 年，获得的文献数量为 734 篇。

## 二、文献特征分析

### （一）文献数量特征分析

图 2-1 和图 2-2 分别表示国外、国内传统制造业与数字经济融合研究领域历年发文数量变化状况。由图 2-1 可以看出，国外关于该领域的研究于 1991 年起步，20 世纪 90 年代文献的总体发行量较低，但处于稳步增长的状态，进入 21 世纪直至 2014 年这一阶段，历年文献发行量呈现曲折上升状态，2014 年以后，文献的发行量出现爆发性增长。国内该领域的研究起步较晚，于 1998 年开始，历年文献的发行量的变动趋势与国外相似，同样也是于 2014 年后呈现爆发性增长状态。这可能是与 2014 年前后世界各主要国家纷纷提出相应的制造业发展新战略以及新一代数字技术创新集中涌现等密切相关。如在战略发布方面，2013 年德国提出"工业 4.0"战略、法国提出《新工业法国》战略、英国发布《未来的制造》法案，2014 年美国提出《振兴美国先进制造业》方案，2015 年日本推出《机器人新战略》。新兴数字技术创新方面，2013 年谷歌眼镜发布，标志着物联网和可穿戴设备技术的革命性进步。人工智能技术于 2014 年实现深度算法成功，语音和视觉识别领域的识别率分别达到 99% 和 95%。大数据技术于 2015 年实现业务数据化、BI 以及数据可视化，可以解决实时计算问题，帮助企业进行商业价值和风险分析。云计算技术于 2015 年基本实现功能种类逐渐完善、传统企业逐步上云。

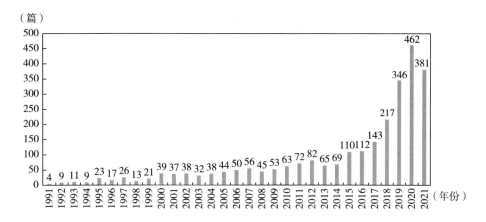

图 2-1　1991~2021 年国外传统制造业与数字经济融合研究文献数量年度分布

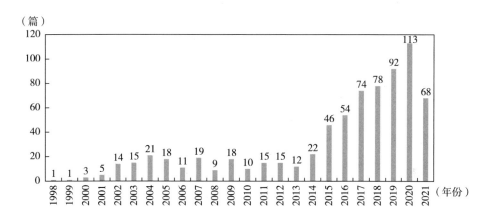

图 2-2　1998~2021 年国内传统制造业与数字经济融合研究文献数量年度分布

（二）核心作者网络

1. 国外核心作者网络

图 2-3 为国外样本文献核心作者网络图，图中显示名称的作者的发文数量均在 5 篇及以上，总共有 17 位作者。由图 2-3 可以看出，核心作者间网络化程度较低，学者间的合作较少，大部分学者独立进行研究，只形成少数固定研究团队。其中影响力最大、发文数量最高的学者为 Angappa Gunasekaran，发表数量 18 篇。其文献发表的主要时间阶段为 2015~2021 年，其研究领域有可持续制造、供应链管理、制造业绩效、制造企业工业 4.0 战略转型。Vinit Parida 的文献发表

数量为 12 篇，其与 David Sjodin、Heiko Gebauer 和 Marko Kohtamaki 等合作较为频繁，形成研究团队，该团队文献发表的时间段为 2019～2021 年，团队主要的研究领域为数字服务化和商业模式创新。Charbel Jose Chiappetta Jabbour 和 Ana Beatriz Lopes De Sousa Jabbour 发表的文章数量各为 7 篇和 6 篇，两人联合发表的数量为 4 篇，其主要的合作领域为可持续制造。Yang Liu 发表的文章数量为 6 篇，发表时间段为 2017～2019 年，其研究主要以中国制造业发展为背景，涉及的领域包括可持续制造、商业模式创新、供应链管理等。

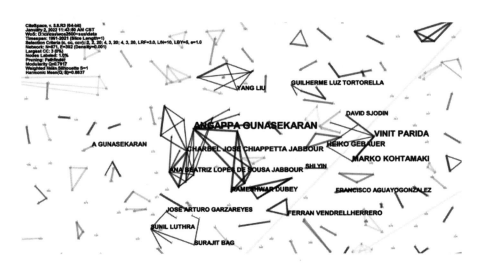

图 2-3　国外样本核心作者网络

**2. 国内核心作者网络**

图 2-4 为国内样本文献核心作者网络图，图中显示名称的作者的发文数量均为 3 篇及以上，核心作者间网络化程度较低，学者间的合作较少，大部分学者独立进行研究，只形成少数固定研究团队。发文数量 5 篇及以上的作者有 7 位，由多到少依次为：毕克新（15 篇）、刘军（6 篇）、郭伟—邵宏宇团队（6 篇）、王媛媛（5 篇）、赵刚—孟凡生团队（5 篇）。毕克新论文发表的时间段为 2009～2014 年，其研究主要涉及制造企业信息化内涵、现状、演进机理以及信息化条件下制造企业工艺创新等方面的研究。刘军论文主要发表的时间段为 2018～2020 年，其研究涉及的领域较广，包括从宏观层面运用实证数据验证"互联网+"对于制造业价值链攀升、制造业就业的影响，智能化对于制造业结构优化、全要素

生产率的影响，中国智能化发展进程，新型智能制造工程人才培养等方面。赵刚—孟凡生团队论文发表的时间段为 2018～2019 年，主要涉及传统制造企业智能化转型的影响因素、影响机制、转型过程、演化博弈等方面的研究。王媛媛论文发表的时间段为 2016～2020 年，其研究领域集中在智能制造方面，涉及国际智能制造发展水平分析、中国智能制造发展问题、创新路径、智能制造导致的生产方式变革等方面的研究。

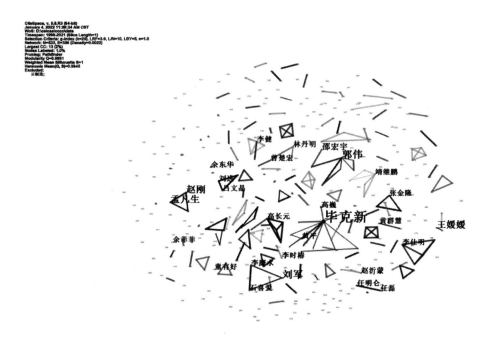

图 2-4　国内样本核心作者网络

# 第二节　研究热点分析

## 一、研究热点内容分析

关键词能够体现出一篇文献的核心内容，在 CiteSpace 可视化工具使用过程中，可通过文献的关键词共现来分析相关领域在不同时期的研究热点。某一关键词出现频次越高说明该关键词在研究中被频繁使用，体现某一研究内容或领域的受关注度；中介中心度越大说明关键词在网络中与其他关键词的连接越紧密，具备中心性特征，体现了该关键词所反映的研究内容或领域在某一学科中具有重要地位。因此，本书通过关键词共现来分别讨论中外传统制造业与数字经济融合领域的研究热点。

（一）国外研究热点内容分析

将 2687 篇国外样本文献导入 CiteSpace 软件，并在 "Node Type" 中选择关键词，得到如图 2-5 所示的关键词共现聚类图谱，聚类的个数总共为 13 个。表 2-1 为国外样本文献关键词共现统计表，表中展示的关键词数量为 32 个，其出现频次均在 30 次及以上，中介中心度均在 0.10 及以上，表明这些关键词在关键词共现网络中具有一定的中心性，能够大致体现国外传统制造业与数字经济融合的研究热点。通过对 13 个关键词聚类和与高频关键词相关的文献进行总结归纳，发现国外传统制造业与数字经济融合研究主要集中在以下几个重要领域：数字服务化、供应链管理、商业模式创新、工业 4.0 战略、可持续制造。

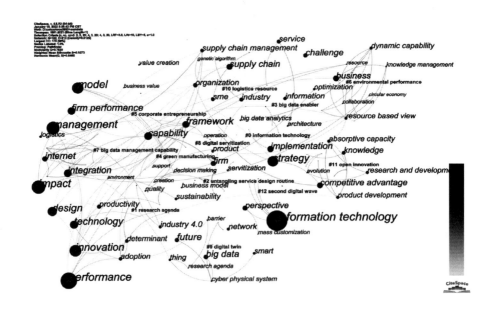

图 2-5　国外样本文献关键词共现聚类图谱

表 2-1　国外样本文献关键词共现统计

| 序号 | 频次/次 | 中介中心度 | 关键词 | 序号 | 频次/次 | 中介中心度 | 关键词 |
|---|---|---|---|---|---|---|---|
| 1 | 456 | 0.16 | information technology（信息技术） | 17 | 46 | 0.15 | adoption（采用） |
| 2 | 329 | 0.32 | performance（绩效） | 18 | 43 | 0.17 | sustainability（可持续性） |
| 3 | 236 | 0.75 | innovation（创新） | 19 | 43 | 0.21 | digital twin（数字孪生） |
| 4 | 190 | 0.27 | design（设计） | 20 | 41 | 0.18 | absorptive capacity（吸收能力） |
| 5 | 119 | 0.31 | firm performance（企业绩效） | 21 | 39 | 0.15 | thing（物） |
| 6 | 110 | 0.26 | internet（互联网） | 22 | 38 | 0.39 | resource based view（资源视角） |
| 7 | 106 | 0.40 | integration（整合） | 23 | 35 | 0.17 | servitization（服务化） |
| 8 | 101 | 0.12 | big data（大数据） | 24 | 35 | 0.15 | digital servitization（数字服务化） |
| 9 | 96 | 0.04 | implementation（实施） | 25 | 35 | 0.17 | value creation（价值创造） |
| 10 | 89 | 0.15 | supply chain（供应链） | 26 | 34 | 0.17 | green manufacturing（绿色制造） |
| 11 | 61 | 0.16 | service（服务） | 27 | 34 | 0.14 | cyber physical system（网络物理系统） |
| 12 | 54 | 0.12 | industry 4.0（工业 4.0） | 28 | 32 | 0.13 | big data analytics（大数据分析） |
| 13 | 54 | 0.12 | business model（商业模式） | 29 | 31 | 0.14 | artificial intelligence（人工智能） |
| 14 | 53 | 0.24 | supply chain management（供应链管理） | 30 | 31 | 0.11 | mass customization（大规模定制） |
| 15 | 48 | 0.15 | network（网络） | 31 | 30 | 0.10 | logistics（物流） |
| 16 | 48 | 0.29 | smart（智能） | 32 | 30 | 0.15 | environmental performantion（环境绩效） |

## 1. 数字服务化（Digital Servitization）

体现该研究领域的关键词聚类为：#2 untangling service design routine（开源服务设计程序）、#3 big data enabler（大数据赋能）、#8 digital servitization（数字服务化），涵盖的主要关键词有：desigen（设计）、service（服务）、servitization（服务化）、digital sertization（数字服务化）、big data（大数据）等。制造业服务化是指企业将产品与增值服务提供两个过程融合，实现从以产品为中心向以服务为中心转变，从而创造出更大价值的过程，重在凸显"增值服务提供"在企业价值创造中的主导作用①。在数字时代，数字化与服务化间具有较强的互动作用，数字服务化是产品服务化在数字化时代的进一步衍生，数字技术促进了制造企业成本效益运营的发展，并通过优化资源配置和精确的企业内外信息共享，提高企业服务的质量。目前，国外关于数字服务化研究已形成初步体系，涵盖的范围包括数字化服务的内涵界定、转型过程分析、结果分析等方面。Sjodind 等认为数字服务化是利用物联网、大数据、人工智能、云计算等新兴数字技术在工业企业及其生态系统中逐步创建、传递并获取增值服务的一种转型过程。Opresnik 和 Taisch（2015）的研究发现，大数据开发能够促进企业在制造服务系统（MSE）中实现继产品服务化后的进一步价值创造，服务化过程与大数据开发战略框架具有相互促进的作用，大数据+服务化激发数据在容量、速度、多样性、安全与质量、价值获取五个方面的潜在价值，为制造企业在产品服务化战略上提供一个新的竞争优势基础层次。Paiola 和 Gebaur（2020）认为基于物联网技术的服务化创新能够降低运营成本，创造额外收入，与客户保持长期业务关系，提高资源利用率，并评估当前服务提供的风险②。

2. 供应链管理（Supply Chain Management）

体现该研究领域的关键词聚类为：#10 logistics resource（物流资源）、#7 big data management capability（大数据管理能力），涵盖的主要关键词有：big data（大数据）、integration（整合）、supply chain（供应链）、supply chain management（供应链管理）、logictics（物流）、network（网络）等。供应链指的是一个涵盖原料供货商、供应商、制造商、运输商、分销商以及终端客户等的多主体网链系统。供应链管理是指从消费者的角度出发，对供应链系统进行计划、协调、操作、控制和优化，以达到系统整体最佳化的目标。随着数字传感技术和物联网技术等在商品生产—交付过程中的应用，供应链系统正遭遇着一场"数据海啸"。海量数据既为组织提升供应链管理质量带来机遇，又对组织的数据商业分析能力提出极高的要求。大数据所具有的快速运转、体积庞大特征容易导致数据分析结果不稳健和同质化等问题，结构多样化的数据特征要求统计技术和方法的多样性

---

① Vandermerwe S, Rada J. Servitization of business: adding value by adding services [J]. European Management Journal, 1988 (4): 314-324.

② Paiola M, Gebauer H. internet of things technologies, digital servitization and business model innovation in B to B manufacturing firms [J]. Industrial Marketing Management, 2020, 89: 245-264.

匹配。传统的统计方法是为中等样本量和低维度数据设计的，如果将其运用于现有大数据结构中，将会导致实验性差异和统计偏差。因此，需要更具有适应性和稳健性的统计方法。Wang 等（2016）提出大数据分析（BDBA）由大数据（BD）和商业分析能力（BA）构成，非光滑优化、随机开发、近似算法以及并行计算等技术能够优化 BA，使 BDBA 能够有效运用于供应链系统，将 BDBA 对于供应链管理的赋能过程定义为供应链分析（SAC），提出 SAC 能够赋能组织提高供应链操作效率、测量供应链性能、减少流程可变性以及实现在战术操作层面上的最优化供应链策略。供应链能力（SCC）指的是一个组织识别、利用和吸收外部资源以促进整个供应链活动的能力。Yu 等（2018）将 SCC 概念化为一个多维结构，包括信息交换、协调、企业间活动整合和供应链响应，以检验数据驱动供应链（DDSC）与 SAC 各个维度以及企业财务业绩间的关系，发现 DDSC 通过推动供应链透明度、可视化和流程自动化，促进供应链信息交换、协调、活动整合以及相应的能力，此外，协调与供应链响应的能力与企业财务绩效呈显著性正相关。

3. 商业模式创新（Business Model Innovation）

体现该研究领域的关键词聚类为：#5 corporate entrepreneurship（企业创业）、#11open innovation（开放创新），涵盖的主要关键词有：firm performation（企业绩效）、business model（商业模式）、innovation（创新）、big data analytics（大数据分析）、value creation（价值创造）、mass customizaiton（大规模定制）。商业模式描述的是组织如何进行价值创造、价值提供和价值获取。其中，价值创造指的是组织为目标人群提供产品和服务所进行的活动；价值提供指的是组织向目标人群传递价值的形式，如以产品或以服务的形式提供；价值获取是指有关组织获取目标人群价值回报的活动，包括客户互动（客户获得价值的方法和数量）和支付方式。工业 4.0 革命对传统制造业的商业模式造成巨大的冲击，使许多传统企业的商业模式与数字化环境下的要求不相适应，导致企业无法顺利进行数字化转型，传统企业必须进行价值创造、提供和获取等机制上的重塑，以迎接数字时代红利。Müller 等（2018）的研究发现，在价值创造环节上，数字化转型要求中小制造企业主动进行制造流程数字化以抵消生产数据缺陷、与伙伴企业或相关机构合作以缓解数字知识缺乏问题、与上下游供应商共享制造信息以提高信息透明度以及对员工进行培训和再分配以满足数字化制造流程需求；在价值提供环节上，要求中小企业进行产品服务化模式创新，帮助企业延长价值创造链条，充分获取产品与顾客的互动信息，实现企业价值从以产品为中心向以客户为中心转变；在价值获取上，要求中小企业实现从按产品付费向按使用付费或按输出付费模式转变，提高交易的透明度和效率以及顾客的支付意愿度。

4. 工业 4.0 战略（Industry 4.0 Strategy）

体现该研究领域的关键词聚类为：#0 information technology（信息技术）、#9 digital twin（数字孪生）、#12 second digital wave（第二次数字技术潮流）等，涵盖的主要关键词有：internet（互联网）、industry 4.0（工业 4.0）、adoption（采用）、digital twin（数字孪生）、thing（物）、cyber physical system（网络物理系统）、artificial intelligence（人工智能）、smart（智能）等。工业 4.0 引发了一场根本性的制造革命，核心在于实现智能制造，特征是无处不在的计算、智能网络（云计算）和自主微型计算机（嵌入式系统）[1]。驱动工业 4.0 战略的数字技术范式包括工业互联网、物联网、网络物理系统（CPS）、网络物理生产系统（CPPS）、信息服务器、信息网络、系统软件（如管理系统软件）、云计算和大数据分析，通过其实现技术的集成性、连通性和交互性，能够实现数字世界与物理世界的连接与集成以及连续不断的信息交互，有望为生产制造带来根本性的效率、生产力和性能提升[2]。目前，国外文献中关于工业 4.0 战略的研究，主要集中在具体的技术采用路径、问题、动力机制等方面。例如，Hajar 和 Hadi 认为实施工业 4.0 战略的动力来源于制造企业为客户提供个性化产品、推进灵活敏捷的制造流程、促进信息共享和决策优化、改进生产的集成与协作，提高资源效率、实现大规模定制等方面的需求，并提出制造企业实现工业 4.0 转型的一般技术流程。Morteza（2018）认为，不同制造商在工业 4.0 转型过程中存在一些需要经历的共同步骤，但不存在一个共同的转型路线图，制造商应根据企业的核心竞争力、愿景、能力、优先级以及预算来设计工业 4.0 路线图；转型过程中将面临许多问题，如财务能力、数据安全、生产过程的完整性、知识能力、价值文化不适应等，对于一个传统制造商来说，无法在短期内实现解决。

5. 可持续制造（Sustainable Manufacturing）

体现该研究领域的关键词聚类为：#4 green manufacturing（绿色制造）、#6 environmental performance（环境绩效）等，涵盖的主要关键词有：implementation

---

① Li F, Nucciarelli A, Roden S, et al. How smart cities transform operations models: a new research agenda for operations management in the digital economy [J]. Production Planning & Control, 2016, 27 (6): 514-528.

② Leitão, P, A W Colombo and S Karnouskos. Industrial Automation Based on Cyber-physical Systems Technologies: Prototype Implementations and Challenges [J]. Computers in Industry, 2016, 81: 11-25.

（实施）、sustainablity（可持续性）、resource based view（资源视角）、green man-ufacturing（绿色制造）、environmental performance（环境绩效）。可持续制造是一种先进的制造业发展理念，其涵盖的三个维度分别为经济可持续性、环境可持续性和社会可持续性，要求在创造经济效益的同时最大限度地减少生产制造对于环境和社会的负面影响。在具体的操作层面上，可持续制造要求将可持续性贯穿产品的生产流程和全生命周期，通过优化资源配置和提高生产率促使资源的投入最小化，减少或避免有害废物的排放，对生产废料和消费废物进行再利用和再制造，减少温室气体排放①，同时保障雇员、社会和消费者的安全②。制造业可持续性和工业 4.0 都是制造业变革的主要驱动力，两者之间具有很强的相关性。样本文献中关于两者关系的研究中，主要从环境和经济可持续性维度切入。Tao 等（2016）提出可以利用互联网、传感器和射频识别设备将机器、工具、设备、组件、产品和物流连接起来，产生实时数据并及时进行交流，以便将生产参数、客户要求和制造的环境性能进行重新配置，提高制造业的环境可持续性。Núbia 等（2018）从环境和经济可持续维度切入，认为工业 4.0 技术可以将企业内部以及企业之间价值创造环节进行交叉连接，形成新的价值创造网络，允许产品、材料、能源在整个产品生命周期内以及不同企业间进行有效配置，为实现产品生命周期闭环和产业共生提供新的机遇。其中，产品生命周期闭环的形成有助于保证产品在不同阶段间进行再制造和再利用。产业共生是指不同企业之间通过产品、材料、能源以及智能数据的交易或交换，实现竞争与合作。工业 4.0 技术能够促进由智能数据驱动的业务模式形成，有利于进一步确立可持续商业模式。

（二）国内研究热点内容分析

将 734 篇国内样本文献导入 CiteSpace 软件，并在 "Node Type" 中选择关键词，得到如图 2-6 所示的关键词共现聚类图谱，聚类的个数总共为 10 个。表 2-2 为国内样本文献关键词共现统计，表中展示的关键词数量为 24 个，其出现频次均在 5 次及以上，中介中心度均在 0.05 及以上，表明这些关键词在关键词共现网络中具有一定的中心性，能够大致体现国内传统制造业与数字经济融合的研究热点。

① Rachuri S, Sriram R D, Narayanan A, et al. Sustainable Manufacturing: Metrics, Standards, and Infra-structure-Workshop Summary [C] //proceedings of the 6th annual IEEE Conference on Automation Science and Engineering, Toronto, Canada, 2010: 144-149.

② Shahbazpour M, Seidel R H A. Using sustainability for competitive advantage [C]. 13th CIRP International Conference on Life Cycle Engineering, 2006: 287-292.

通过对 10 个关键词聚类和与高频关键词相关的文献进行总结归纳，发现 4 个研究热点领域，分别为：两化融合、智能制造、云制造、"互联网+"制造业。

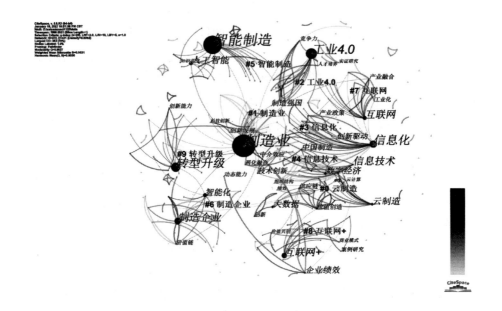

**图 2-6　国内样本文献关键词共现聚类图谱**

**表 2-2　国内样本文献关键词共现统计**

| 序号 | 频次/次 | 中介中心度 | 关键词 | 序号 | 频次/次 | 中介中心度 | 关键词 |
|------|--------|-----------|--------|------|--------|-----------|--------|
| 1 | 81 | 0.16 | 智能制造 | 13 | 11 | 0.09 | 智能化 |
| 2 | 43 | 0.19 | 工业 4.0 | 14 | 8 | 0.07 | 中国制造 |
| 3 | 36 | 0.12 | 转型升级 | 15 | 8 | 0.07 | 创新驱动 |
| 4 | 35 | 0.45 | 信息化 | 16 | 8 | 0.10 | 制造强国 |
| 5 | 23 | 0.10 | 制造企业 | 17 | 8 | 0.07 | 工业化 |
| 6 | 21 | 0.31 | 信息技术 | 18 | 7 | 0.12 | 技术创新 |
| 7 | 20 | 0.09 | 互联网 | 19 | 5 | 0.18 | 价值创造 |
| 8 | 18 | 0.11 | 互联网+ | 20 | 5 | 0.05 | 云计算 |
| 9 | 15 | 0.07 | 人工智能 | 21 | 5 | 0.14 | 产业融合 |
| 10 | 14 | 0.06 | 云制造 | 22 | 5 | 0.06 | erp（企业资源规划） |
| 11 | 12 | 0.08 | 大数据 | 23 | 5 | 0.27 | 供应链 |
| 12 | 11 | 0.30 | 企业绩效 | 24 | 5 | 0.12 | 两化融合 |

1. 两化融合

体现该研究领域的关键词聚类为：#3 信息化、#4 信息技术、#7 互联网，涵盖的主要关键词为：信息化、信息技术、工业化、产业融合、两化融合、技术创新、创新驱动、中国制造等。信息化与工业化是产业融合的范畴，属于产业融合的重要内容，是信息化发展和工业化发展的必然结果，主要表现为数字信息技术产业对于传统工业的融合渗透[①]。当前，在互联网、云计算、人工智能等新一代数字技术的群体性突破及其与实体经济融合发展的大背景下，我国两化融合开启了发展的新征程；两化融合已进入深化发展阶段，实现由"金字塔型"到"纺锤型"结构性升级，2014 年我国处于起步建设、单项覆盖、集成提升以上的企业占比分别为 51.6%、35.1%、13.3%，呈金字塔型结构，到 2019 年，我国处于三个阶段的企业占比分别为 24.8%、52.4%、22.8%，呈纺锤型结构；两化融合发展整体呈现出从数字化加速向网络化和智能化迈进的特征[②]。国内关于两化融合的研究主要包含两个方面：一是从两化融合的内涵、必要性、存在的主要问题以及实现路径和动力机制等方面展开，如王锰和郑建明运用协同性原理，阐明两化融合的实现机制在于推动信息技术实现、市场需求拉动和政治政策引导三者的协同。刘飞（2020）发现当前中国两化融合发展存在省域两化融合的间接融合水平要大于直接融合水平，省域间、行业类型间出现明显的结构性差异等问题。二是关于两化融合发展水平测度的研究，运用的方法主要有指标体系法[③]、经济计量法[④]、系统理论法[⑤]。

2. 智能制造

体现该研究领域的关键词聚类为：#2 工业 4.0、#5 智能制造、#6 制造企业等，涵盖的主要关键词为：智能制造、人工智能、智能化、制造企业、制造强国等。智能制造是"工业 4.0"战略的核心，是数字技术与制造业深度融合的最终形式，发展智能制造是推动中国制造业高质量发展的根本途径。以智能

① 黄群慧，霍景东 . 产业融合与制造业服务化：基于一体化解决方案的多案例研究 [J]. 财贸经济，2015（2）：136-147.

② 李君，邱君降 . 2014-2019 中国两化融合发展演进与进展成效研究 [J]. 科技管理研究，2020，40（21）：175-184.

③ 张轶龙，崔强 . 中国工业化与信息化融合评价研究 [J]. 科研管理，2013，34（4）：43-44.

④ 谢康，肖静华，周先波，等 . 中国工业化与信息化融合质量：理论与实证 [J]. 经济研究，2012（1）：4-16.

⑤ 王瑜炜，秦辉 . 中国信息化与新型工业化耦合格局及其变化机制分析 [J]. 经济地理，2014，34（2）：93-100.

制造为发展方向，推动装备制造业转型升级，推动制造业信息化、网络化、智能化转型，以柔性化、定制化、自动化生产模式实现制造企业商业模式数字服务化转型，满足多样化、个性化的市场需求，已经成为推进供给侧结构性改革、培育经济发展新动能、建设制造强国的必要途径[①]。目前，国内智能制造的研究思路主要围绕这四个方面展开：内涵界定、定量评价、案例研究和经济效应。

（1）内涵界定方面，刘强（2020）认为，智能制造是先进制造技术与新一代数字技术深度融合导致的制造方式革新，以产品全生命周期价值链的数字化、网络化和智能化集成为核心，以企业内部纵向管控集成和企业外部网络化协同集成为支撑，以物理生产系统及其对应的各层级数字孪生映射融合为基础，建立起具有动态感知、实时分析、自主决策和精准执行功能的智能工厂，进行网络物理融合的智能生产，实现高效、优质、低耗、绿色、安全的制造和服务。

（2）定量评价方面，吴敏洁等（2020）基于智能制造的五维内涵特征，采用潜因子模型，对中国省级区域智能制造发展水平进行测量。

（3）案例研究方面，陈旭升和梁颖（2020）以海尔、华为、吉利三家本土企业的智能制造为样本，发现技术与服务的双元驱动引发企业运行机制转变进而提升智能制造绩效，实现制造过程变革与资源集成、服务拓展与理念更新，促进智能制造转变。

（4）经济效应方面，吴旺延和刘珺宇（2020）认为，智能制造能够促进产业结构升级，具体机制包括三个方面：产业效率提升效应、产业结构优化效应和产业生态环境改善效应。

3. 云制造

体现该研究领域的关键词聚类为：#0 云制造，涵盖的主要关键词包括云制造、大数据、价值创造、供应链、创新、erp（企业资源规划）、云计算等。云制造是一种面向服务的网络化制造模式，云制造以客户需求为核心，以知识为支撑，构建了一个虚拟化、分布式、按需分配的资源共享平台，实现了产品全生命周期的协同制造、管理与创新，创造了可以在任意空间获取制造资源的工作环境[②]。在云制造模式中，先将提供者提供的制造资源虚拟化并转换为服务，然后汇聚到制造云平台，

---

① 陆峰. 中国智能制造发展迈向下一个路口 [J]. 互联网经济, 2017 (Z1)：46-51.
② 齐二石、李天博、刘亮，等. 云制造理论、技术及相关应用研究综述 [J]. 工业工程与管理, 2015, 20 (1)：8-14.

制造云平台由运营者来进行管理，以确保提供高质量的制造服务，需求者通过向制造云平台反馈需求，从产品的设计、制造、测试、管理以及全生命周期过程中获取所需的服务①。近年来，云制造领域的研究热点主要集中在资源调度、资源优化配置和服务组合上。关于资源调度方面，国内研究主要集中在云制造环境下的车间资源调度、云制造环境下的资源搜索和云制造环境下基于调度模型的智能算法应用②。关于资源优化配置领域，国内研究主要集中在资源的智能化服务匹配和资源服务优化组合等问题上③。关于服务组合领域，国内研究主要集中在多目标与单目标优化问题、服务之间的相关性问题以及动态组合服务问题上④。

4. "互联网+"制造业

体现该研究领域的关键词聚类为：#7 互联网、#8 互联网+、#9 转型升级等，涵盖的关键词包括：互联网、互联网+、转型升级、创新能力、企业绩效、价值共创、商业模式等。"互联网+"制造业是由大数据、云计算、物联网等新一代数字技术与传统互联网技术融合及其向制造部门渗透的必然结果，导致了生产模式、产业业态和商业模式的变革，促进制造业创新能力和生产效率的根本性提高。目前，国内关于"互联网+"制造业的大部分研究，基于产业融合的视角，将互联网技术视为一种影响制造业发展的通用技术，围绕着"互联网+"背景下制造业转型升级的主题展开，具体涉及的问题包括"互联网+"的制造业的融合机理、"互联网+"制造业服务化、"互联网+"促进制造业转型升级的影响机制等。关于融合机理的研究，张伯旭和李辉（2017）认为，从国际发展背景来看，信息网络技术改变全球制造业的竞争范式，制造业的经济功能被重新定义，系统的适应性和动态能力已成为一国维持产业竞争力的关键；从国内发展环境来看，中国传统制造业发展模式落后，整体发展正处于瓶颈期，亟须以技术创新驱动产业转型发展。关于"互联网+"制造业服务化的研究，童有好（2015）研究发现，互联网技术对于制造业各个环节和产品全生命周期的渗透，极大地提升了制造业与服务业的关联性与协同性，从根本上加速了制造业服务化的进程。关于影响机制的研究，黄群慧等（2019）研究发现互联网通过降低交易成本、减少资源

① 李强，孔蕾，张科. 工业 4.0 与云制造的比较分析［J］. 机床与液压，2020，48（11）：179-184.
② 周龙飞，张霖，刘永奎. 云制造调度问题研究综述［J］. 计算机集成制造系统，2017，23（6）：1147-1166.
③ 王艺霖，胡艳娟，朱非凡，等. 云制造资源优化配置研究综述［J］. 制造技术与机床，2017（11）：36-42.
④ 姚娟，邢镔，曾骏，等. 云制造服务组合研究综述［J］. 计算机科学，2021，48（7）：245-255.

错配以及促进创新等机制提升制造业生产率，促进制造业转型升级。

## 二、研究热点演进分析

运用关键词高频时区分布图挖掘传统制造业与数字经济融合研究热点随着时间动态演化的基本特征，可以发现该研究领域的创新热点演进规律，观察到该研究领域自起步后呈现的阶段演进特征。

（一）国外热点演进规律

传统制造业与数字经济融合的核心是实现制造业智能化，即通过人工智能和新一代信息通信技术实现制造全流程（设计、生产、管理、服务等）和产品全生命周期的智能化改造。西方发达国家制造业起步早，完整地经历了基于不同技术范式的工业革命进程，同时其传统制造业与数字经济融合发展在时间上和程度上也都领先于发展中国家。其传统制造业与数字经济融合发展进程以前期数字技术积淀为支撑，以每一代数字技术范式革新作为产业变革的拐点，具体包括三个递进阶段：信息化制造、网络化制造和智能化制造。因此，本书结合国外传统制造业与数字经济融合研究的关键词时态演进情况，将国外关于该领域的研究历程划分为信息化制造、网络化制造和智能化制造三个阶段（见图2-7），以分析不同阶段的研究热点演进特征。

第一阶段是信息化制造（1991~2000年），该阶段的文献发表数量为172篇，代表性关键词包括：information technology（信息技术）、design（设计）、quality（质量）、model（模型）、work（工作）、system（系统）、impact（影响）、produitive（生产力）等。信息化制造是基于数码控制技术与数控机床的发展，以产品设计和生产制造流程为作用对象，强调生产流程的信息化，以提高制造效率为目的。该阶段的相关文献侧重于研究信息技术对于产品生产环节[1][2]和设计环节[3]的应用以及应用后产生的经济效应[4]。

---

① Dean Jr J W, Snell S A. Integrated manufacturing and job design: moderating effects of organizational inertia [J]. Academy of Management journal, 1991, 34 (4): 776-804.

② Gunasekaran A. Agile manufacturing: enablers and an implementation framework [J]. International Journal of Production Research, 1998, 36 (5): 1223-1247.

③ Hoffman C M, Joan-Arinyo R. CAD and the product master model [J]. Computer-Aided Design, 1998, 30 (11): 905-918.

④ Siegel D S, Waldman D A, Youngdahl W E. The adoption of advanced manufacturing technologies: human resource management implications [J]. IEEE Transactions on Engineering Management, 1997, 44 (3): 288-298.

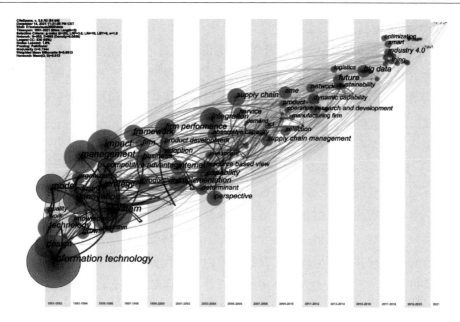

图 2-7　国外样本文献关键词时区分布

　　第二阶段是网络化制造（2001~2010 年），该阶段的文献发表数量为 456 篇，代表性的关键词包括：internet（互联网）、implementation（实施）、integration（整合）、service（服务）、suppuly chain（供应链）、resource based view（资源基础观）、demand（需求）、supply chain management（供应链管理）、capability（性能）等。网络化制造以网络时代为背景，强调互联网和通信技术对于企业或行业间协同生产的影响，突破地理空间和时间的约束，实现企业间的信息共享和生产资源的优化配置，提高制造效率。相较于信息化制造阶段，该阶段的研究从聚焦于企业内部生产转移到聚焦于企业间的网络连接，侧重于网络技术如何促进制造企业或行业间协同制造（包括信息资源共享和生产要素优化配置）[1] 以及供应链上下游管理优化[2]等。

　　第三阶段是智能化制造（2011 年至今），该阶段的文献发表数量为 2059 篇，代表性关键词为 future（前景）、dynamic capability（动态性能）、logistics（物

　　① Melville N，Ramirez R. Information technology innovation diffusion：an information requirements paradigm [J]. Information Systems Journal，2008，18（3）：247-273.

　　② Ward P，Zhou H. Impact of information technology integration and lean/just-in-time practices on lead-time performance [J]. Decision Sciences，2006，37（2）：177-203.

流）、sustainability（可持续性）、big data（大数据）、internet of thing（物联网）、industry 4.0（工业 4.0）、smart（智能）、optimization（最优化）。智能化制造的核心在于智能，强调通过应用大数据、云计算、物联网、人工智能等新一代数字技术，实现生产制造系统自感知、自决策和自执行运作。该阶段的研究热点集中于制造业工业 4.0 战略转型、数字化服务、供应链管理、可持续制造、商业模式创新、组织管理变革和工业 4.0 技术应用及前景等方面。

（二）国内热点演进规律

中国制造业发展起步较晚，基础薄弱，需要通过长时间的规模扩张、技术引进和模仿学习来实现技术创新。中国制造业是在国家同步推进工业化与信息化的进程中实现发展的，呈现出两化融合的特征。与此相应，中国传统制造业与数字经济融合发展历程并没有呈现如同发达国家以每一代数字技术范式革新为拐点的阶段性演进特征。因此，国内关于传统制造业与数字经济融合的研究进程并没有呈现出明显的信息化制造、网络化制造、智能化制造的阶段演进特征。从图 2-8可以看出，国内关于网络化制造与智能化制造的研究进程处于同一时间段上。结合国内样本文献的数量特征和关键词的时态演进情况，本书将国内该领域的研究进程划分为以下几个阶段：

第一阶段：起步阶段（1998~2001 年），该阶段代表性关键词包括工业化、信息化和信息技术，涉及的相关文献数量也较少。该阶段的研究涵盖以下几个方面：从宏观层面分析信息化与工业化的关系；从中观层面分析信息技术对于机械工业、汽车工业的渗透影响；从微观层面分析信息技术对于制造企业内部产品设计和生产以及企业管理等方面的影响。

第二阶段：发展阶段（2002~2012 年），该阶段出现的代表性关键词包括电子商务、制造企业、柔性制造、技术创新、影响因素、企业绩效。该阶段的研究侧重于以下几个方面：制造企业如何适应电子商务环境以及电子商务的应用对制造企业的经济效应、信息技术应用对于企业绩效的作用、制造业企业信息化影响因素、柔性制造等。

第三阶段：爆发阶段（2013 年至今），该阶段涌现出大量新的关键词，如供应链、云制造、互联网+、工业 4.0、转型升级、大数据、人工智能、创新驱动、互联网、产业融合、数字技术、智能制造、中国制造、数字化、智能化、数字经济。该阶段的研究主要涉及以下几个领域：两化融合（主要涵盖两化融合的内涵、必要性、影响因素、实现路径、动力机制以及测度）、智能制造（包括内涵界定、定量评价、案例研究和经济效应）、"互联网+制造业"（主要涵盖机理研究、制造业服务化、制造业转型升级）、云制造（主要涵盖资源调度、资源优化配置和服务组合）等。

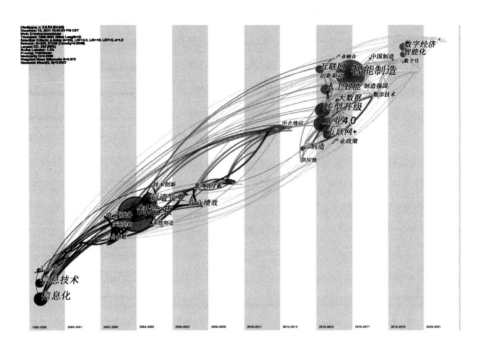

图 2-8　国内样本文献关键词时区分布

# 第三节　研究前沿分析

关键词突显能够被用于识别某个领域的研究前沿，其背后的机理是以关键词出现频率为基础，根据关键词出现频次的增长率来确定热点词汇，进而以热点词汇与时间之间的关联特点来确定研究前沿。本书利用词频探测技术，将增长频率高的突显词探测出来，并按时间前后进行排列，整理出如表 2-3 和表 2-4 所示的前沿关键词及其持续时间，反映中外传统制造业与数字经济融合研究的前沿动态。

表2-3　国外样本文献的关键词突显情况

| 关键词 | 强度 | 起始年份 | 终止年份 | 2011~2021 年 |
|---|---|---|---|---|
| mass customization | 5.74 | 2016 | 2019 | |
| big data | 7.88 | 2018 | 2021 | |
| sustainability | 9.46 | 2018 | 2021 | |
| future | 8.32 | 2018 | 2021 | |
| cyber physical system | 5.81 | 2018 | 2021 | |
| internet of thing | 6.82 | 2019 | 2021 | |

表2-4　国内样本文献的关键词突显情况

| 关键词 | 强度 | 起始年份 | 终止年份 | 2011~2021 年 |
|---|---|---|---|---|
| 工业4.0 | 11.2 | 2015 | 2017 | |
| 转型升级 | 5.79 | 2016 | 2019 | |
| 智能制造 | 10.96 | 2018 | 2021 | |
| 智能化 | 15.0 | 2019 | 2021 | |

(一) 国外研究前沿方向分析

从表2-3可以看出，近年来，国外样本文献关于传统制造业与数字经济融合的研究中，突显强度大于5的最新前沿关键词包括：mass customization（大规模定制）、big data（大数据）、sustianability（可持续性）、future（前景）、cyber physical system（网络物理系统）、internet of thing（物联网）。这些关键词的突显表明工业4.0技术应用以及前景、大规模定制模式和可持续制造为最新的前沿研究方向。其中关于可持续制造领域已在前文进行阐述。

大数据、网络物理系统（cps）和物联网是实现工业4.0战略的底层技术范式，赋予制造业强大的数据计算、网络连接能力。大数据分析技术可以在优化生产质量、供应链协调、节约能源、改善设备服务、优化管理决策等方面发挥巨大作用[1]。网络物理系统作为德国工业4.0战略的底层基础设施，能够实现物理系

---

① Yin S, Kaynak O. Big data for modern industry: chal lenges and trends [J]. Proceedings of the IEEE, 2015, 103 (2): 143-146.

统和虚拟信息系统的紧密融合，包含了无处不在的环境感知、嵌入式计算、网络通信和网络控制等系统工程，使物理系统具有计算、通信、精确控制、远程协作和自治功能①，形成由智能工厂、智能生产和智能物流三个子系统构成的智能制造框架。物联网技术的实现是建立在信息技术和网络技术广泛普及的基础上，作为制造业智能化转型升级的关键通用技术，具有应用跨度大、产业链条长、技术集成性高等特点，颠覆了传统制造企业的生产经营模式，能够极大地提高制造业的潜在生产率②。

随着数字技术与制造技术融合过程的不断推进，制造业经历了从手工生产到大规模生产，再到精益制造和大规模定制几种制造模式的转变。大规模定制是一种以客户为中心，将规模化生产和个性化定制相结合，通过精确识别、快速响应顾客异质性需求并实现大规模效应，从而为企业创造价值的制造模式③。传统信息技术和制造技术无法满足制造企业快速识别顾客需求以及灵活的规模化生产流程等条件，以解决个性化定制和规模化生产之间的矛盾。新兴的数字技术赋予企业强大的数据传感、连接、计算能力，使企业能够精确识别并快速响应顾客需求、实现瞬时信息交互④，并通过先进制造技术（如增材制造）实现灵活的生产流程和大规模生产的能力⑤，满足顾客个性化需求。

（二）国内研究前沿方向分析

从表2-4可以看出，近年来国内样本文献中关于传统制造业与数字经济融合的研究中，突显强度大于5的最新前沿关键词分别为工业4.0、转型升级、智能制造和智能化。涉及的研究领域分别为工业4.0战略、数字化环境下制造企业转型升级以及智能制造。其中关于智能制造研究领域已在前文进行阐述。

工业4.0战略由德国政府于2013年提出，标志着新一代数字技术与制造业

① Quadri I, Bagnato A, Brosse E, et al. Modeling methodologies for cyber-physical systems: research field study on inherent and future challenges [J]. Ada User Journal, 2015, 36 (4): 246-253.

② 张恒梅, 李南希. 创新驱动下以物联网赋能制造业智能化转型 [J]. 经济纵横, 2019 (7): 93-100.

③ Seo S K, Lang C. Psychogenic antecedents and apparel customization: moderating effects of gender [J]. Fashion and Textiles, 2019, 6 (1): 19.

④ Paoletti I. Mass customization with additive manufacturing: new perspectives for multi performative building components in architecture [J]. Procedia Engineering, 2017, 180: 1150-1159.

⑤ Bogers M, Hadar R, Bilberg A. Additive manufacturing for consumer-centric business models: implications for supply chains in consumer goods manufacturing [J]. Technological Forecasting and Social Change, 2016, 102: 225-239.

全面融合的智能制造时代的开启。以 2017 年为节点，国内文献关于工业 4.0 战略的研究可以划分为两个阶段。2017 年以前的文献聚焦于德国工业 4.0 内涵、战略、政策、动力机制①，对中国制造转型发展的启示②和中国制造的应对策略③等方面的研究。2017 年以后的文献聚焦于工业 4.0 背景下新型工程制造人才教育培养④，工业 4.0 技术在制造业中的具体应用⑤等方面。

企业转型升级是指企业为提高持续竞争能力、产品和服务的附加值，寻找新的经营方向而不断变革的过程，数字化环境下企业转型升级是指企业从工业化体系内的转型升级转变为从工业化体系到数字化体系下的跨体系转型升级，是传统制造业与数字经济融合的微观层面和最终落脚点。非数字化环境下企业单单通过产品价值链重构实现转型升级，依托于产品逻辑，企业仅是产品的提供者，消费者仅是产品的需求者，无法形成联合互动；数字化环境下企业转型升级依托于产品与服务融合价值链重构，新的价值链具有开放性或参与性特征，企业不是单纯地提供产品，同时也提供消费者所需的服务，通过提供服务与消费者形成联合互动，通过关注各种数据资源，分析和利用环境变化来优化设计、制造、销售等各个环节，形成价值共创。消费者不仅是产品的购买者和使用者，也是产品的发起者和设计者，形成消费者驱动的演变机制⑥。目前关于数字化环境下的制造企业转型升级的相关文献集中于路径选择⑦、现状及制约因素⑧、机理及创新模式⑨等方面的研究。

① 丁纯，李君扬．德国"工业 4.0"：内容、动因与前景及其启示 [J]．德国研究，2014，29 (4)：49-66+126.
② 徐广林，林贡钦．工业 4.0 背景下传统制造业转型升级的新思维研究 [J]．上海经济研究，2015 (10)：107-113.
③ 王媛媛，张华荣．全球智能制造业发展现状及中国对策 [J]．东南学术，2016 (6)：116-123.
④ 唐林伟，黄思蕾．从"机器换人"到"人机共舞"——工业 4.0 进程中工程技术人才角色定位与教育形塑 [J]．高等工程教育研究，2020 (4)：75-82.
⑤ 宗福季．数字化转型下工业大数据在质量创新中的应用 [J]．宏观质量研究，2021，9 (3)：1-11.
⑥ 肖静华．从工业化体系向互联网体系的跨体系转型升级模式创新 [J]．产业经济评论，2017 (2)：55-66.
⑦ 郭进．传统制造业企业智能化的路径选择研究 [J]．人文杂志，2021 (6)：69-78.
⑧ 李君，成雨，窦克勤，等．互联网时代制造业转型升级的新模式现状与制约因素 [J]．中国科技论坛，2019 (4)：68-77.
⑨ 曾繁华，侯晓东，吴阳芬．"双创四众"驱动制造业转型升级机理及创新模式研究 [J]．科技进步与对策，2016，33 (23)：44-50.

# 第四节　研究结论与展望

## 一、研究结论

本章分别在 Web of Science 和 CSSCI 中选取传统制造业与数字经济融合领域的 2687 篇国外文献和 734 篇国内文献为研究对象，首先，运用 CiteSpace 工具对文献进行可视化，分别对核心作者和热点关键词进行统计并形成图谱，其次，讨论了国内外学者研究的文献特征、阶段演进、研究热点、前沿热点等。综上所述，可以得出以下结论：

（1）在文献特征方面，国内外研究文献数量均于 2014 年呈爆发性增长，这表明国内外学术界均对新一代数字技术、制造技术创新的集中涌现以及世界各主要工业国家的新兴制造战略的提出作出积极响应。国内外该领域的核心作者均尚未形成紧密的合作网络，学者间的合作较少，大部分学者独立进行研究，只有少数专家学者形成固定的合作团队，但研究涉及的领域有限。

（2）在研究热点阶段演化方面，国外研究热点以每一代数字技术范式革新为拐点，呈现出信息化、网络化和智能化的阶段渐进特征。国内工业发展和数字技术发展的起步较晚，需要经历一段时间的规模扩张、技术引进和模仿学习来实现对发达国家的追赶，导致与国外相关阶段的热点研究较为滞后，热点演进并没有呈现出信息化、网络化、智能化的阶段演进特征，其关于网络化与智能化研究进程处于同一时间段上。

（3）在研究热点分析方面，国外的现阶段热点领域为：数字化服务、供应链管理、工业 4.0 战略、商业模式创新、可持续制造。国内的现阶段的研究热点为：两化融合、智能制造、"互联网＋"制造业、云制造。其中，国外工业 4.0 战略研究领域与国内智能制造研究领域具有很大程度的相似性。工业 4.0 战略的核心在于实现制造企业智能化转型，国内外的研究热点均侧重于如何实现以人工智能为核心的工业 4.0 技术与制造技术融合，实现智能化制造。

（4）在研究前沿方面，涉及工业 4.0 技术应用及前景、大规模定制、可持续制造等。国内的前沿研究热点为数字化环境下制造企业转型升级、智能制造等。

## 二、研究展望

实现制造业智能化转型升级是现阶段传统制造业与数字经济融合的核心，实现制造业发展在经济、社会和环境三个维度上的可持续性是融合的终极目标。因此，未来关于传统制造业与数字经济融合领域的研究可能会朝着制造业智能化和数字化环境下制造业可持续性两个重要方向继续深化。

关于制造业智能化领域，仍然需要对以下研究内容作深入探讨：第一，关于不同传统制造业行业智能化转型升级的路径与模式；第二，关于促进传统制造业智能化转型升级的政策环境；第三，关于传统制造业智能化转型升级水平的测量和比较①。关于数字化环境下制造业可持续性的研究国外已取得初步成果，国内尚处于起步阶段，未来需要对实现制造业可持续的新思路、新技术、新方法、新模式、新业态等方面进行深入探讨。

---

① 罗序斌. 传统制造业智能化转型升级的实践模式及其理论构建 [J]. 现代经济探讨，2021（11）：86-90.

# 第三章 传统制造业与数字经济融合现状调查与水平测度

深入调研传统制造业与数字经济融合现状，测量传统制造业与数字经济融合的发展水平，发现传统制造业与数字经济融合过程中存在的薄弱环节，了解传统制造业与数字经济融合的实际困难和政策需求，对于了解传统制造业与数字经济融合现状、发现传统制造业与数字经济融合存在的问题、明确传统制造业与数字经济融合的任务具有十分重要的意义。

## 第一节 传统制造业与数字经济融合现状调查

### 一、调查过程

本次调查的目的主要是了解传统制造业与数字经济融合的现状，摸清传统制造业与数字经济融合面临的困难，为政策制定提供依据。本次调查内容主要包括传统制造业与数字经济融合意愿、技术手段、资源需求等。本次调查采取问卷调查与个别访谈相结合的方式进行。

问卷调查运用专业化网络信息平台，采取线上发放问卷形式，并且选取多个行业，参与调查人员覆盖面广。问卷分为两部分，第一部分为调查问卷回答者和其单位的情况，第二部分为本次调查的内容，包括企业在数字转型中遇到的困难、企业现阶段使用的数字技术和未来对数字技术的需求、企业传统制造业与数字经济融合程度、企业在传统制造业与数字经济融合过程中对政策的需求等17

个问题，问卷于 2021 年 5 月 10~17 日发放，此次调查共发放 110 份调查问卷，并收回 106 份有效调查问卷，有效率为 96.36%。

个别访谈是本章课题组于 2021 年 7 月 16~18 日奔赴常熟、张家港两地，开展现场调研，并参观了数字化车间，访谈了传统制造业与数字经济融合相关人员。

### 二、调查对象

本次调查对象来自多种行业，包含但不限于电子信息、装备制造、轻工、纺织、冶金、化工等。图 3-1 问卷调查结果表明，被调查人员所在企业主要从事产业中装备制造业为 18.87%，电子信息产业为 15.09%，而纺织和冶金占比均为 7.55%，化工占比为 5.66%，轻工占比仅为 1.89%；从图 3-2 中我们可以看出这次被调查人员将近一半来自中层，占比为 45.28%；中高层、基层和高层占比分别为 22.64%、18.87% 和 13.21%；参与本次调查的企业分别位于常熟、张家港、昆山、苏州市区以及太仓，我们可以从图 3-3 中看出规模在 1000 人以上的企业仅占 20.75%，最多的是在 200~500 人，占比为 26.42%，根据国家统计局印发的《统计上大中小微型企业划分办法（2017）》，表明了参与此次调查的企业主要为中小型企业。

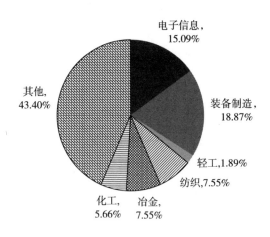

图 3-1　行业分布

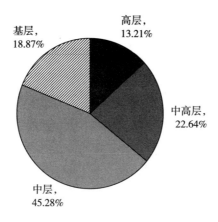

图 3-2　企业职位

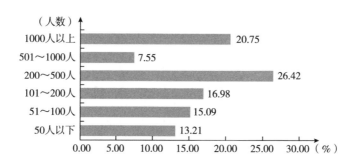

图 3-3　企业规模

## 三、调查发现

调查发现，传统制造业与数字经济融合存在以下诸多问题：

1. 传统制造业与数字经济融合认识不够深刻

调查显示，对公司目前传统制造业与数字经济融合情况完全不了解的比例达 18.87%，32.08% 的人也只是略微了解公司目前传统制造业与数字经济融合到了 什么程度（见图 3-4）。这表明企业人员并没有认真深入地了解传统制造业与数 字经济融合到何种程度，或者说公司高层并未对传统制造业与数字经济融合这件 事情予以足够重视。他们还没有转变自己的观念，没有将传统制造业与数字经济 融合这件事情从上到下进行思想传播，没有在公司内部以及基层人员间形成"现 在是一个数字经济时代"的观点。他们受经验和过去的成功的限制，不理解数字化技术，不轻易相信数据化转型的价值，就会导致不主动参与传统制造业与数字经济融合。

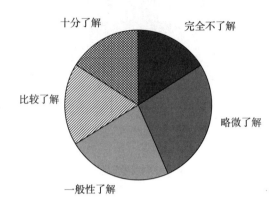

图3-4 对公司目前传统制造业与数字经济融合的了解程度

2. 数字人才十分匮乏

数字人才问题是企业面临的最大问题，企业的问卷调查显示69.81%的企业都具有数字人才短缺问题，75.47%的企业都有人才引进政策的需求。具体而言，数字战略管理型人才和数字化深度分析人才的需求量最大，其比例分别达到56.60%和52.83%，数字产品研发人才、数字化运营人才、数字化先进制造人才的需求占比也都达到40%以上（见图3-5）。这说明数字经济与制造业的融合已经由局部融合向全面融合转变，由浅层次融合向深度融合转变，制造业数字化具有"全业务数字化""全渠道数字化""全产业数字化"的趋势。成功的传统制造业与数字经济融合不仅需要获取和部署技术资源，而且更重要的是解决管理问题，企业对数字化人才的需求，也由单纯数字技术人才需求向以传统制造业与数字经济融合战略和管理人才需求转变。

3. 传统制造业与数字经济融合意愿不强烈

调查显示已经进行传统制造业与数字经济融合和准备进行传统制造业与数字经济融合的比例都只有16.98%，对传统制造业与数字经济融合更多的是处在行动不多的观望状态，处于观望状态和已有传统制造业与数字经济融合的想法的公司占比分别为32.08%和20.75%（见图3-6）。

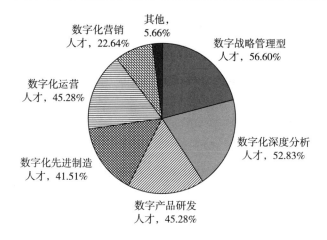

**图 3-5　企业在传统制造业与数字经济融合过程中的数字化人才类型需求**

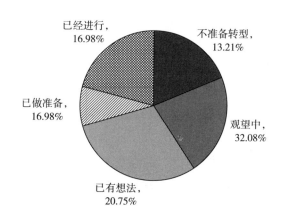

**图 3-6　公司目前传统制造业与数字经济融合的意愿**

　　传统制造业与数字经济融合的高成本和收益不确定性成为影响传统制造业与数字经济融合的关键因素。传统制造业与数字经济融合成本较高，在恶性竞争、低利润与新兴信息技术不确定双重影响下，数字技术投资积极性不高。调查发现，43.40%的企业没有进行数字化投入，数字化投入占年销售额的比例1%及以下的也达到了 28.30%（见图3-7）。

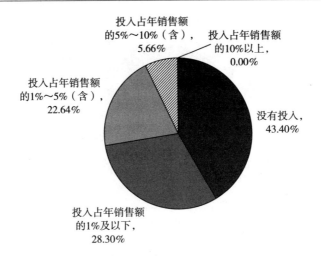

图 3-7　公司目前传统制造业与数字经济融合投入

4. 传统制造业与数字经济融合还处于初步阶段

调查显示尚未涉足传统制造业与数字经济融合的企业占比高达 52.83%，初步上线企业的比例为 30.19%（见图 3-8）。数字技术的应用方面，互联网技术应用范围最广，比例高达 83.02%，而人工智能、大数据分析与挖掘、AI 智能分别只占到 28.30%、22.64%、20.75%，云计算、物联网、区块链、VR 与 3D 打印应用的公司较少（见图 3-9）。这说明，目前大部分企业仍然处于通过互联网提高沟通效率、资源配置效率的初级阶段，还未实现企业内外资源、能力和业务的网络化、智能化，还未实现共建、共创、共享的机制，大幅提升协同创新和价值创造水平。

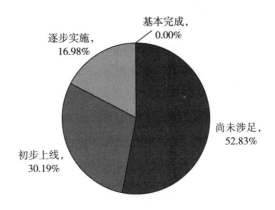

图 3-8　若已进行传统制造业与数字经济融合，企业传统制造业与数字经济融合所处阶段

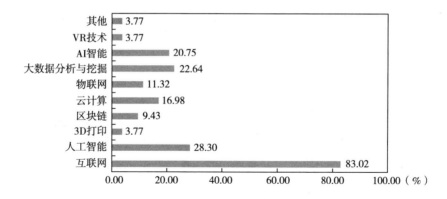

**图 3-9　现阶段企业使用的数字技术**

5. 传统制造业与数字经济融合的效果不佳

调查显示，传统制造业与数字经济融合后，年销售额提升 5% 及以内的企业比例高达 81.13%，传统制造业与数字经济融合的效果直接影响持续数字化投资的积极性，间接影响其他企业传统制造业与数字经济融合的积极性。制造企业传统制造业与数字经济融合的效果一方面是由于企业传统制造业与数字经济融合是企业的基础性工作，投资收益具有一定的滞后性，而传统制造业与数字经济融合尚处于初级阶段，其成效尚未显现出来；另一方面是由于传统制造业与数字经济融合需要基础设施、人才等相关资源保障，相关资源匮乏是影响传统制造业与数字经济融合绩效不高的重要原因（见图 3-10）。

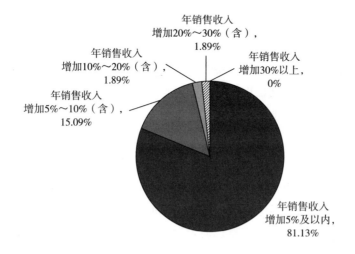

**图 3-10　数字技术应用在销售收入方面带来的变化**

### 四、原因分析

传统制造业与数字经济融合面临的困难，主要是由以下原因造成的：

1. 缺乏明确的数字化战略规划

大多企业基于业务发展需要，引入智能化的生产设备，从个别环节开展数字化改造，具有典型的碎片化特征，较少企业具有明确的数字化战略规划和实施路线图。企业传统制造业与数字经济融合缺乏整体性的战略规划，将导致传统制造业与数字经济融合的方向和愿景不甚明晰，对企业当前数字化水平认识不足，无法客观判断数字化差距。单环节传统制造业与数字经济融合，价值链其他环节没有跟上，导致数据、信息无法顺畅流动，传统制造业与数字经济融合闭环无法形成，从而影响了传统制造业与数字经济融合的效果。

2. 各种数字技术不融合

在企业中，由于开发时间或开发部门的不同，往往有多个异构的、运行在不同的软硬件平台上的信息系统同时运行，这些系统的数据源彼此独立、相互封闭，使得数据难以在系统之间交流、共享和融合，从而形成了"数据孤岛"。随着数字化不断深入，企业内部、企业与外部信息交互的需求日益强烈，包括产业链上的其他上下游企业和用户等，急切需要对已有的信息进行整合，联通"数据孤岛"，共享行业信息。而基于平台的数据整合和流动对于数据的分析汇聚能力更强、传输效率更高。数据将不只是对生产活动的记录，更多的是进入到业务深度的融合。

3. 创新能力较弱

传统制造业与数字经济融合是生产过程与数字技术重新组合的过程，涉及数字技术应用、产品制造过程重构、商业模式创新、组织机构转型等一系列工作模式、工作方式的改变，推动着企业目标、治理结构以及内部管理的系统性转变，甚至引发更深层次企业文化的改变，触发传统制造业实体属性发生重大变化。传统制造业与数字经济融合过程实质上是应用数字技术不断创新的过程。创新必然打破旧的格局，必然需要甩掉历史包袱，而部分企业在路径依赖的影响下，习惯于传统的作业方式，习惯于局部性的稳妥式的创新，创新意识不够强，创新氛围没有形成，全员主动性转型的意识尚未形成。

4. 公共技术服务平台缺乏

通过与很多企业交流发现，大量企业都有庞大的自我 IT 应用的开发人员团队，还有庞大的外包人员团队。每一个 IT 应用，其实都在单独和重复开发很多相同的功能，每一个应用部署都很耗时，很难自动扩展。如果每一个企业都去开发一个 PaaS 平台的话，大家也都是在做重复的工作，各企业 PaaS 架构是碎片化的，各自打造的 PaaS 平台的成果也是参差不齐的。因此，缺乏一个统一架构的PaaS 平台，以及由此带来的公共的、标准化的服务和面向每一个领域的专业化服务。这样的结果还导致不同的企业（如软件开发商、系统集成商等）不能更加聚焦于应用的开发。

# 第二节　传统制造业与数字经济融合测度分析

运用非参数随机前沿模型与协调发展系数方法构建传统制造业与数字经济融合模型，为传统制造业与数字经济融合研究奠定坚实的理论基础，以长三角为例开展融合水平测度，为数字经济与传统制造业融合实证研究奠定现实基础。

## 一、研究综述

现阶段我国面临着严峻的国内外环境，国内人口红利逐渐消失，资源环境面临威胁等，国际政治经济秩序不稳定，贸易保护主义和逆全球化思潮暗流涌动[①]，立足于国内外形势，我国应该坚持新发展理念，打造与数字经济深度融合的新实体经济，提高我国国际竞争力，推动我国经济高质量发展。制造业是实体经济的重中之重，是国民经济的主体，是我国实现高质量发展的重要支撑，当前我国制造业发展面临着生产率增速下降、技术制高点不足以及国外先进制造业的挤出等发展困境[②]，而数字经济的发展则为制造业走出这一困境赋予了强大动能，数字经济解决了制造业与信息化融合中的"信息孤岛"问题[③]，推动了传统制造向数字制造转型升级。2017 年党的十九大报告中提出"加快发展先进制造业，推动互联网、大数据、人工智能与实体经济深度融合"，2019 年习近平总书

---

① 史宇鹏. 数字经济与制造业融合发展：路径与建议 [J]. 人民论坛·学术前沿, 2021 (6)：34-39.

② 黄群慧, 贺俊. 中国制造业的核心能力、功能定位与发展战略 [J]. 中国工业经济, 2015 (6)：5-17.

③ 赵西三. 数字经济驱动中国制造转型升级研究 [J]. 中州学刊, 2017 (12)：36-41.

记在 G20 大阪峰会中提出，要促进数字经济与实体经济的融合发展。可见数字经济与制造业的融合已成为经济提质增效的趋势，同时数字经济是一种融合型经济，其变革路径存在着"逆向融合"，融合度大小由第三产业依次向第一产业递减，现阶段其对制造业的影响仍处于"过渡阶段"[1]，因此研究当前我国数字经济与制造业的融合质量具有重要的理论价值与实践意义。

受新冠疫情的影响，实体经济受到极大冲击[2]，数字经济推动了中国主导产业链的优化重构，以产业数字化和数字产业化两种形态来推动中国经济结构优化[3]，数字产业化是以信息通信产业为发展核心，提高国家竞争力[4]，而产业数字化是推动数字技术与传统产业进行融合，加速传统产业的转型升级，提升产业要素生产率，为经济增长提供新动力[5]，制造业作为传统产业的典型，也是产业数字化的核心领域。关于数字经济与制造业的融合研究，现阶段学术界主要关注两者的融合机理和路径，分别从理论和实证两方面进行涉猎。

理论研究层面，Giudice（2016）认为物联网技术已经成为制造业转型升级的动力；李英杰和韩平（2021）基于内涵、特征角度对数字经济驱动制造业发展的内在机理进行研究，通过数字经济与制造业的深度融合促进制造业的质量变革、效率变革和动力变革；王永龙等（2020）基于施蒂格勒演化发展范式阐述了数字经济赋能制造业质量变革机理；焦勇（2020）基于价值重塑角度为数字经济赋能制造业转型提供新思路；史宇鹏（2021）基于产品、技术和组织阐释了数字经济推动制造业高质量发展的路径；李春发等（2020）和何文彬（2020）分别基于产业链和全球价值链研究了数字经济对制造业升级重构的影响机理。

实证研究层面，廖信林和杨正源（2021）利用 2015~2019 年苏浙沪皖 41 个城市的面板数据实证研究得出数字经济通过资源配置优化效应、生产成本降低效应和创新发展驱动效应三条路径推动制造业转型升级；沈运红和黄桁（2020）依据浙江省 2007~2018 年面板数据实证研究得出数字经济能够优化制造业产业结构。王瑞荣

① 姜松，孙玉鑫. 数字经济对实体经济影响效应的实证研究 [J]. 科研管理，2020，41（5）：32-39.

② 王伟玲，吴志刚. 新冠肺炎疫情影响下数字经济发展研究 [J]. 经济纵横，2020（3）：16-22.

③ Tapscott D. The Digital Economy [M]. New York：McGraw-Hill Education，2015.

④ Borisov D，Serban E. The digital divide in Romania-A statistical analysis [J]. Economia Seria Management，2013，15（1）：347-355.

⑤ Kim T Y，Kim E，Park J，et al. The faster-accelerating digital economy [M] //Economic Growth. Springer，Berlin，Heidelberg，2014：163-191.

和陈晓华（2021）以浙江省2007~2018年的面板数据为研究对象得出结论，由于行业特点不同，数字经济对制造业高质量发展的影响趋势和程度具有不确定性。

综上所述，现有研究主要聚焦于数字经济对制造业发展的融合机制与路径研究，分别从不同角度对数字经济驱动制造业发展机制进行了充分探讨，具有一定的理论贡献，但仍存在以下不足：

第一，现有学者大多从理论上研究数字经济与制造业发展之间的融合作用机理，实证研究也仅限于数字经济对制造业发展的影响程度，缺乏两者融合的实证研究；第二，现有的理论研究均证明了数字经济与制造业之间产生了深度融合，而数字经济与制造业发展的融合质量高低研究仍是学术界的研究盲点之一。因此本书的边际贡献：一是本章构建了一个数字经济和制造业深度融合的理论框架，将融合作为探讨两者之间关系的崭新视角，进一步拓展了现行研究的研究边界；二是本章建立了数字经济与制造业的融合理论模型，利用协调发展系数法对长江经济带区域的数字经济与传统制造业融合质量水平进行测度，探讨了长江经济带11个省市的融合质量水平特征，为各级政府制定决策提供了理论依据，具有一定的理论和实践价值。

## 二、融合理论分析

在数字经济迅速发展的背景下，制造业正在逐渐进入转型升级阶段，推动数字经济与制造业的融合是科技革命与产业革命互动的一种表现，也是制造业高质量发展的必然选择。数字经济与制造业的融合是一个由浅入深的过程，随着数字经济的不断演化，会对传统制造业的技术创新能力、产品生产方式以及生产组织方式产生冲击，本章从技术融合、产品融合与组织融合三个方面来阐述数字经济与传统制造业融合的内在机制。

在技术融合方面，云计算、大数据、人工智能等数字技术的迅速发展，将有限的资源集中于实现制造业的迅速发展，带动制造业结构优化升级[①]。将数字技术嵌入生产中的产品设计、生产运作、采购物流、财务管理和营销推广等环节，为生产活动提供智能生产和技术支持，优化了原有的生产方式，大大提高了制造

---

[①]　Romer P M. Endogenous technological change［J］. Journal of Political Economy, 1990, 98（5, Part 2）：S71-S102.

业的生产效率①。以人工智能为主的智能制造和以工业互联网为主的网络化生产是当前数字技术融合制造业的两种主要表现：第一，智能制造能够将数字技术融入制造业需要的装备中，如数控机床和工业机器人等，增加装备的自动化功能，形成柔性制造的智能工厂，挖掘"关联＋预测＋调控"的车间运行分析与决策新模式②，用智能制造代替传统制造，提高了生产率。第二，工业互联网对制造业的融合主要表现为通过互联网技术、大数据和云计算等对制造领域的逐个环节植入不同的传感器，能够感知信息和收集数据，对制造业的各个环节进行准确控制，提高生产率水平③。

在产品融合方面，数字技术运用于传统制造业，为制造业产品的生产注入新的活力，传统制造业是以产品为导向，在追求规模经济和产品差异化之间，大多数企业都会选择规模经济，降低生产成本，但是随着数字经济的不断融合，企业开始由产品导向逐渐向用户体验转变，数字经济的应用降低了产品生产成本，消费者的个性化需求成为企业追寻的目标，形成一种需求侧对供给侧的牵引作用，企业能够捕捉消费者的个性偏好，由大规模、标准化的工业化生产向小规模、个性化的数字化生产转变，生产出差异化的个性化产品，这种差异化的产品能够大大增强企业的竞争力，将附加值低、消费者偏好低的产品挤出市场，有利于新兴制造业的涌现。另外，新兴制造业的产品功能具备差异性，产品具备高附加值、品牌化、多功能的特征④，进一步刺激市场需求，新兴产品通过功能化和差异化挤出传统低附加值和低质量的产品，促进制造业的转型升级。

在组织融合方面，数字经济的发展会对传统的组织方式产生冲击，倒逼企业进行组织变革，这种变革主要体现在组织管理模式和组织生产方式上。在组织管理模式上，随着数字经济的发展，建立自适应性的组织管理模式成为企业发展的必然要求⑤，组织成员可以通过互联网增加成员之间的沟通，减少运行的不确定

① 王开科，吴国兵，章贵军．数字经济发展改善了生产效率吗［J］．经济学家，2020（10）：24-34.

② 张洁，高亮，秦威，等．大数据驱动的智能车间运行分析与决策方法体系［J］．计算机集成制造系统，2016，22（5）：1220-1228.

③ 纪成君，陈迪．"中国制造2025"深入推进的路径设计研究——基于德国工业4.0和美国工业互联网的启示［J］．当代经济管理，2016，38（2）：50-55.

④ 李远刚．区域大数据与实体经济深度融合实证分析［J］．工业技术经济，2021，40（8）：134-141.

⑤ Townsend A M. The Internet and the rise of the new network cities, 1969-1999 ［J］. Environment and Planning B: Planning and Design, 2001, 28 (1): 39-58.

性，提升组织的决策能力[1]，另外组织结构也会更具柔性，向网络化和扁平化发展[2]。在组织生产方式上，数字经济的融入能够形成一种市场导向的按需生产的生产组织方式，灵活调整生产布局，降低了消费者的参与成本，同时也降低了企业的生产成本，数字经济形成的即时反馈机制形成一种柔性生产模式。数字经济与传统制造业融合框架如图 3-11 所示。

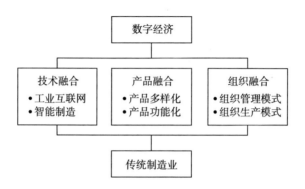

**图 3-11　数字经济与传统制造业融合框架**

### 三、评价模型构建

本书综合借鉴 Henderson 和 Simar（2005）和 Zhou 等（2011）随机前沿分析中技术效率的思想以及谢康等（2012）测算信息化与工业化融合的方法来测算数字经济与制造业的融合水平，具体步骤如下：

（1）将长江经济带 11 个省市的数字化发展指数和制造业发展指数作为反映数字化水平和制造业水平的实际值，利用技术效率的思想估计各省市的数字化和制造业的理想水平，设定的融合模型包括面向制造业的融合模型和面向数字化的模型两种，由于模型设定中可能存在偏差导致估计有误，因此本书将时间效应和个体效应作为非参数纳入模型中运用局部线性方法估计，设计非参数随机前沿模型为：

$$y_{it}=f(x_{it}, i, t)+\varepsilon_{it}, i=1, 2, \cdots, n; t=1, 2, \cdots, T \qquad (3-1)$$

对式（3-1）进行 Taylor 展开可得：

――――――――――

① Bahrami H. The emerging flexible organization: perspectives from Silicon Valley [J]. California Management Review, 1992, 34 (4): 33-52.

② 何建佳，葛玉辉，张光远. 信息化进程中的组织变革与 IT 治理 [J]. 商业研究，2006 (17)：117-120.

$$y_{it} = f(x_{it}, i, t) + (x_{it} - x)\beta(x, i, t) + \varepsilon_{it} \tag{3-2}$$

式（3-2）中，$\beta(x, i, t)$ 是 $f(x_{it}, i, t)$ 关于 x 的一阶导数，根据式(3-2)可以构建数字经济与传统制造业融合的非参数随机前沿模型，其中面向制造业的融合模型为：

$$MAF_{it} = MAF'_{it} + \varepsilon_{it} = f(DIG_{it}, i, t) + \varepsilon_{it} \tag{3-3}$$

式(3-3)中，$MAF_{it}$ 表示第 t 年 i 省市的制造业实际发展水平，$MAF'_{it} = f(DIG_{it}, i, t)$ 表示数字经济实际发展水平下制造业的理想发展水平，$\varepsilon_{it}$ 为随机扰动项。

同理，面向数字经济的融合模型为：

$$DIG_{it} = DIG'_{it} + \varepsilon_{it} = g(MAF_{it}, i, t) + \varepsilon_{it} \tag{3-4}$$

式(3-4)中，$DIG_{it}$ 表示第 t 年 i 省市的制造业实际发展水平，$DIG'_{it} = f(MAF_{it}, i, t)$ 表示数字经济实际发展水平下制造业的理想发展水平，$\varepsilon_{it}$ 为随机扰动项。

（2）将数字经济实际发展水平与同一时间 t 既定制造业发展水平下数字经济能够达到的理想发展水平之间的差距作为面向制造业的路径中两者的融合水平，差距较小说明两者的融合程度越大，因此面向制造业的融合系数可定义为：

$$IC1_{it} = \exp(\hat{f}(DIG_{it}, i, t) - \max_{j=1,\cdots,n} \hat{f}(DIG_{it}, j, t)) \tag{3-5}$$

同理，将制造业发展水平与同一时间 t 既定数字经济发展水平下制造业能够达到的理想发展水平之间的差距作为面向数字经济的路径中两者的融合水平，因此面向数字经济的融合系数可定义为：

$$IC2_{it} = \exp(\hat{f}(MAF_{it}, i, t) - \max_{j=1,\cdots,n} \hat{f}(MAF_{it}, j, t)) \tag{3-6}$$

（3）借鉴王维国（1995）协调发展系数的判断方法，计算数字经济与制造业的融合系数，协调发展系数定义为：

$$IC_{it} = \frac{\min\{IC1_{it}, IC2_{it}\}}{\max\{IC1_{it}, IC2_{it}\}} \tag{3-7}$$

式(3-7)反映了面向制造业和面向数字经济两条融合路径之间的差距，融合系数 $IC_{it}$ 越接近 1，则表示两者的融合程度越高，即当 $IC_{it} = 1$ 时，两者完全融合，当 $0 < IC_{it} < 1$ 时，两者未达到完全融合。

### 四、变量选取

（一）数字经济发展水平

本书借鉴吴传清和张诗凝（2021）对长江经济带数字经济测度的指标体系，依据数字经济的内涵，即数字经济是以基础设施建设为"压舱石"，以数字化产业为支撑,以产业数字化的深度融合为重点,不断拓展数字经济的广度和深度[1],因此本书分别从数字基础设施、数字产业化和产业数字化三个维度选取9个二级指标基于熵值法进行测算,其中数字基础设施包括光缆线路长度、互联网宽带接入端口、域名数、网页数,数字产业化包括电子及通信设备制造业主营业务收入占 GDP 比重、电信业务总量占 GDP 比重、软件业务收入占 GDP 比重,产业数字化包括企业每百人使用计算机数、每百家企业拥有网站数。

(二)制造业发展水平

以《中国制造2025》中的制造业评价指标为基础构建指标体系,基于经济效益、创新驱动、绿色发展三个维度运用熵值法衡量制造业发展水平,经济效益是其中制造业竞争力的体现,创新驱动展现了制造业在产业分工和价值链中的地位,绿色发展指标体现了当前我国制造业可持续发展水平,其中经济效益包括增速、效率、盈利三个二级指标,创新驱动包括创新投入、创新产出和创新贡献三个二级指标,绿色发展包括能源消耗、废物排放两个二级指标[2](见表3-1)。

表 3-1 指标体系建立

| 目标 | 维度 | 二级指标 | 三级指标 | 指标衡量方式 | 功效 |
|---|---|---|---|---|---|
| 数字经济发展水平 | 数字基础设施 | 每平方千米光缆线路总长度 | 光缆线路总长度/总面积 | + |
| | | 每平方千米互联网宽带接入端口 | 互联网宽带接入端口数/总面积 | + |
| | | 人均拥有域名数 | 域名数/总人口 | + |
| | | 人均拥有网页数 | 网页数/总人口 | + |
| | 数字产业化 | 电子及通信设备制造业主营业务收入占 GDP 比重 | 电子及通信设备制造业主营业务收入/GDP | + |
| | | 电信业务总量占 GDP 比重 | 电信业务总量/GDP | + |
| | | 软件业务收入占 GDP 比重 | 软件业务收入/GDP | + |
| | 产业数字化 | 企业每百人使用计算机数 | 企业使用计算机数/总人口(百人) | + |
| | | 每百家企业拥有网站数 | 网站数/总人口(百人) | + |

---

① 王军,朱杰,罗茜.中国数字经济发展水平及演变测度[J].数量经济技术经济研究,2021,38(7):26-42.

② 赵卿,曾海舰.产业政策推动制造业高质量发展了吗?[J].经济体制改革,2020(4):180-186.

续表

| 目标 | 维度 | 二级指标 | 三级指标 | 指标衡量方式 | 功效 |
|---|---|---|---|---|---|
| 制造业发展水平 | 经济效益 | 增速 | 主营业务收入增速 | （本期主营业务收入−上期主营业务收入）/上期主营业务收入 | + |
| | | | 投资增速 | （本期固定资产投资额−上期固定资产投资额）/上期固定资产投资额 | + |
| | | 效率 | 资本生产率 | 主营业务收入/固定资产投资额 | + |
| | | | 劳动生产率 | 主营业务收入/从业人员数量 | + |
| | | 盈利 | 主营业务收入报酬率 | 利润总额/主营业务收入 | + |
| | | | 总资产报酬率 | 利润总额/总资产 | + |
| | 创新驱动 | 创新投入 | R&D 经费投入强度 | R&D 经费支出/主营业务收入 | + |
| | | | R&D 人员投入强度 | R&D 人员数量/从业人员数量 | + |
| | | 创新产出 | 发明专利收入率 | 专利授权数/主营业务收入 | + |
| | | 创新贡献 | 新产品收入率 | 新产品收入/主营业务收入 | + |
| | 绿色发展 | 能源消耗 | 单位收入能源消费 | 万吨标准煤/主营业务收入 | − |
| | | | 单位收入工业耗水 | 工业用水/主营业务收入 | − |
| | | 废物排放 | 单位收入废水排放 | 废水排放总量/主营业务收入 | − |
| | | | 单位收入废气排放 | 二氧化硫排放量/主营业务收入 | − |
| | | | 单位收入固体废弃物排放 | 工业固体废弃物产生量/主营业务收入 | − |

### 五、融合水平测度

（一）数据来源

本书将样本区间设定为 2013~2019 年，选取长江经济带 11 个省市进行研究，数据来源于《中国统计年鉴》《中国信息统计年鉴》《中国工业企业统计年鉴》等，对于部分省市存在缺失值的数据进行插值处理。

（二）面向制造业的融合系数

面向制造业的融合系数表示数字经济促进制造业发展的融合水平，如表 3-2 所示，首先时间序列上，2013~2019 年长江经济带面向制造业的平均融合发展水平在逐年上升，表明数字经济促进制造业的融合效果越来越好，可能的原因是近年来我国互联网技术迅猛发展，数字经济与实体经济的融合正在逐渐加快，而制造业作为实体经济的主力军，与数字经济的融合速度在不断加快。其中，在 2013~2019 年这 7 年的跨度中，面向制造业的数字经济与传统制造业融合系数增长速度最快的三个省份为浙江、安徽、湖南，增长速度均在 20% 以上，表明制造业的发展给这些省份制造业的发展带来了"创造性破坏"。

表 3-2　2013~2019 年长江经济带面向制造业的融合系数 IC1

|  | 2013 年 | 2014 年 | 2015 年 | 2016 年 | 2017 年 | 2018 年 | 2019 年 |
|---|---|---|---|---|---|---|---|
| 上海 | 0.699 | 0.708 | 0.736 | 0.751 | 0.759 | 0.751 | 0.769 |
| 江苏 | 0.615 | 0.624 | 0.644 | 0.653 | 0.656 | 0.640 | 0.645 |
| 浙江 | 0.620 | 0.623 | 0.641 | 0.628 | 0.616 | 0.620 | 0.622 |
| 安徽 | 0.600 | 0.698 | 0.573 | 0.685 | 0.711 | 0.759 | 0.759 |
| 江西 | 0.402 | 0.456 | 0.419 | 0.409 | 0.405 | 0.568 | 0.737 |
| 湖北 | 0.569 | 0.623 | 0.750 | 0.682 | 0.652 | 0.760 | 0.747 |
| 湖南 | 0.422 | 0.398 | 0.398 | 0.502 | 0.450 | 0.556 | 0.747 |
| 重庆 | 0.758 | 0.758 | 0.754 | 0.744 | 0.741 | 0.753 | 0.747 |
| 四川 | 0.725 | 0.701 | 0.711 | 0.737 | 0.742 | 0.715 | 0.711 |
| 贵州 | 0.414 | 0.429 | 0.415 | 0.405 | 0.483 | 0.471 | 0.744 |
| 云南 | 0.445 | 0.432 | 0.510 | 0.510 | 0.704 | 0.418 | 0.398 |
| 平均 | 0.570 | 0.586 | 0.595 | 0.610 | 0.629 | 0.637 | 0.693 |

　　从空间上看，长三角区域、湖北、四川与重庆等省份面向制造业的平均融合系数较高，融合水平均在 0.6 以上，可能的原因是这些省市的数字基础设施发展水平较高，产业数字化的竞争力较强，而数字化基础设施是数字经济与传统制造业融合的根基。而云南、贵州、湖南、江西四省份的数字经济促进制造业发展的平均融合水平较低，表明其制造业发展水平与在数字经济促进下制造业理想发展水平之间的差距较大，其中云南和贵州位于长江经济带上游区域，受限于地理环境，交通基础设施和数字基础设施不发达，且其制造业生产能力较为低下，因此数字经济与制造业的融合水平较低，制造业的数字化融合要找准融合点，如数字化不仅解决制造业生产效率的问题，还有对人力、物力以及工序调度优化，建立智能化的实施管理系统，增加生产的有序性也是数字经济融合制造业的一个方面。

（三）面向数字经济的融合系数

基于技术效率测度的式（3-6），测算出长江经济带面向数字经济的融合系数，即制造业带动数字经济的融合水平，如表3-3所示，长江经济带面向数字经济的平均融合系数整体较低，表明制造业对数字经济发展的促进作用较低，制造业对数字经济的融合体现在数字经济延伸的新技术、新产品渗透到制造业中改变了制造业的产品、技术，能够进一步对数字经济的发展起推动作用①，因此通过制造业原有的技术与数字经济融合产生新产品、新技术，使制造业发展与制造业具有相似平台和基础的融合方式称为制造业向数字经济的融合，即可成为数字经济制造业融合的第二阶段。从时间上看，2013~2019年，长江经济带面向数字经济的平均融合系数的变动处于波动上升状态，表明整个区域的制造业对数字经济的促进作用正在不断加强，制造业借力数字经济又反过来向数字经济融合，但整体融合水平较低，远低于数字经济向制造业融合水平，表明长江经济带区域制造业向数字经济的融合仍处于初级阶段，仍需要进一步推动。

表3-3  2013~2019年长江经济带面向数字经济的融合系数IC2

|  | 2013年 | 2014年 | 2015年 | 2016年 | 2017年 | 2018年 | 2019年 |
|---|---|---|---|---|---|---|---|
| 上海 | 0.263 | 0.261 | 0.257 | 0.255 | 0.254 | 0.255 | 0.252 |
| 江苏 | 0.183 | 0.175 | 0.165 | 0.160 | 0.158 | 0.167 | 0.164 |
| 浙江 | 0.186 | 0.187 | 0.191 | 0.188 | 0.179 | 0.177 | 0.175 |
| 安徽 | 0.112 | 0.115 | 0.111 | 0.114 | 0.115 | 0.122 | 0.122 |
| 江西 | 0.106 | 0.109 | 0.107 | 0.102 | 0.103 | 0.111 | 0.117 |
| 湖北 | 0.111 | 0.113 | 0.125 | 0.114 | 0.113 | 0.120 | 0.125 |
| 湖南 | 0.101 | 0.105 | 0.105 | 0.110 | 0.108 | 0.111 | 0.118 |
| 重庆 | 0.119 | 0.119 | 0.118 | 0.117 | 0.117 | 0.124 | 0.125 |
| 四川 | 0.130 | 0.136 | 0.133 | 0.128 | 0.127 | 0.132 | 0.133 |
| 贵州 | 0.102 | 0.100 | 0.102 | 0.103 | 0.109 | 0.109 | 0.117 |
| 云南 | 0.108 | 0.108 | 0.110 | 0.110 | 0.115 | 0.107 | 0.105 |
| 平均 | 0.138 | 0.139 | 0.139 | 0.136 | 0.136 | 0.140 | 0.141 |

① 周振华. 信息化与产业融合 [M]. 上海：上海三联书店，2003b.

从空间上看，如图 3-12 所示，长江经济带区域制造业向数字经济融合系数普遍较低，呈现"东高西低"的分布特征，上海、江苏、浙江等数字经济较发达的城市制造业促进数字经济融合的系数排在所有省市的前端，与上文分析中这三个省市数字经济促进制造业融合的系数较高的趋势一致，可能的原因是这三个省市是数字经济发展的先行区，且数字经济发展进程较快，因此制造业对数字经济的融合水平较高。长江经济带中上游省市制造业促进数字经济水平较弱，表明其数字经济对制造业的融合水平不够，为制造业发展的技术创新成果贡献不足，因此制造业难以借助技术创新成果反作用于数字经济。

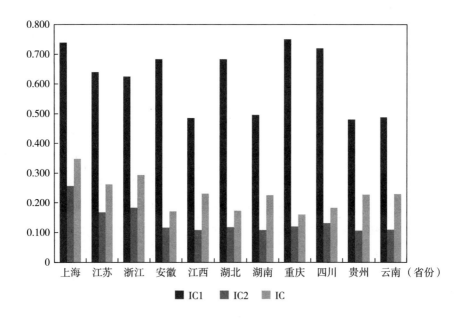

**图 3-12　2013~2019 年长江经济带各省市的平均融合系数**

（四）数字经济与传统制造业的融合水平

根据式（3-7）测算的协调发展系数可得出如表 3-4 所示的数字经济与传统制造业融合水平，IC 是反映两者融合的综合指标，可以看出数字经济与制造业发展的融合协调水平没有达到最优。从时间序列上看，数字经济与制造业的平均融合系数是处于波动上升的，各省市在不同年份的融合水平具有相对不稳定性，表明长江经济带地区制造业的数字化仍有待提高，其中，2017~2019 年数字经济与制造业水平开始上升，可能的原因是 2017 年数字经济被写入党的十九大报告，党的十九大报告中强调加快推进先进制造业，推动互联网、大数据、人工智能与实体经济深度融合，这为数字经济与制造业的融合奠定了坚实的政策基础。截至2019年，上海、江苏、浙江、四川、云南等省市数字经济与制造业的融合程度较高，可以看出经济发展水平越高并不意味着数字经济与制造业的融合效果越好，需要看两者之间的协调关系。

表 3-4　2013~2019 年长江经济带数字经济与传统制造业的融合系数 IC

|  | 2013 年 | 2014 年 | 2015 年 | 2016 年 | 2017 年 | 2018 年 | 2019 年 |
|---|---|---|---|---|---|---|---|
| 上海 | 0.376 | 0.369 | 0.349 | 0.339 | 0.334 | 0.339 | 0.327 |
| 江苏 | 0.297 | 0.280 | 0.256 | 0.245 | 0.240 | 0.260 | 0.255 |
| 浙江 | 0.300 | 0.300 | 0.297 | 0.300 | 0.291 | 0.285 | 0.282 |
| 安徽 | 0.187 | 0.165 | 0.195 | 0.167 | 0.162 | 0.160 | 0.161 |
| 江西 | 0.263 | 0.238 | 0.256 | 0.250 | 0.254 | 0.196 | 0.158 |
| 湖北 | 0.196 | 0.181 | 0.166 | 0.168 | 0.174 | 0.158 | 0.168 |
| 湖南 | 0.238 | 0.263 | 0.263 | 0.219 | 0.241 | 0.200 | 0.157 |
| 重庆 | 0.157 | 0.157 | 0.157 | 0.158 | 0.158 | 0.165 | 0.168 |
| 四川 | 0.179 | 0.194 | 0.188 | 0.173 | 0.171 | 0.185 | 0.187 |
| 贵州 | 0.245 | 0.233 | 0.244 | 0.254 | 0.227 | 0.231 | 0.158 |
| 云南 | 0.243 | 0.249 | 0.216 | 0.216 | 0.163 | 0.256 | 0.263 |
| 平均 | 0.376 | 0.369 | 0.349 | 0.339 | 0.334 | 0.339 | 0.327 |

如图 3-13 所示，IC1 为数字经济促进制造业发展的平均融合系数，IC2 是制造业促进数字经济发展的平均融合系数，IC 是数字经济与制造业的平均融合系数，综合比较可以看出，制造业带动数字经济的发展的融合水平较低，表明现阶段我国呈现出以数字经济带动制造业的融合路径为主的特征，在制造业发展过程中，不断应用数字技术，提高自身的生产效率、产品质量和组织形式，因此 IC1最高，而在数字经济发展过程中，依靠制造业需求拉动效果不明显，数字经济发展更多依靠数字基础设施建设、人才创新的带动，故 IC2 较低，而 IC 为制造业与数字经济的平均融合水平，因此 IC 值介于 IC1 和 IC2 之间。

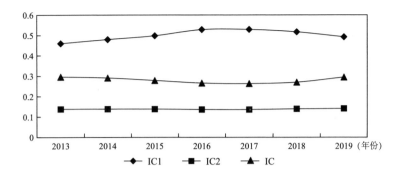

图 3-13　2013~2019 年长江经济带数字经济与传统制造业融合发展趋势

### 六、研究结论与建议

（一）研究结论

本章从技术效率角度研究长江经济带数字经济与制造业的融合质量水平，分别构建了数字经济水平指数和制造业水平指数，并将两者作为融合分析框架的主体，运用非参数随机前沿模型探究 2013~2019 年长江经济带的融合水平，研究结果表明：

（1）在面向制造业的融合水平分析中，2013~2019 年长江经济带的平均融合水平逐年上升，且长江经济带中下游数字化促进制造业发展的融合水平较高，中上游数字化促进制造业发展的融合水平较低。

（2）在面向数字经济的融合水平分析中，长江经济带面向数字经济的平均融合系数整体较低，呈现"东高西低"特征，上海、江苏、浙江等经济较发达的省市制造业促进数字经济融合的系数排在所有省市的前端。

（3）数字经济与制造业的平均融合系数是波动上升的，各省市在不同年份的融合水平具有相对不确定性，且经济发展水平越高并不意味着数字经济与制造业的融合效果越好。

（二）对策建议

第一，提升长江中上游数字经济向制造业融合水平，根本上要从提高数字经济的发展水平着手，一方面，完善长江中上游的政策制度环境，推进数字基础设施建设，随着数字技术和数字经济成为新一轮科技革命和产业变革的重要领域，传统的治理理念已经不能适应数字经济发展的需要，政府作为政策的制定者，需要将数字化和市场化有机结合起来，为数字经济与制造业深度融合做好顶层设计，为制造业的转型升级创造良好的营商环境，在硬件建设上，政府要加快部署5G、云计算、工业互联网、人工智能等通信基础设施。另一方面，增加数字经济与教育科研领域的融合力，增加高校数字经济相关的课程，为高校学生提供数字领域的前沿知识，培养复合型的高层次人才，鼓励制造业企业增加对员工数字化培训的强度，提高制造业工人的数字化素养，对基层员工关于智能制造、信息技术等操作性岗位进行训练，减少工业互联网在制造业数字化过程中的发展阻力。

第二，多渠道提升制造业企业的原有发展水平，加快制造业企业传统制造业与数字经济融合速度，丰富创新成果促进数字经济的发展。根据本章结论得出，长江经济带制造业促进数字经济发展的平均融合水平整体较低，表明现阶段制造业原有的技术还不能与数字经济充分融合，要增强长江经济带制造业的原有发展水平，这不仅靠数字化的带动，还需要其他提升路径：一方面，完善制造业发展环境，深化要素市场的市场化改革，通过政策消除制造业行业的垄断，提高金融业发展水平，为制造业发展提供充足的资金保障，加强知识产权保护，建立先进制造业专利池，降低科技型中小企业的知识产权维权成本，让制造业企业生产率的提升更加依靠技术市场而不是产品市场的开放式创新；另一方面，通过绿色发展提升制造业发展的效益，长江经济带的制造业会产生大量污染增加排污成本，因此制造业转型可以通过建立绿色循环经济的工业体系，实行以清洁生产为重点的技术改造，构建科学合理的产业布局，倒逼环境保护机制改革，建立健全先进制造业经营标准规范。

第三，根据融合特征制定差异化的融合政策。根据本章研究结论得出长江经济带数字经济与制造业的融合质量水平与经济发展状况并不是直接相关的，因此各省市的融合政策重点也应根据当地融合特征分层分类制定。首先，对于上海、江苏、浙江、江西、云南等平均融合水平较高的城市，即数字经济与传统制造业融合产生较大的正反馈，这些省份应该将重心放到制造业向数字经济融合的方面，通过数字经济作用于制造业产生新产品和新技术，进一步反作用于数字经济的发展，如此循环往复能够进一步加强数字经济与制造业的平均融合水平；反之，对于安徽、湖北、重庆、四川等平均融合程度较低的省份，应当加强制造业企业学习数字技术的主动性，生产领域推动数据平台建设，利用工业互联网和智能制造技术优化企业生产流程，提高劳动生产效率。其次，可以发挥产业集聚优势来提升制造业产业水平,大中型企业不仅要提高自主创新能力,同时可以通过生产链的分工细化来加强与中小企业之间的合作,发挥专业集聚化的优势。最后,推进新生信息技术与制造业的融合可以将人工智能、大数据融入制造业的产品设计、生产、开发和销售的全链条中,加快智能车间与智能工厂建设、构建企业经营大数据平台,健全柔性生产的组织生产形式,为制造业注入新的生机活力,加快数字经济与制造业之间的深度融合。

# 第四章 传统制造业与数字经济融合过程研究

　　创新驱动发展战略背景下，与数字经济融合是中国制造企业实现新发展的重要举措，多重制度逻辑对中国制造企业与数字经济融合具有重要影响。从多重制度理论视角研究数字经济与传统制造业融合过程中多重制度逻辑动态演化过程具有十分重要的意义。传统制造业与数字经济融合过程具有阶段交叉性特征，数字技术的快速迭代性是造成传统制造业与数字经济融合过程复杂性的主要原因，传统制造业与数字经济融合不同阶段存在不同的制度逻辑组合，政府逻辑在与数字经济融合阶段跃迁的过程中逐渐加强，市场逻辑和政府逻辑的协同更加有利于传统制造业与数字经济融合。

## 第一节　理论分析

### 一、问题的提出

　　近年来，随着人工智能、区块链、云计算和大数据技术的日益成熟和第五代通信技术的广泛应用，数字技术突破大规模应用的临界点，开始从消费领域向生产领域、由虚拟经济向实体经济延伸，自动化、数字化和智能化的新制造呼之欲出。虽然众多企业投入巨资进行与数字经济融合，但与数字经济融合的结果并不令人满意，一项研究表明，60%～85%的与数字经济融合的企业造成资金链断裂，陷入"不转型等死，转型赴死"的与数字经济融合的悖论①。尤其是在发达国家和发展中国家"双向挤压"背景下的中国制造业还需要解决转型升级与成本上升的矛盾问题（王玉燕、林汉川，2015）。传统制造企业面临着是否进行与数字经济融合、如何成功进行与数字经济融合等一系列问题。

与数字经济融合并非只是单纯的技术选择，还会带来工作模式、组织模式、竞争逻辑等一系列变化，是企业战略决策的核心问题（陈冬梅等，2020）。中国制造业与数字经济融合决策行为是在中国独特制度环境下进行的，《中华人民共和国国民经济和社会发展第十四个五年规划和 2035 年远景目标纲要》《"十四五"智能制造发展规划》等国家、行业等不同层次的制度相互叠加、相互影响，共同对制造业与数字经济融合战略决策产生重要影响。研究在政府帮助下利用与数字经济融合实现追赶与超越有着重要的理论和实践意义（刘洋等，2020）。

因此，本书从多重制度理论逻辑出发，试图辨析复杂制度环境下制造企业与数字经济融合的过程，探究制造企业成功与数字经济融合的关键因素。通过选取制造业转型的典型代表——三一重工进行单案例纵向分析，本书构建了多重制度环境下的中国制造业与数字经济融合过程模型，期望从一个新的理论视角为中国制造业成功与数字经济融合提供理论参考。

**二、相关研究综述**

为进一步完善现有制造业与数字经济融合行为研究，本书试图将制度逻辑理论引入与数字经济融合行为研究框架，为学界和实践界提供有价值的参考。为此，本书从与数字经济融合过程和与数字经济融合制度视角两个方面进行了相关的梳理，进而发现不足，明确研究任务。

（一）与数字经济融合过程研究综述

与数字经济融合逐渐成为企业普遍共识和学术研究热点之后，学界致力于提炼和挖掘数字化转型过程的关键要素和规律并提出各自的过程模型。Westerman 和 Bonnet（2015）从数字技术应用方向的视角指出了企业与数字经济融合的两条路径，一条是从孤岛型向工业互联网转变的生产自动化路径，另外一条是从孤岛

---

① Sailer P，Stutzmann B，Kobold D. Successful digital transformation——How change management helps you to hold course［R］. Siemens IoT Services，2019.

型向用户体验型转变的路径。Yeow 等（2018）从资源与战略的不协同是引发与数字经济融合的主要动因这一主要论断出发，构建了一个由"探索、构建、扩展"构成的三阶段与数字经济融合模型，探索阶段主要依赖数字化技术感知到环境复杂性，以重新调整战略，改变企业价值创造方式，构建阶段主要对知识、技术、制度等资源进行重新配置，以适应不断变化的环境和与数字经济融合战略，扩展阶段是在一个拓展环境下以相互依赖的方式从个体和集体层面实现资源集体供给。李君等（2019）按照与数字经济融合的对象将制造业与数字经济融合的过程划分为起步建设、单项覆盖、集成提升、创新突破四个阶段，起步建设以基础设施和条件为主，单项覆盖以某项业务的覆盖和渗透为主，集成提升以跨部门、跨业务的集成运作为主，创新突破以跨企业的业务融合、协同创新为主。钱晶晶和何筠（2021）从能力的视角研究发现与数字经济融合遵循"数字化感知能力—数字化获取能力—与数字经济融合能力"的演化过程，数字化感知能力体现为对外界环境变化的感知，特别是数字技术对企业经营模式的影响，数字化获取能力体现为克服内部障碍而发展多元化的数字赋能技术，与数字经济融合能力体现为实现了企业从决策模式、运营模式和管理模式多方面的与数字经济融合。

（二）与数字经济融合过程的制度视角

数字基础设施是一个"社会技术系统"，除技术部分，更重要的是嵌入社会文化制度情境。而中国的制度环境极具复杂性和特殊性，尤其是在处于经济转型期的中国，政府在社会中的主导作用使得企业的重大决策受国家政策的影响。

制度体系不够完善，缺乏一定的稳定性、法律法规的执行力度不足、政府存在干预企业的行为都会对企业决策产生影响。例如，在制度缺失环境下，以 App 为主要产品的数据平台企业以"摸着石头过河"为逻辑开始"野蛮式增长"，但又迅速消亡。

从微观层面看，企业与数字经济融合是促进组织实施创新与变革活动，是企业重大战略选择行为。而企业的战略选择不仅仅取决于组织内部因素，而更取决于与外部复杂制度环境的互动过程。面对复杂和不确定的动态制度环境，企业既可以采用消极被动性的战略反应，也可以采取主观能动性的战略反应。选择哪种战略反应与其面对的制度压力密切相关，当面对的制度压力较大时，企业会以提高合法性为主要目标，采取消极被动的策略进入压力较小的业务领域，当面对的制度压力较小时，企业会以提高效率为主要目标，采取积极主动的策略进入压力较强的业务领域以获取发展机会。

值得注意的是，企业嵌入的制度环境具有复杂性特征，一个场域内相同时间段可能存在多重制度逻辑的共存和混合（Dunn and Jones，2010），其原因是不同制度制定者有着特定的逻辑和价值诉求，而在制度制定时处于分割状态，使制度呈现出碎片化特征。因此，应从多重制度视角考察对于数字经济融合的影响。

综上所述，与数字经济融合具有情境依赖特征，处于由要素驱动向创新驱动转型关键期的制造业与制度环境之间的密切互动明显，探讨处于与数字经济融合的制造企业与制度环境之间的互动是重要的研究方向。本章进一步认为，"强政府、大市场和弱技术体制"的制度环境为制造企业利用数字技术变革带来的机会窗口实现超越追赶提供了很好的情境。制造业企业在与数字经济融合过程中，既可以利用制度优势提升自身竞争优势，也可以主动开展制度创新、制度突破，为与数字经济融合塑造更好的制度环境。基于此，本章采取案例研究方法，尝试以多重制度逻辑归纳制造业与数字经济融合过程模式，弥补现有研究的不足。

# 第二节　研究设计与案例分析

## 一、研究设计

1. 研究方法

本章采取案例研究方法，主要基于以下考虑：

（1）本章聚焦于与数字经济融合过程研究，发现与数字经济融合不同阶段面临的障碍，找到克服这些障碍的方法与路径是研究的重要任务，这些问题与对策随着时间推移而发生变化，而案例研究适应于这些动态演进问题（Yin and Kaynak，2015）。

（2）本章需要回答为什么需要进行与数字经济融合、如何进行与数字经济融合、多重制度如何影响与数字经济融合等问题，这些问题缺乏成熟的理论模型，而案例研究适合于回答"为什么（Why）"和"怎么样（How）"的问题①。

（3）案例研究可以对某种特定情境下的企业行为开展研究，适合于与数字经济融合与多重制度互动关系研究。

2. 案例选择

本书采取目的性抽样方法，选取具有代表性的案例开展研究。案例选取的标准是：

（1）制造业与数字经济融合的开拓者或者与数字经济融合方面成绩斐然。

（2）相关资料较多，能够从中梳理出与数字经济融合的脉络，完成反映出与数字经济融合的过程。

基于以上标准，本书选取三一重工与数字经济融合过程作为案例。三一重工既是中国制造业的典型代表，又是与数字经济融合的典型代表，三一重工从一家从事低端产品的小型焊接材料厂利用 30 余年的时间成长为世界工程机械龙头企业，成为后发企业追赶超越的标杆。近年来，三一重工制定了"国际化"和"数字化"发展战略，不仅在企业内部大力开展推广机器人、智能工厂等数字技术应用，还专门成立互联网企业，为其他企业提供工业互联网服务，是与数字经济融合的杰出代表。

3. 数据收集

本书从四个渠道获取数据：

（1）三一重工官方网站，官方网站详细介绍了企业成长历程、新闻事件、经营业绩等信息，其公司刊物专门刊发了一期《当三一遇见智能+》，详细介绍了三一重工与数字经济融合的具体做法，本书从官方网站中筛选出 121 篇，约 4.1 万字的相关文档资料。

（2）采取百度新闻搜索工具对三一重工的新闻报道和新闻评论资料进行收集，尤其关注对与数字经济融合的新闻报道，共收集 210 篇，约四万字相关报道。

（3）详细研读与三一重工相关书籍两部，分别为《顶级 CEO 管理智慧梁稳根微语录》和《梁稳根和他的三一重工》，两书共 20 余万字，详细记录了三一重工的奋斗发展史。

（4）到三一重机华威机械公司进行现场考察，与总经理办公室主任、车间

---

① 罗伯特·K. 殷. 案例研究：设计与方法［M］. 重庆：重庆大学出版社，2010.

主任等管理者进行深入交谈，到智能化工厂进行现场参观，获取与数字经济融合的第一手资料，形成 1 万字访谈报告（见表 4-1）。

**表 4-1　各类型数据描述**

| 序号 | 数据类型 | 数据描述 |
|---|---|---|
| 1 | 官方网站资料 | 121 篇，约 4.1 万字 |
| 2 | 新闻报道 | 210 篇，约 4 万字 |
| 3 | 相关书籍资料 | 2 部，20 余万字 |
| 4 | 现场考察与访谈资料 | 1 万字 |

本书通过三个方面保证研究信度和效度：

（1）通过官方网站、新闻报道、学术资料、访谈资料构成"三角验证"，多角度的数据来源保证证据的可信性。

（2）根据研究问题，在资料分析的基础上提出命题，收集相关证据资料对命题进行验证，保证研究效度。

（3）记录案例研究过程，保存原始研究资料，使其可重复进行案例研究。

4. 案例简介

三一重工是中国民营企业的杰出代表，是创始人梁稳根先生在原焊接材料厂的基础上于 1994 年创建的。三一重工自成立以来取得了持续快速发展：2003 年，三一重工在上海 A 股上市；2011 年，三一重工以 215.84 亿美元市值入围福布斯全球 500 强；2012 年，三一重工并购混凝土机械全球第一品牌德国普茨迈斯特；2020 年，企业市值达 2919.88 亿元，位列中国机械设备行业之首，成为全球领先的装备制造企业。

三一重工高度重视与数字经济融合，在 2008 年就发布了《三一集团制造技术方案大纲》并开始筹建国内具有标志性的智能化工厂——18 号工厂，在 2016 年将数字化上升为企业的两大战略之一，并以"不翻身则翻船"的决心开展与数字经济融合，2015 年三一重工成为首家国家级智能制造示范企业，物联网事业部孵化的树根互联成为我国三大工业互联网平台之一，企业也获得福布斯"中国新制造先锋"称号。

## 二、案例分析

多重制度逻辑认为组织所处场域的制度逻辑并不是唯一的，而是既竞争冲突，又兼容融合的多重制度逻辑。这些多重制度逻辑共同对管理者认知、企业战略、企业决策等组织行为产生重要影响。Thornton（2004）在前人研究的基础上归纳总结了七种制度逻辑：家庭、社区、宗教、政府、市场、职业和公司，学者依据研究具体情境选择不同的制度逻辑组合开展研究，涂智苹和宋铁波（2020）从政府逻辑和市场逻辑研究企业转型升级响应行为，葛笑春等（2021）从政府、公益和市场三种不同制度逻辑研究民间非营利组织到转型社会企业的过程。本书从三一重工所处的具体情境出发，从市场逻辑、政府逻辑两个方面研究与数字经济融合的过程。从市场逻辑的视角研究与数字经济融合的过程是因为三一重工是改革开放后成长起来的民营企业，在市场经济体制日益健全的背景下，作为自负盈亏的市场主体，利益最大化是其核心追求。尽管市场逻辑十分重要，但在具有社会主义制度优势的中国，政府逻辑依然发挥着重要作用，政府发布的法律、政策对企业行为具有重要的诱导和激励作用。

由于数字技术体系演进的时期跨度和三一重工与数字经济融合的时间跨度都非常长，而在不同阶段，与数字经济融合具有不同的任务和关注点，基于起步建设阶段的主要任务为基础设施建设，而基础设施建设主要为政府行为。因此，本书在李君研究的基础上，构建由"单项覆盖、集成提升、创新突破"构成的与数字经济融合阶段性体系，分时期开展与数字经济融合与多重制度逻辑之间互动过程案例分析。

1. 单项覆盖阶段

三一重工较早重视数字技术应用，先后在研发设计、生产制造、营销服务等领域开展了与数字经济融合。在研发设计领域，三一重工2006年3月正式启动Windchill PDM项目。在生产领域，三一重工在2007年开始尝试焊接机器人，并在2008年大规模推广使用，2008年发布《三一集团制造技术方案大纲》，该大纲提出精益制造改革，2009年在小挖车间引进了国际上更先进的制造执行系统——MES，将下料、配送、返修、入库等环节进行统一整合，顺利实现生产、管理、质检和服务的可视化、智能化，建立了工程机械行业内首家全自动生产线，全程实行数字化生产管理，2008年开始筹建18号厂房。在营销服务领域，2007年第一个设备控制中心——ECC控制中心建立，ECC后台在接到客户的召请后，通过回传的数据快速排障，快速指导客户自主维修，后来又分别推出了CRM、三一客户云、智慧服务系统、SanyLink+、SCRM等一系列数字系统，解决了客户设备管理难、服务过程不透明等一度困扰广大客户的难点、重点问题。

三一重工开展研发设计领域的与数字经济融合的主要动因是统一的数据管理平台，分布在各地的技术人员可以充分利用这一数据平台，实现异地远程办公，上万张图纸由PDM设计管理，提高了设计效率，降低了设计成本。生产制造领域的与数字经济融合的主要动因是提高效率和质量，降低生产成本，如焊接机器人使用后，一个焊接机器人的效率大约相当于四五个焊工，而且更加稳定，极大提升了整个生产体系的效率与产品的质量，三一挖掘机的使用寿命大约翻了两番，售后问题下降了3/4。三一重工开展营销服务领域的数字化改造的主要动因是2009年三一重工确定了服务第一品牌行动策略并于2010年率先在行业推出明确的服务承诺——123服务价值承诺、110服务速度承诺和111服务资源承诺。

该阶段初期我国与数字经济融合政策还处于初步探索阶段，以指导性的信息化政策为主。例如，2002年颁发了《国民经济和社会发展第十个五年计划信息化发展重点专项规划》，2006年颁发了《2006—2020年国家信息化发展战略》，2011年开始，政府开始重视两化融合政策，2011年工业和信息化部出台了《关于加快推进信息化与工业化深度融合的若干意见》和《工业转型升级投资指南》，2013年出台了《信息化和工业化深度融合专项行动方案（2013-2018）》等（见表4-2）。

由以上分析可以看出，在单项覆盖阶段，企业以市场逻辑作为与数字经济融合的主要逻辑，市场逻辑对于企业与数字经济融合决策具有根本性的影响。政府出台的指导性文件对于企业转型升级的信息化方向具有一定的间接影响，但既没有形成制度约束，也没有产生制度激励。

表 4-2　单项覆盖阶段与数字经济融合行为与多元制度逻辑

| 年份 | 与数字经济融合行为 | 市场逻辑 | 政府逻辑 |
|---|---|---|---|
| 2006 | 正式启动 Windchill PDM 项目 | 建立统一的数据管理平台，提高效率和质量，降低生产成本 | 颁发《2006-2020 年国家信息化发展战略》 |
| 2007 | 开始尝试焊接机器人；第一个设备控制中心——ECC 控制中心建立 | | |
| 2008 | 大规模推广使用焊接机器人；开始筹建 18 号厂房；发布《三一集团制造技术方案大纲》，大纲提出精益制造改革，三一重工进入数字化工厂建设；三一重工 2008 年就开始投入使用工业互联网，采用"终端+云端"的架构，动态采集挖机和泵车的运行数据 | | |
| 2009 | 引进了制造执行系统 MES | | |
| 2011 | | | 工业和信息化部出台了《关于加快推进信息化与工业化深度融合的若干意见》《工业转型升级投资指南》 |
| 2012 | 18 号厂房投产，大规模投入使用焊接机器人 | | |
| 2013 | 集团层面组建流程信息化总部；简历信息化管理机制、制定互联网+工业的战略规划 | | 出台了《信息化和工业化深度融合专项行动方案（2013-2018)》 |
| 2014 | 与 SAP 和 IBM 合作，率先上线了 CRM 系统（营销信息化）和 PLM 系统（研发信息化） | | |

2. 集成提升阶段

集成提升阶段的任务是将数字技术融入研发、生产、销售等关键业务流程，实现资源优化和一体化管理。2015 年，三一首度推出有着"中国经济晴雨表"美誉的三一"挖掘机指数"，同年三一重工成为工程机械行业首家国家级智能制造示范企业。为全面提升公司在产品、渠道、服务等方面的核心竞争力，推动公司核心业务和盈利能力的转型，三一重工于 2016 年正式提出数字化战略。三一重工将数字化战略界定为：

（1）核心业务必须全部在线上。

（2）全部管理流程必须可预见。

（3）产品必须高度自动化和管理流程必须高度信息化。

2018年三一实现所有生产设备、销售设备的互联互通，达成研发、供应商、产销存、销售环节信息化，上线CRM（营销信息化）、PLM（研发信息化）、SCM（产销存一体化）、GSP（供应商管理信息化）等数字化平台。三一重工在数字化战略的布局下于2019年将18号厂房改造升级为灯塔工厂，进行全方位的数字化、智能化升级，实现"产品混装+流水线"的高度柔性生产，大幅提质增效降本，三一重工计划在2020年开始，陆续将所有工厂改造为"灯塔工厂"。2020年，三一重工还与达索系统公司合作，部署了MOM（制造管理系统），三一生产由局部智能迈入全面智能。为推动与数字经济融合，三一重工不仅提出了"不翻身则翻船"的口号，而且每年斥资3000万元鼓励员工参加数字化培训。

从市场逻辑看，2015年和2016年工程机械行业处于发展的低谷期，三一重工销售额大幅降低，距离2011年高点甚至缩水52%，导致了多年未见的亏损和赤字，三一重工遭遇最为困难的两年。三一重工进行全面与数字经济融合主要解决销售额大幅降低，员工工资支出、各项费用不断提高，资产负债率、库存周转率等财务指标不断恶化问题，以及个性化、多样化的市场需求问题。

从政府逻辑看，2015年开始政府密集出台制造业转型升级和信息产业发展政策，2015年国务院印发了《中国制造2025》《关于积极推进"互联网+"行动的指导意见》，2016年发布了《"十三五"国家信息化规划》，提出了制造业转型升级的明确目标和清晰路径，同时，工业和信息化部等部门也于2016年印发了《智能硬件产业创新发展专项行动（2016-2018年）》《工业转型升级〈中国制造2025〉重点项目指南》《信息化和工业化融合发展规划（2016-2020年）》，进一步加强和落实了制造业转型的重要任务。虽然没有直接证据证明这些政策出台与三一重工的与数字经济融合有必然的联系，但从时间维度看，在政府密集出台相关政策的窗口期，三一重工提出了数字化发展战略。"挖掘机指数"在政府逻辑方面具有一定的体现，"挖掘机指数"的初衷是防止极少部分客户恶意欠款而在产品上装配了传感器，2014年，一位国务院领导来三一视察，要求三一定期汇报设备的运营数据，这给予了三一重工董事长向文波启发，工程机械也能反映国家投资基建的情况。于是，向文波提出了"挖掘机指数"。2018年中央电视台新闻联播对"挖掘机指数"进行了报道，"挖掘机指数"每月报送国务院供中央领导决策参考。

在该阶段政府开始大力鼓励与数字经济融合行为，诱导性的政策开始出现。

与数字经济融合诱导性政策与企业面临的行业周期性低谷产生一致性，从而对企业行为产生影响。企业没有选择停产、裁员等消极方式应对经营危机，而是采取与数字经济融合这一积极应对方式。由于政府将与数字经济融合上升为国家战略，加大了与数字经济融合的支持力度，企业的响应力度也就加大，企业将与数字经济融合上升为战略层面，开启了全面与数字经济融合的新阶段（见表4-3）。

表4-3　集成提升阶段与数字经济融合行为与多元制度逻辑

| 年份 | 与数字经济融合行为 | 市场逻辑 | 政府逻辑 |
|---|---|---|---|
| 2014 | | | 一位国务院领导来三一视察，要求三一定期汇报设备的运营数据，这给予了三一重工总裁向文波启发，工程机械也能反映国家投资基建的情况 |
| 2015 | 首度推出有着"中国经济晴雨表"美誉的三一"挖掘机指数" | 全面与数字经济融合主要解决销售额大幅降低，员工工资要支出、各项费用不断提高，资产负债率、库存周转率等财务指标不断恶化问题，以及个性化、多样化的市场需求问题 | 政府密集出台制造业转型升级和信息产业发展政策。国务院印发了《中国制造2025》《关于积极推进"互联网+"行动的指导意见》 |
| 2016 | 正式确立了战略"数字化+国际化"；三一投入重金孵化了"树根互联"项目 | | 国务院发布了《"十三五"国家信息化规划》；工业与信息化部等也于2016年印发了《智能硬件产业创新发展专项行动（2016-2018年）》《工业转型升级〈中国制造2025〉重点项目指南》《信息化和工业化融合发展规划（2016-2020年）》，进一步加强和落实了制造业转型的重要任务 |
| 2017 | 树根互联推出核心产品"根云"平台，是国内第一个自主可控的工业互联网平台；推出"易维讯"App，针对挖机设备进行智能化管理 | | |
| 2018 | 董事长梁稳根对外发布三一重工的"数字化"转型战略，他将其定性为一场变革：要么"翻船"要么"翻身"；上线CRM（营销信息化）、PLM（研发信息化）、SCM（产销存一体化）、GSP（供应商管理信息化）等数字化平台 | | 中央电视台新闻联播对"挖掘机指数"进行了报道，"挖掘机指数"每月报送国务院供中央领导决策参考；李克强总理来三一考察，对三一智能化发展尤为关注，并嘱咐三一"要发展开放、共享、包容的工业互联网平台，早日迈向世界高端制造前列" |

续表

| 年份 | 与数字经济融合行为 | 市场逻辑 | 政府逻辑 |
|---|---|---|---|
| 2019 | 将18号厂房改造升级为灯塔工厂，进行全方位的数字化、智能化升级。三一在湖南的园区将采用华为5G技术进行数字化试点 | | |
| 2020 | 18号厂房达产、稳产；计划在2020年开始，陆续将所有工厂改造为"灯塔工厂"；与达索系统公司合作，部署了MOM（制造管理系统），MES制造执行系统升级为MOM智能管理系统；公司采用MES（制造执行系统）实现了各生产环节自动化；开发打造掘进机器人 | | 2020年，相关部门持续加强煤矿智能化建设指导，出台了《关于加快煤矿智能化发展的指导意见》《煤矿机器人重点研发目录》等 |

### 3. 创新突破阶段

2016年，三一重工投入重金孵化了"树根互联"项目，该项目并非以三一重工的部门或子公司的方式存在，而是独立发展运营。"树根互联"就是希望将三一重工的设备互联模式，复制到制造业的其他各个行业中去，让其他领域也拥有设备互联、数据互通的能力，从而能够实现设备生命周期管理、设计研发数字化、生产制造数字化、售后及维修服务可预测等一系列数字化时代的工业能力，打造出一个普适于中国制造业的、自主可控的工业互联网平台。2017年，树根互联打造的国内首个本土化工业互联网平台"根云平台"诞生，2019年，根云平台4.0研发正式启动。树根互联是工业和信息化部国家级十大跨行业跨领域工业互联网平台之一，已经连续两年成为中国唯一入选Gartner"全球工业互联网（IIoT）魔力象限"的工业互联网平台。截至目前树根互联已接入能源设备、纺织设备、专用车辆、港口机械等72万台工业设备，连接6000多亿资产，采集近万个参数，赋能81个细分行业。

从市场逻辑看，麦肯锡的调研报告显示，工业互联网有可能会在2025之前每年产生高达11.1万亿的资金，埃森哲也预计工业互联网到2030年能够为全球经济带来14.2万亿美元的经济增长，这种庞大的需求决定了工业互联网平台必须包含大范围的产业链合作，工业互联网出现前所未有的发展机遇。

从政策逻辑来看，自 2017 年开始，数字经济连续四年写进政府工作报告，《中华人民共和国国民经济和社会发展第十四个五年规划和 2035 年远景目标纲要》（以下简称"十四五"规划）首次将数字经济单列一章重点论述，截至 2020 年底全国有 29 个省（自治区、直辖市）出台了数字经济专项政策。在数字经济蓬勃发展的背景下，许多制造企业开始借助物联网等信息手段转型升级。然而企业信息化投入资金有限、项目回报周期长以及专业人才的储备不足无疑困扰着每一个企业。三一重工一直是一家非常有社会责任感的企业，面对势必到来的技术发展趋势和激烈的国际竞争环境，既然我们有平台基础和实践经验，就应该填补上国内空白。在树根互联的帮助下，企业不需要在工业互联网应用初期就投入大量的资金，树根互联采用云平台按需付费的模式可以显著降低企业的投入成本。2019年，三一重工董事长梁稳根以人大代表的身份提交了《关于加快以工业互联网推动制造业与数字经济融合升级实现高质量发展的建议》的议案，公开发表了《以工业互联网创新推动企业与数字经济融合》的署名文章，分享了他对工业互联网发展的最新见解，以及三一集团在推动企业与数字经济融合方面的经验（见表4-4）。

表 4-4　创新突破阶段与数字经济融合行为与多元制度逻辑

| 年份 | 与数字经济融合行为 | 市场逻辑 | 政府逻辑 |
|---|---|---|---|
| 2016 | 三一投入重金孵化了"树根互联"项目 | 庞大的需求决定了工业互联网平台必须包含大范围的产业链合作，工业互联网出现前所未有的发展机遇 | |
| 2017 | 国内首个本土化工业互联网平台"根云平台"诞生 | | 数字经济连续四年写进政府工作报告，"十四五"规划首次将数字经济单列一章重点论述，截至 2020 年底全国有 29 个省（自治区、直辖市）出台了数字经济专项政策 |
| 2019 | 根云平台 4.0 研发正式启动 | | |

经过与数字经济融合经验积累和技术沉淀，与数字经济融合处于跨企业的业务协同和模式创新阶段，这个阶段由于与数字经济融合边界的扩展、投资成本增加、投资收益不确定更强，企业投资风险加大，风险控制难度上升。为应对企业风险，提高企业业务的可控性和合法性，企业会从依从型政策响应行为向更为积极的操纵型政策响应行为转变，主要表现为使用政治关联身份，开展多样化的政治互动活动，从而为其与数字经济融合技术推广营造良好的外部环境和促进性政策制定，为创新成果的合法性提供保障。

# 第三节 研究结论

## 一、案例讨论与发现

1. 企业与数字经济融合过程具有阶段交叉性特征

企业与数字经济融合根据其性质可划分为单项覆盖、集成提升和创新突破等阶段（见图4-1），虽然三个阶段从时间的维度上具有先后关系，但前阶段工作的完成并非后阶段工作的必要条件，前阶段工作基本完成，后阶段工作即可开展，不同阶段工作存在交叉，这种交叉性不仅体现为相邻阶段的交叉，还体现为不同阶段之间的交叉。

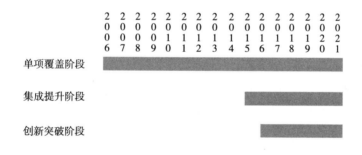

**图4-1　与数字经济融合过程**

企业与数字经济融合过程的阶段交叉性是由数字技术的快速迭代造成的，以企业资源计划系统（ERP）为例，其发展过程在短短几十年里已经经历了库存管理、物料计划管理、制造资源计划管理、企业资源的计划管理、集团化的远程管控五个阶段。由于技术的不断迭代更新，企业与数字经济融合不是一个一劳永逸的行为，需要不断对系统进行升级。例如，2020年三一重工还与达索系统公司合作，将生产执行系统MES系统升级为MOM智能管理系统。不同阶段的与数字经济融合行为的不断持续，将导致与数字经济融合过程呈现阶段交叉性特征。

2. 企业与数字经济融合过程制度逻辑选择

在单项覆盖阶段，企业面临着生产成本高、服务难度大、研发周期长等碎片化问题，管理者为解决这些实际经营难题，产生了以数字化技术提升企业经营绩效的认知。从与数字经济融合的性质来看，这种转型属于被动型的与数字经济融合，是一种从制造业发展需要而产生的衍生性数字技术转型需求。从影响范围来看，这个阶段的与数字经济融合仅与相关职能部门有关，只需要在特定人群中形成一致性认识，即可顺利实施。从实施风险来看，这个阶段的与数字经济融合投资较小，投资失败的影响范围较小，投资风险在企业可承受范围之内。

在单项覆盖阶段，企业经营压力是企业与数字经济融合面临的最直接压力，企业也必须从市场逻辑为导向制定数字转型的策略，市场导向成为主导性逻辑。在这个阶段，由于不同业务与数字经济融合的迫切性不同，对数字技术重要性的认识也参差不齐，但随着数字技术的日益普及，具有与数字经济融合意识的人不断增加，制度逻辑中心性不断提高。在这个阶段，虽然财政补贴、税收减免等诱导性的政策对企业的与数字经济融合产生一定的激励性作用，但从激励的性质上看，仅属于"保健性因素"，产生了一些"锦上添花"的作用，无法对数字经济融合产生根本性的影响。

在集成提升阶段，企业面临着行业周期性问题和打造世界级装备制造品牌竞争压力，管理者认识到仅通过数字化技术在某个领域的碎片化应用难以发挥数字化集成效应，必须围绕客户需求，将研发、生产、服务等活动的物流、能源流、信息流结合在一起，实现全面的集成，企业与数字经济融合上升为战略层面。从与数字经济融合的性质来看，这种转型属于主动融合性转型，是企业在对企业发展目标和数字技术带来的新机遇综合考量基础上，主动提出的与数字经济融合战略体系。从影响范围来看，这个阶段的与数字经济融合是全方位的，关乎企业的每一位员工，需要全员树立数字化思维，掌握数字化技能。从实施风险来看，这个阶段与数字经济融合属于战略性风险，已经超出某一车间、某个部门的范围，会对企业的战略目标、核心竞争力、企业效益产生重要的影响。

此外，解决企业经营难题和抓住发展机遇成为企业与数字经济融合的主要动因，与数字经济融合上升到战略层面，企业通过加强宣传和培训等方式，使全员产生与数字经济融合的文化和意识，体现了制度逻辑的高中心性。企业在与数字经济融合中密切关注外部环境，尤其是政策环境的变化，说明企业开始重视政府逻辑的使用。在这个阶段，政府出台一系列的具有激励性的政策，注重有利于形成与数字经济融合的制度基础，开始发挥模范示范作用，进而形成与数字经济融合合法性共识，市场逻辑和政府逻辑产生兼容协同作用。本阶段由于企业与数字经济融合面临着战略性风险，为降低风险的不确定性，企业一方面采取顺从策略及时响应政府政策要求，另一方面也会采取积极主动策略，努力塑造与数字经济融合的标杆形象，从而获得更多政策支持和合法性认同。

在创新突破阶段，企业需要解决的是跨企业的业务融合、协同和创新问题，管理者在发现行业发展过程的瓶颈问题后，产生行业与数字经济融合的认识。从与数字经济融合性质来看，这是一种主动性转型，与数字经济融合的决策并非来自传统产业的技术性需求，而是在对工业互联网的良好发展前景分析判断的基础上作出的决策。从影响范围来看，与数字经济融合已经超出了企业自身范围，并扩展到整个行业的范畴，行业相关企业与数字经济融合的动机、需求与企业数字技术推广密切相关。从实施风险来看，创新突破阶段的技术突破性创新，资金投入较大，人员投入较多，风险的可控性大大降低，市场风险更大。

此外，抓住与数字经济融合机会是与数字经济融合的主要动因，为避免受传统制造企业思维的影响，企业数字化业务开始与企业传统业务相剥离，作为一个纯粹的互联网企业在市场上出现，母公司对其的管控手段和管控力度开始下降，企业的中心性有所下降。此阶段，与数字经济融合政策不仅关乎补贴、税收优惠等经济性收益，最重要的是关乎客户与数字经济融合的积极性，进而影响其经营收益。为应对与数字经济融合的风险，企业开始高度重视政府逻辑，往往以推动行业高质量发展为己任，一方面积极塑造与数字经济融合先锋形象，获得政策和市场的认同，另一方面积极采取行动影响政府决策，助推有利于推进与数字经济融合政策的出台，从而为数字化技术推广树立良好的外部环境（见图4-2）。

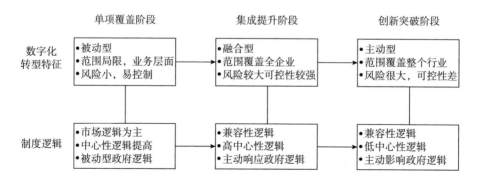

**图4-2　与数字经济融合过程多重制度逻辑演化**

## 二、研究总结

### 1. 研究结论

数字经济背景下，数字技术如何赋能传统制造业转型升级，传统制造业如何构建自身核心竞争力，是当前理论界和实践界需要解答的重要问题。本章基于多重制度逻辑理论，以三一重工与数字经济融合为案例，从过程性的视角对制造业数字化多元逻辑演化进行系统分析与归纳。

研究发现：首先，制造业与数字经济融合过程具有阶段交叉性特征，数字技术的快速迭代性是造成制造业与数字经济融合过程复杂性的主要原因。其次，制造业与数字经济融合不同阶段存在不同的制度逻辑组合，政府逻辑在与数字经济融合阶段跃迁的过程中逐渐加强，市场逻辑和政府逻辑的协同更加有利于制造业与数字经济融合。

### 2. 理论贡献

（1）本章聚焦于制造业企业与数字经济融合过程研究。以往研究多聚焦于制造企业与数字经济融合的前因和结果，价值发现（刘业政等，2020）、组织变革（刘意等，2020）、创新绩效（陈国青等，2020）成为其核心议题。学界虽然认识到与数字经济融合是一个循序渐进的过程，但缺乏过程的详细解析，对于各阶段之间的关系认识并不到位。在创新驱动的背景下，制造业与数字经济融合过程日益复杂化，影响因素日益多元化，从过程的视角分析制造业与数字经济融合阶段，揭示不同阶段与数字经济融合的驱动机制和动态发展机制，发现制造业与数字经济融合具有的阶段交叉性特征，可以弥补过去阶段关系研究的不足，丰富基于过程性制造业与数字经济融合研究。

（2）本章对不同阶段多元制度逻辑进行了比较分析。已有研究认识到中国独特的制度优势是促进企业与数字经济融合的重要因素（曾德麟等，2021），但至于企业如何利用政策优势进行与数字经济融合，这些政策在哪些阶段发挥着重要作用等问题尚未涉及。本章详细分析了制造业与数字经济融合各个阶段多重制度逻辑的演化和作用效应，发现了政府逻辑不断增强的规律和多重制度逻辑组合的内在机理，这些研究有助于理解制度逻辑的协同效应和作用边界问题，也为制度逻辑的研究引入场景这一重要维度扩展了企业和制度逻辑关系研究的边界。

### 3. 实践启示

本章对中国制造企业如何在政府协助下实现与数字经济融合具有一定的借鉴

意义。首先，制造企业需要以某项具体业务的与数字经济融合为契机积累数字化经验、沉淀数字化基础，利用数字技术快速发展，实现由单项业务覆盖阶段向集成提升和创新突破等高级阶段进行跃迁。其次，在与数字经济融合过程中，制造企业应该研究多元制度逻辑的动态演化，根据企业与数字经济融合所处的发展阶段，明确各阶段的制度逻辑组合，随着与数字经济融合阶段的不断跃迁，制造企业不仅需要不断增强政府逻辑，还需要提升制度逻辑主动性，尽力提升政策制定的影响力。最后，在与数字经济融合过程中，制造企业需要关注政府逻辑，并努力调整市场逻辑，尽力寻找政府逻辑和市场逻辑的结合点，充分发挥两者的协同效应。

4. 研究局限

尽管本章通过单案例纵向研究得到了一些有价值的发现，但本章还存在以下缺陷：首先，三一重工与数字经济融合这一具体情境下所得的结论是否适用于其他行业和企业有待进一步检验。其次，除了多重制度逻辑外，管理者认知、企业资源能力对制造业与数字经济融合也有重要影响。因此，后续研究一方面需要采取大样本实证研究进一步检验本书研究结论；另一方面需要将管理者认知、资源能力等加入研究框架，运用管理学、心理学、经济学等多学科视角开展研究，进一步揭示多重制度逻辑和制造企业与数字经济融合行为之间的"黑箱"。

# 第五章 传统制造业与数字经济融合动力机制研究

与数字经济融合是传统制造业实现转型升级的重要手段，如何激发传统制造业与数字经济融合的内生动能日益受到学界和政界的关注。基于组态视角和QCA研究方法，本章以172家机械制造类上市公司为样本，探究传统制造业和数字经济融合的多重并发和非对称复杂因果关系，发现传统制造业与数字经济高融合动机的有效组态，对于揭示传统制造业与数字经济高水平融合和非高水平融合存在的复杂机制具有重要的理论意义和实践意义。

## 第一节 融合动力理论分析

### 一、问题的提出

党的十九届五中全会提出，坚持把发展经济的着力点放在实体经济上，制造业是实体经济的基础，是国家经济的命脉。然而，随着世界各国纷纷意识到制造业在创造就业岗位、拉动经济增长等方面的重要作用，纷纷制定发展战略重振本国制造业，我国制造业正面临着发达国家制造业回流和发展中国家低成本制造的双向挤压，出现要素成本全面上升、先进制造供给不足、落后制造供给过剩等诸多问题，制造业转型升级成为必然趋势。

近年来，人工智能、区块链、云计算、大数据等数字技术日益成熟，逐渐由单纯的概念向意义蕴藉跃升，形成许多具有可操作性的应用范例，使资源配置更加网络化、全球化、快捷化，技术研发更加协同化、开放化、互动化，生产制造更加智能化、定制化、服务化，数字技术与制造业融合已经成为技术创新、产品创新、模式创新的重要途径，是推动制造业质量变革、效率变革和动力变革的有力抓手。尽管与数字技术融合是促进传统制造业转型升级的重要路径，但是融合过程中却面临数字化人才匮乏、数字化转型投资较高、收益存在滞后性和不确定性等诸多困难，即使政府出台了许多优惠支持政策，部分企业却依然存在"不愿融合、不敢融合"现象。

本书从内生动力与外生动力协同的视角，构建传统制造业与数字经济融合的动力模型，探讨影响传统制造业与数字经济融合动力的多重并发和非对称复杂因果机制，发现传统制造业与数字经济高融合动力和非高融合动力的有效组态，提出激发传统制造业与数字技术融合的有效措施。本书的理论贡献主要体现在：

首先，基于组态分析的视角系统整合了传统制造业与数字经济融合的内生因素和外生因素，探究了多重并发逻辑下内外因素如何促进传统制造业与数字经济融合，为研究传统行业与数字经济融合提供了新思路。其次，采取 Python 爬虫的方法，按照"搜索—配对—加总"的研究步骤，以年报中数字技术的词频数测度传统制造业与数字经济融合水平，为传统制造业与数字经济融合实证研究提供了新方法。最后，本书运用 QCA 研究方法发现了传统制造业与数字经济融合动力机制的非对称性因果关系，对于揭示传统制造业与数字经济高水平融合和非高水平融合存在的复杂机制具有重要的理论和实践意义。

**二、文献回顾与研究框架**

传统制造业与数字经济融合受到多种因素驱使，是多种因素综合效应的体现。Bjorkdahl J（2020）认为，数字经济是一种重要的社会技术现象和制度现象，传统制造企业与数字经济融合受到生产效率和经济利润[①]、数字技术发展及渗

---

① Bjorkdahl J. Strategies for digitalization in manufacturing firms［J］. California Management Review，2020，62（4）：17-36.

透①、竞争环境加剧②、用户需求变化③、政府鼓励激励政策④等多重因素影响，陈玉娇等从制度环境的视角，构建"行业/地区制度环境—管理者认知—企业数字化转型"研究框架，研究发现，行业地区制度环境影响管理者认知，进而影响企业数字化决策。

综上所述，传统制造企业之所以产生与数字经济融合行为既可能受内生动力因素的影响，也可能受外生动力因素的影响，如何将内生动力与外生动力相组合，以形成数字经济与传统制造融合的"最佳路径"成为研究的重要课题。为系统探究传统制造业与数字经济融合动力机制，避免研究的碎片化，本章从内生动力和外生动力两个方面系统分析传统制造业数字经济融合的影响因素。

（一）内生动力

数字经济与传统制造业融合本质上是企业对其价值、目标的主观判断和行为选择的过程，既受经济利益的驱使，也受主观动力、意愿、态度等心理因素的影响。实施创新驱动发展战略、获取政府补贴、缓解成本上涨压力成为数字经济与传统制造业融合的根本动因。

1. 创新战略

传统制造业与数字经济融合的过程是生产过程与数字技术重新组合的过程，涉及数字技术应用、产品制造过程重构、商业模式创新、组织机构转型等一系列工作模式、工作方式的改变，推动着企业目标、治理结构以及内部管理的系统性转变⑤，甚至引发更深层次企业文化的改变⑥，触发传统制造业实体属性发生重大变化⑦。传统制造业与数字经济融合过程实质上是应用数字技术推动企业不断

① Hess T, Matta C, Benlian A, et al. Options for formulating a digital transformation strategy [J]. MIS Quarterly Executive, 2016, 15（2）：123-139.

② Kohli R, Melville N P. Digital innovation: A review and synthesis [J]. Information Systems Journal, 2019, 29（1）：200-223.

③ Abrell T, Pihlajamaa M, Kanto L, et al. The role of users and customers in digital innovation: Insights from B2B manufacturing firms [J]. Information & Management, 2016, 53（3）：324-335.

④ 江玉国. 工业企业"智造"转型的动力机制研究 [J]. 科研管理, 2020, 41（2）：104-114.

⑤ 戚聿东, 肖旭. 数字经济时代的企业管理变革 [J]. 管理世界, 2020（6）：135-152.

⑥ Warner K, Waeger M. Building dynamic capabilities for digital transformation: An ongoing process of strategic renewal [J]. Long Range Planning, 2019, 52（3）：326-349.

⑦ Vial G. Understanding digital transformation: A review and a research agenda [J]. The Journal of Strategic Information Systems, 2019, 28（2）：118-144.

创新的过程①。

企业是创新的主体,是创新的发起者、组织者和实施者,企业家的创新创业精神在很大程度上决定了企业经营运作的战略导向和精神文化。制造业与数字经济融合不是简单的新技术的应用,而是业务模式的根本性变革,既需要大量资金投入,具有较高的财务风险,也涉及组织结构和工作流程的调整,挑战了诸多部门和员工的利益、文化和工作习惯②。没有创新精神和创新习惯支撑,制造企业与数字经济融合将会难以在组织中得到认同,也难以得到各个部门和员工的支持。

研发资金投入和研发人才投入是创新的基础,研发投入大的企业更倾向于长期投入和持续创新。一方面,热衷于创新的企业会依靠开放共享的数据资源,对市场进行细化分割和精准定位,制造出符合用户需求的多元化与个性化产品,有效实现多样化产品供给和异质性用户需求的精准匹配;另一方面,会将智能化生产、用户数据等价值链的各个环节有效地连接起来,构建出更加高效、柔性、多元、智能的一体化生产模式,将制造过程与互联网、大数据技术相融合,实现由传统制造向智能制造、数字制造的转型③,使经营方向、运营模式、组织方式和资源配置方式发生根本性的转变,通过不断培育新的价值增长点,实现企业价值创造。

2. 获取政府补贴

数字经济是新一代技术革命的产物,具有经济形态新、资源配置方式新和发展理念新的特征,是国家推动供给侧结构性改革、实现创新驱动发展战略的重要手段。为促进数字经济发展,国家密集出台数字经济发展政策,加大政府补贴力度,引导数字经济发展,政府补贴对传统制造业数字化转型等创新行为产生正向激励性作用。首先,政府补贴具有资源属性,能够弥补企业数字化转型部分投入,降低企业与数字经济融合的边际成本,直接缓解企业资金约束。其次,政府

---

① Gur Baxani V, Dunkle D. Gearing up for successful digital transformation [J]. MIS Quarterly Executive, 2019, 18 (3): 209-220.

② Broekhuizen T, Broekhuis M, Gijsenberg M J, et al. Introduction to the special issue-Digital business models: A multi-disciplinary and multi-stakeholder perspective [J]. Journal of Business Research, 2021, 122: 847-852.

③ 焦勇. 数字经济赋能制造业转型:从价值重塑到价值创造 [J]. 经济学家, 2020 (6): 87-94.

补贴具有"信号作用"[1]，获得补贴的企业向外界传递了数字经济融合项目具有重大价值的信号，能够帮助企业更容易获得债权融资和股权融资，从而间接缓解企业资金约束。最后，政府补贴可以提高管理层的风险承担能力，降低企业对风险的敏感度，从而使企业有更大的信心进行风险较大、周期较长的数字化转型改革。实证研究发现，国家制定的智造发展政策、规划、纲要等对企业"智造"转型行为产生深远的影响[2]。

### 3. 降低人工成本

制造业就是工人将各种生产资源加工生产出各种产品或服务的行业[3]，人工是制造业成本的重要构成要素。随着我国经济的高速发展，劳动收入逐步提高，低廉的劳动力优势已不复存在。而我国传统制造业由于智能化、自动化的高科技设备使用不足，生产过程对人工的依赖程度依然较大，人均生产率与发达国家相比具有较大差距，在劳动收入逐步提高的背景下，企业生产制造成本负担较重，我国制造企业竞争力削弱[4]。

研究发现，当企业面临较高的生产成本时，则有意图或强烈动力提高产量来摊低固定成本[5]，降低单位生产成本，提高当期利润[6]。随着机器视觉、深度学习等技术的日益成熟，人工智能应用场景不断扩大，机器人、物联网等技术在生产制造过程中得以广泛推广。制造企业主动与数字经济融合，利用数字技术提升生产的自动化、智能化，提高生产效率，降低人工使用率，改善工作环境，提高产品质量，从而有效降低单位人工成本。

### （二）外生动力

传统制造企业数字化转型过程中与外部环境发生着复杂、多样、非线性的联系，外界环境要素相互作用对企业数字化转型的方向、范围、方式等行为产生深

---

① 张古鹏，陈向东，杜华东. 中国区域创新质量不平等研究 [J]. 科学学研究，2011，29（11）：1709-1719.

② 江玉国. 工业企业"智造"转型的动力机制研究 [J]. 科研管理，2020，41（2）：104-114.

③ 张建清，余道明. 中国制造业成本：演变、特点与未来趋势发展 [J]. 河南社会科学，2018，26（3）：57-62.

④ 张庆昌，王跃生. 中美印制造业成本比较：一个案例引发的思考 [J]. 宏观经济研究，2018（6）：169-175.

⑤ 翟森. 投资扩张和成本压力下的过度生产——基于中国制造业上市公司的经验研究 [J]. 中央财经大学学报，2013（11）：90-96.

⑥ Cohen D，P Zarowin. Accrual-based and real earnings management activities around seasoned equity offerings [J]. Journal of Accounting and Economics，2010，50（1）：2-19.

远影响。传统制造业与数字经济融合受数字金融、数字人才、基础设施等外部因素的综合影响。

1. 数字普惠金融

作为新一代的金融新业态，数字普惠金融是数字技术与普惠金融的跨界融合[①]，伴随着数字技术的快速发展而日益成熟。数字普惠金融具有普惠公平性特征，使技术创新这种因具有高不确定性特征而被传统金融排斥的项目获得金融服务的机会，从而缓解了传统制造业数字化转型面临的外部融资约束，融资环境的改善可以增加企业经营决策的调整幅度，激发承担风险的意愿与创新动力。数字普惠金融主要利用互联网、大数据、云计算等数字技术，提高了信息收集、筛选、评估的质量，以低成本的方式解决金融机构与制造企业之间的信息不对称问题。传统制造企业的数字化转型在实现万物互联的基础上形成海量的数据资产，大量数据在实现科学决策和资源配置优化的基础上，为金融机构开展投资项目选择、风险评估提供了便利，增强资本投向的精准性、靶向性，从而有利于提升金融资本与制造业实体资本的匹配度，有利于控制制造企业创新过程中存在的信贷风险，提高金融服务的针对性和触达能力[②]，进而推动技术创新[③]。数字普惠金融在数字技术的支持下，打破原有的金融服务方式，提高了审批速度，降低了制造企业技术创新融资的成本，激发了企业创新动力[④]。

2. 数字人才

数字经济与传统制造业的融合是新兴数字技术与传统生产制造技术的深度集成，反映了不断发展的数字技术对传统制造过程的影响和转变。数字经济与传统制造业深度融合在催生新产业、新业态、新模式的同时，也带来工作性质和所需技能的重点转变。研究发现，数字化的高速发展，需要劳动者掌握更多的数字技能和沟通技能，美国"数字制造与设计"创新研究所（DMDII）从七大技术领域和三个人才层次出发，构建了由 165 个人才角色构成的制造业数字化转型所需的

① 马黄龙，屈小娥. 数字普惠金融对经济高质量发展的影响——基于农村人力资本和数字鸿沟视角的分析 [J]. 经济问题探索，2021（10）：173-190.

② 宋晓玲. 数字普惠金融缩小城乡收入差距的实证检验 [J]. 财经科学，2017（6）：14-25.

③ 张庆君，黄玲. 数字普惠金融、产业结构与经济高质量发展 [J]. 江汉论坛，2021（10）：41-51.

④ 惠献波. 数字普惠金融发展能激励企业创新吗？——新三板上市公司的证据 [J]. 企业经济，2021，40（7）：63-74.

人才框架①。与消费领域数字化转型主要依赖互联网用户的"人口红利"不同，生产领域的数字化转型更加依赖掌握核心数字技术的"人才红利"，伴随着数字经济与传统制造业的快速融合，数字技术人才成为当前短缺程度非常高的职业类别②，缺乏掌握数字技术的内部劳动力成为阻碍传统制造业数字化转型的主要原因。数字技术人才集聚能够为传统制造企业数字化转型提供坚实的人才基础，从而坚定企业数字化转型的信心。

3. 数字基础设施

政府明确提出由信息基础设施、融合基础设施、创新基础设施构成的"新基建"政策体系，为制造业的数字转型、智能升级、融合创新提供了完善的基础设施。基础设施的日益完善促进了数字流动，使知识和技术的流动更加顺畅，为知识技术外溢提供了条件③，提高了传统制造企业的数字化水平，推动传统制造业数字化发展。数字基础设施还可以拉近人与人之间的空间距离，传统制造业与数字企业可以进行即时沟通与交流，可以克服信息不对称问题，缓解资源错配，提高传统制造业与数字经济融合效率。数字基础设施的快速发展加速数字技术变革，数字技术的日益成熟消除了由于技术不成熟造成的不确定性恐慌，为制造业转型树立了信心。在"新基建"和产业数字化转型政策制度环境的支持下，传统产业逐渐向高端化、智能化、绿色化方向发展，逐渐向未来产业转型升级④。

综上所述，传统制造企业与数字经济融合受到企业自身创新战略、补贴获取、成本压力缓解和外部数字金融、数字人才、基础设施等多因素的影响，而现有研究多是对单个因素的净效应开展了研究，但各个因素与制造业和数字经济融合之间并非简单的线性关系，还可能存在复杂的非线性关系，各因素之间的互补、替代、共生等互动行为对制造业与数字经济融合产生复杂的非线性作用。因此，本书基于组态视角，将上述四种因素同时纳入研究框架，深入挖掘制造业与数字经济融合各因素之间的协同机制以及各要素之间的互动关系，理论模型如图 5-1 所示。

① 薛栋. 智能制造数字化人才分类体系及其标准研究——美国 DMDII 的数字人才框架启示 [J]. 江苏高教, 2021 (3): 68-75.

② Craig Giffi, et al. Deloitte and the manufacturing institute skills gap and future of work study [R]. Deloitte In-sights, 2018: 3-7.

③ 何玉梅, 赵欣灏. 新型数字基础设施能够推动产业结构升级吗——来自中国 272 个地级市的经验证据 [J]. 科技进步与对策, 2021, 38 (17): 79-86.

④ 那丹丹, 李英. 我国制造业数字化转型的政策工具研究 [J]. 行政论坛, 2021, 28 (1): 92-97.

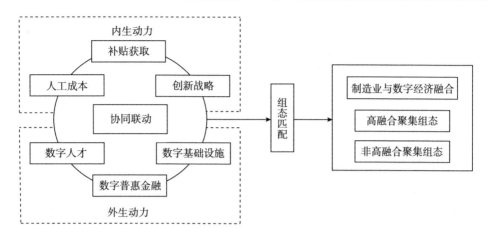

图 5-1 制造业与数字经济融合理论模型

# 第二节 研究设计与实证分析

## 一、研究设计

### （一）研究方法

本书采取模糊集定性比较分析方法（fsQCA）探讨传统制造企业与数字经济融合的动力机制，主要基于三个方面的考虑：

第一，传统制造企业与数字经济融合是内生外生因素相互影响、相互协同作用下产生的，内生或外生因素的单独考量无法完美诠释传统制造企业与数字经济融合的内在逻辑，而定性比较分析方法则可以从整体组态视角分析要素间相互依赖与共同作用的复杂因果关系①。

第二，本书既关注传统制造企业与数字经济深度融合的原因，也关注传统制造企业排斥数字经济融合的原因，而这两个原因可能并不相同，传统回归分析无法处理这种非对称性问题，定性比较分析方法可以在非对称假设条件下，分别分

---

① 杜运周，贾良定. 组态视角与定性比较分析（QCA）：管理学研究的一条新道路 [J]. 管理世界，2017（6）：155-167.

析产生高动力的有效组态和非高动力的有效组态。

第三，传统制造企业与数字经济融合动力尚处于探索阶段，可能存在多个组合原因，定性比较分析方法为这种基于等效性的殊途同归问题提供了新的思路。

（二）案例选择与数据来源

在充分考虑样本数量充足性和可获得性的同时，为提高样本的代表性，本章选取机械制造类上市公司为初始研究样本，并对数据进行如下处理：

第一，剔除 ST 和中间退市的样本。

第二，剔除存在缺失值的样本。

本章所有内生动力相关变量均来自 2020 年度公司年报，本章所有外生动力中的数字基础设施、数字人才来自中国城市统计年鉴，普惠金融来自北京大学数字普惠金融指数。

（三）变量测量

1. 被解释变量

传统制造业与数字经济融合虽然已经成为企业在数字经济时代下的核心战略路径（李晓华，2019），但其测度问题，无论是理论界还是实践界都是一个前沿问题。本书借鉴吴非等（2021）的做法，利用 Python 爬虫技术对 172 家上市公司年报进行爬取形成数据池，按照由"人工智能技术、大数据技术、云计算技术、区块链技术、数字技术应用"构成的特征词图谱进行搜索、匹配和词频计数并最终形成加总的词频，从而形成传统制造企业与数字经济融合的指标体系。

2. 核心解释变量

（1）创新战略。研发费用是直接反映企业创新的资本性投入，本书在借鉴苏屹和李丹（2021）的做法的基础上，以研发费用占业务收入的比例反映企业创新投入的强度。

（2）补贴获取。本书借鉴朱金生和朱华（2021）的做法，采用公司财务报表中"营业外收入"科目下的"政府补贴"，并以政府补贴占业务收入的比例反映企业获得政府补贴能力水平。

（3）人工成本。本书借鉴陈梦根和周元任（2021）的做法，采取公司财务报表中的"主营业务成本"科目下的"人工成本"，并以人工成本占主营业务收入的比例反映人工成本水平。

（4）数字基础设施。数字基础设施发展水平与通信、新一代信息技术等行业发展密切相关，因此，本书借鉴钞小静等（2020）的做法，以移动电话、电信业务占比衡量数字基础设施发展水平。

（5）数字普惠金融。北京大学数字金融研究中心联合蚂蚁金服收集海量数字金融数据，编制了覆盖广度、使用深度和数字化水平三个一级指标 33 个具体指标构成的普惠金融指数。该指数得到学界的高度认可和广泛使用，本书使用该指数衡量各地区的数字普惠金融发展水平。

（6）数字人才集聚。人才集聚是人才在空间上相对集中的一种现象，数字技术以计算机等技术发展为基础，本书采取计算机从业人员占城市就业人口比例来衡量数字人才集聚程度。

3. 变量校准

定性比较分析将每个条件变量和结果变量均视为一个集合，为求出每个案例（机械制造类上市公司）在这些集合中的隶属分数，需要对变量进行校准。为使校准过程具有客观性，本章借鉴 Garcia 和 Fancoeur 的做法，将各连续性变量的 25 百分位、50 百分位和 75 百分位分别计为完全非隶属度、交叉点和完全隶属度，各校准值如表 5-1 所示。采取直接校准法，按照表 5-1 标准将数据转化为模糊集隶属分数。

表 5-1 数据校准标准表

| 变量 | 完全非隶属度 | 交叉点 | 完全隶属度 |
|---|---|---|---|
| 数字经济融合 | 0.000 | 8.000 | 36.000 |
| 补贴获取 | 0.007 | 0.015 | 0.035 |
| 创新战略 | 0.035 | 0.045 | 0.060 |
| 人工成本 | 0.035 | 0.054 | 0.082 |
| 数字普惠金融 | 280.000 | 293.469 | 309.798 |
| 数字人才集聚 | 1.024 | 1.783 | 4.708 |
| 数字基础设施 | 0.953 | 1.114 | 1.526 |

## 二、实证分析

### （一）单个条件的必要性分析

在进行组态分析之前，需要先进行必要性分析，以甄别是否存在结果发生总是存在的条件，防止这样的条件可能被简约解消除，在组态分析时纳入"逻辑余项"的解被删除（伯努瓦·里豪克斯等，2017）。一致性是衡量必要性条件的重要标准，本书借鉴前人的研究经验，将一致性的阈值设定为 0.9，使用 fsQCA 软件分别对高融合动力和非高融合动力的必要条件进行分析，分析结果如表 5-2 所示。研究发现，各个单项前因条件对高融合动力和非高融合动力必要性均未超过 0.9，不构成必要性条件。这意味着单个前因条件对数字化融合的解释力较弱，需要探讨多个条件的组态对传统制造业与数字经济融合的影响。

表 5-2　必要条件分析结果

| 前因条件 | 数字化 | | 非数字化 | |
|---|---|---|---|---|
| | 一致性 | 覆盖度 | 一致性 | 覆盖度 |
| 补贴获取 | 0.617 | 0.582 | 0.459 | 0.534 |
| ~补贴获取 | 0.507 | 0.432 | 0.641 | 0.673 |
| 创新战略 | 0.631 | 0.582 | 0.447 | 0.508 |
| ~创新战略 | 0.466 | 0.406 | 0.632 | 0.679 |
| 人工成本 | 0.506 | 0.465 | 0.563 | 0.637 |
| ~人工成本 | 0.605 | 0.529 | 0.527 | 0.568 |
| 数字普惠金融 | 0.621 | 0.522 | 0.559 | 0.580 |
| ~数字普惠金融 | 0.500 | 0.479 | 0.540 | 0.637 |
| 数字人才集聚 | 0.577 | 0.565 | 0.452 | 0.546 |
| ~数字人才集聚 | 0.537 | 0.443 | 0.640 | 0.651 |
| 数字基础设施 | 0.592 | 0.540 | 0.487 | 0.547 |
| ~数字基础设施 | 0.503 | 0.443 | 0.590 | 0.641 |

（二）高融合动力的组态分析

组态分析采取系统的思想，可以揭示多因素与组态对结果产生的影响。参考前人研究成果，将组态分析的一致性阈值设定为 0.8（Fiss，2011），为降低潜在的组态矛盾，参考杜运周和贾良定（2017）的建议，同时将 PRI 的阈值设定为 0.7，案例阈值设定为 1（Schneider et al.，2012）。使用 fsQCA 3.0 软件的分析导致高融合度的条件组态，这些条件组态表示实现高融合度的不同条件组合，这些条件组合具有等效性，本章根据这些条件组合特征对其组态进行命名。

本章根据简约解和中间解的嵌套关系，判断组态中的条件是核心条件还是边缘条件，简约解和中间解都出现的条件界定为核心条件，仅在中间解中出现的条件为边缘条件。借鉴 Ragin 的结果呈现方式，实心圆●表示条件存在，大圈表示核心条件，小圈表示边缘条件，含叉圆⊕表示条件不出现，空格表示一种模糊状态，分析结果如表 5-3 所示。

表 5-3　组态分析

| 前因条件 | 高融合聚集组态 | | 非高融合聚集组态 | | | | |
|---|---|---|---|---|---|---|---|
| | 组态 H1 | 组态 H2 | 组态 NH1 | 组态 NH2 | 组态 NH3 | 组态 NH4 | 组态 NH5 |
| 补贴获取 | ● | | | | ⊕ | ⊕ | |
| 创新战略 | ⊕ | ● | ⊕ | ⊕ | ⊕ | | ⊕ |
| 人工成本 | ⊕ | ⊕ | ⊕ | | ⊕ | ● | ● |
| 数字普惠金融 | | ● | | ● | ⊕ | ● | ⊕ |
| 数字人才集聚 | ● | ● | ⊕ | ⊕ | | ● | ● |
| 数字基础设施 | ● | ● | ⊕ | ⊕ | ● | ⊕ | ● |
| 一致性 | 0.860 | 0.810 | 0.850 | 0.870 | 0.910 | 0.900 | 0.900 |
| 原始覆盖度 | 0.110 | 0.180 | 0.240 | 0.220 | 0.110 | 0.080 | 0.070 |
| 唯一覆盖度 | 0.060 | 0.140 | 0.060 | 0.060 | 0.050 | 0.040 | 0.040 |
| 总体解的一致性 | 0.810 | | 0.860 | | | | |
| 总体解的覆盖度 | 0.260 | | 0.460 | | | | |

分析结果表明产生高融合动力的组态有两个，两个组态均包含了劳动力成本的非集，这说明人工成本压力非但没有成为与数字经济高融合动力的核心条件，其非集反而成为与数字经济高融合动力的核心条件，成本压力作为与数字经济融合内生因素的理论假设没有得到实证支持，传统制造业与数字经济的高度融合需要在较低的劳动力成本条件下进行。鉴于两个组态均包含数字人才集聚和数字基础设施，为了更好地比较两个组态差异，按照组态理论化的过程，将两个组态分别命名为政府补贴驱动型和外生因素齐备条件下的创新引领型。具体阐述如下：

1. 政府补贴驱动型

该模式表明，无论数字普惠金融发展如何，在数字基础设施和数字人才集聚条件支持下，即使企业没有创新意识，也没有劳动力成本较高压力，只要政府补贴足够高，传统制造企业就有与数字经济融合的动力。技术进步理论认为，一些科学技术具有不确定性和外部性①，单凭市场机制无法为企业提供有效的创新资源，政府可以通过补贴的方式将其外部性内部化。企业为获取政府掌握的稀缺资源或额外的经济利益，会积极与政府建立良好关系，通过从事政府期望的活动进行寻租。具体而言，传统制造企业通过政策解读、政策分析，发现与数字经济融合行为符合政府期望，在数字人才集聚和数字基础设施完备等外部条件成熟的情况下，与数字经济融合风险可控，就会产生强烈的融合动力。

该组态的典型案例是远大智能、厦工股份、云内动力、太原重工、双环传动五家企业。

2. 外生因素齐备条件下的创新引领型

该模式表明，无论与数字经济融合能否拿到政府补贴，在人才、设施、金融三大环境要素齐备的情况下，即使没有劳动力成本较高的压力，只要企业具有创新意识，传统制造业就有与数字经济融合的动力。熊彼特认为，除经济利益外，推动和促使企业家创新行为的还有"存在着一种梦想和意志，要去找到一个私人王国"等四种动力，这四种动力被称为企业家的创新精神。在创新精神引领下，传统制造企业虽然具有与数字经济融合的积极性，但也会遇到人才、资金、设施等要素约束，传统制造企业与数字经济融合等创新性行为需要资源禀赋的支持和保障。创新动力系统理论认为，企业创新行为是内部和外部诸多要素形成的，系统集合企业实施与数字经济融合等创新行为是创新精神与资源禀赋共同作用的结果，人才、资金、设施等资源禀赋对数字经济融合行为具有催化作用。

该组态的典型案例包括：九号公司、诚益通、大族激光、北方导航、晶盛机电、新时达、三一重工、佳士科技、金自天正、航叉集团、派能科技。以诚益通为例，该企业总部位于北京，赛迪顾问数字经济产业研究中心发布《2021 中国数字经济城市发展白皮书》显示北京位于数字经济发展首位，数字经济发展水平领先于其他地区。该公司是国内领先的生物、制药行业智能制造系统整体解决方案供应商，一直以来都十分重视科技创新，专注智能制造发展前沿技术，研发费用占收入比重达到 10.26%，是国家首批认定的高新技术企业，获得国家级专精特新"小巨人"企业称号。该企业以"让制造更智能，让大众更健康"为使命，将自动化控制系统、工业软件及智能装备进行集成，提升制药企业、生物制品生产企业的自动化、数字化、智能化水平，最终实现制药生产自动化控制和智能化

---

① 库姆斯，等. 经济学与技术进步［M］. 北京：商务印书馆，1989.

管理，2021 年上半年智能制造业务实现业务收入 3.21 亿元，占据集团营业总收入比重的 76.79%。企业所在地较为齐备的数字技术设施、数字人才、数字普惠金融环境与创新引领的企业战略相协同促使该企业具有较高的数字经济融合度。

（三）非高融合动力的组态分析

基于传统制造业与数字经济融合非对称性假设，为全面深入理解传统制造业与数字经济融合动力，本书进一步分析了导致非高融合的组态。以高融合的非集作为结果变量，利用 fsQCA 3.0 软件进行组态分析，研究结果如表 5-3 所示。由表 5-3 可见，产生非高融合的组态有五个。NH1 显示，在缺乏数字人才集聚、数字基础设施较弱的情况下，传统制造企业如果没有创新战略和劳动力成本压力，即使政府给予较高的补贴，也不会产生高的融合动力；NH2 显示，在数字普惠金融发展程度不高的情况下，如果传统制造企业既没有创新战略和劳动力成本压力，也不能获得较高的政府补贴，即使数字人才集聚和数字基础设施较为完善，也不会产生高的融合动力；NH3 显示，在缺乏数字人才集聚、数字基础设施较弱、数字金融发展较高的情况下，传统制造企业没有创新战略，即使面对较高的劳动力成本压力和较大的政府补贴，也不会产生较高的融合动力；NH4 显示，数字人才集聚和数字基础设施较为完善，数字普惠金融发展不成熟情况下，传统制造企业如果没有创新精神，即使面对较高的成本压力，也不会产生较高的融合动力；NH5 显示，在数字人才较高集聚、数字普惠金融发展程度较高、数字基础设施不完善的情况下，传统制造企业如果无法获取较高的政府补贴，即使面对较高的成本压力，也不会产生较高的融合动力。

本章研究发现，NH1、NH3、NH4 都呈现出创新战略不足的特征，在数字化环境具有缺陷的情况下，企业如果没有创新战略，无论是否具有劳动成本压力，传统制造企业都没有高融合动力；NH2、NH5 都呈现出获得政府补助不足的特征，在数字化环境具有缺陷的情况下，如果不能获得高政府补助，在创新战略缺失或劳动成本压力情况下，传统制造企业都没有高融合动力。

本章研究还发现，非高融合组态的数量、案例覆盖度都远远高于高融合组态。这说明，传统制造业与数字经济融合仍然处于早期探索阶段，产生高融合动力条件较为苛刻，相关条件缺失较容易导致非高融合动力的产生。

（四）稳健性检验

本书借鉴 Fiss 的做法，通过调整校准交叉点的方法进行稳健性检验。具体来讲，就是将数字基础设施、数字人才集聚、数字普惠金融、创新战略、补贴获取、成本压力和融合度的交叉点由50%分数调整为45%分数,其他分析过程与方法不变。研究结果发现,组态的核心条件和组态的数量相同,部分边缘条件发生了较小的变化,但变化没有引起组态的实质性解释。因此,本章的研究结论依然有效。

# 第三节　研究总结

## 一、研究结论

如何促进传统制造业与数字经济融合是制造业高质量发展研究的焦点问题。本章从内生因素与外生因素协同视角出发,采取组态思维和QCA方法整合两个层面的六个条件因素,探讨影响传统制造业与数字经济融合动力的多重并发和非对称复杂因果机制,得出以下研究结论:

(1)单个要素并不构成传统制造业与数字经济融合的必要条件,传统制造业与数字经济融合是内生与外生多重因素组合的结果。

(2)虽然与数字经济融合是解决劳动力成本较高的重要途径,但研究发现,劳动力成本较高并非传统制造业与数字经济融合的主要动力,其非集成为传统制造业与数字经济高融合动力的核心要素。

(3)传统制造业与数字经济高融合动力具有政府补贴驱动型和外生因素齐备条件下的创新引领型两个有效组态,较之政府补贴驱动型,外生因素齐备条件下的创新引领型更能有效激活传统制造业与数字经济融合动力,创新作为自我驱动和自我激励的内生动力对传统制造业与数字经济融合产生重要影响。

(4)传统制造业与数字经济融合非高融合动力具有五个有效组态,五个非高融合动力有效组态与两个高融合动力有效组态并非对称关系,不能以高融合动力原因解释非高融合动力。较之高融合动力组态,非高融合组态的数量、案例覆盖率较高,相关条件缺失较容易导致非高融合动力的产生。

## 二、理论贡献

(1)本章整合三个内生关键条件变量和三个外生关键条件变量考察传统制

造业与数字经济融合的动力机制。以往研究局限于内生、外生因素对融合动力的线性影响，两个层面的要素协同联动影响融合动力的机制尚不明确。本章采取组态思维，深入剖析三个内生因素和三个外生因素的协同联动机制，发现了传统制造业与数字经济高融合动力的两个有效组态，本章揭开了内外因素影响传统制造业与数字经济融合的黑箱，使内生关键条件和外生关键条件的联动机制浮出水面。本章丰富发展了系统协同理论，不同于以往强调系统全要素的协同，本章发现有限要素的协同也会使系统高效运行，有限要素的匹配是系统高效运行的前提条件。

（2）本章以 Python 爬虫的方法刻画传统制造业与数字经济融合水平，为有效测度微观层面的数字经济融合水平提供了借鉴与参考。以往研究局限于从产业数据化和数据产业化宏观层面测量数字经济融合发展水平，对于微观层面的融合水平测度研究不足。本章以机械制造类上市公司年报为研究对象，采取 Python 爬虫的方法，按照"搜索—配对—加总"的研究步骤，以年报中数字技术的词频数测度传统制造业与数字经济融合水平，有效解决了微观层面的数字经济融合测度难题。

（3）本章运用 QCA 研究方法发现了传统制造业与数字经济融合动力机制的非对称性因果关系。以往研究局限于高融合水平的影响因素和机制研究，忽略了非高融合水平的研究。本章采用 QCA 研究方法，分别探索了高融合水平和非高融合水平的有效组态，研究发现，高融合水平的组态与非高融合水平的组态并非完全相反，即并不能根据高融合水平的组态反推出非高融合水平的组态。同时，本章还发现，数字人才集聚与数字普惠金融的非对称性，当不同条件组合时会产生完全不同的结果。本书能够更加细腻地解释传统制造业与数字经济高融合水平和非高融合水平，能更好地解释传统制造业与数字经济融合的差异性和组态效应。

### 三、实践意义

（1）弘扬企业创新精神，培育传统制造业与数字经济融合的原动力。研究发现，不仅外生因素齐备条件下的创新引领型更能有效激活传统制造业与数字经济融合动力，而且非高融合动力的五个组态中有四个与非高创新水平相关，这说明创新是传统制造业与数字经济融合的原动力，在很大程度上决定了传统制造企业"要不要与数字经济融合"的问题。因此，要进一步强化企业创新主体地位，促进各类创新要素向企业集聚，严厉打击"伪创新""假创新"现象，让真正创新的企业享受到创新红利，发挥创新引领者的模范示范作用，进而激发企业创新意识，发挥创新在与数字经济融合中的引领作用。

（2）促进有限要素匹配，充分发挥内生与外生因素协同作用。研究发现，传统制造业与数字经济高融合动力的两个组态并不是所有要素的协同，只要具备相关要素就可实现高融合动力。这就需要各地方从自身资源禀赋出发，立足于本地环境和各个企业具体状态，选择合适的激励措施，达到促进传统制造业与数字经济融合的目的。

（3）不走极端，系统推进传统制造业与数字经济融合。研究发现，传统制造业与数字经济融合具有非对称性特征，非高融合度的原因并不能依靠高融合度的原因逆向推导。这启示我们理性对待传统制造业与数字经济融合，不能盲目认为高融合动力的对立面都是传统制造业与数字经济融合度不高的原因。研究还发现，非高融合动力组态中也包含数字基础设施、数字人才集聚、数字普惠金融等指标，因此，也不能极端认为非高融合动力缺乏所有要素。促进传统制造业与数字经济融合，需要深入理解内生因素与外生因素之间的联系，充分发挥要素间的协同作用。

### 四、研究局限与展望

本章研究还有以下不足，需要未来进一步的研究：

（1）受限于微观层面的数据可得性，本章仅对机械制造类上市公司开展了研究，这在一定程度上影响了结论的可推广性，未来可以收集更多类型传统制造业与数字经济融合的数据，尤其是中小型传统制造企业数据，并对不同类型传统制造业与数字经济融合有效组态开展对比分析，以发现不同类型传统制造业与数字经济融合组态的异同。

（2）由于传统制造业与数字经济融合尚处于初级阶段，所以本章仅获取了静态数据，未来可收集跨年度的动态数据，采用时序 QCA 研究方法研究内生外生因素变化"轨迹"如何影响与数字经济融合度的变化"轨迹"。

# 第六章　传统制造业与数字经济融合模式研究

传统制造企业可以通过与数字经济的融合，提升自身产品在市场上的竞争力，进而提升企业在价值链中的地位，传统制造企业与数字化融合发展已成为制造企业谋生存发展的大趋势。但是从目前实践层面来看，相较于国外融合发展程度，我国制造业与数字化在融合应用的深度和广度上还处于初级阶段。在理论层面，当前制造业与数字经济融合模式的理论研究仍处于探索阶段。引用TOE理论框架，构建三种融合模式，选取三个典型案例加以证明模式的可行性，以期丰富现有的理论体系，从实践层面助力制造企业成功实现数字化转型。

## 第一节　融合模式理论分析

### 一、制造业与数字经济融合模式概念界定

"模式"也称为"范式"，通常情况下是指某种事物的标准试样并且人们可以比照着流程重新执行该步骤。传统制造业与数字经济融合模式指的是制造业与数字经济融合发展的标准方法或流程，该方法或流程可以运用到制造企业实践中，起到指导制造企业发展的作用。

在影响融合的因素方面，吉峰和牟宇鹏（2016）以11个传统企业为样本，运用扎根理论发现环境变化、企业资源、动态能力、企业家精神这四个方面对传

统企业和互联网融合具有显著的影响。尹君和谭清美（2018）研究发现科技支撑、智能生产和服务组织体系、感知和信息运输体系、基础设施等组织结构影响了企业中高端转型的载体的构建即产业创新平台。姚锡凡等（2014）从服务提供的角度探讨了知识网、物联网、务联网和人际网对服务制造成熟度的影响，并发现"四网"技术的高度发展促进了智慧制造的实现。

在融合路径方面，肖静华等（2016）认为我国制造业应抓住人口、市场和互联网应用等方面的领先优势与智能制造深度融合的发展机遇，采取智能设备和知识管理差异化的二元竞争策略，实现中间突破、两端发力的升级途径。罗序斌（2021）发现数字化、网络化、智能化、服务化协同融合才能实现先进制造业目标。谢勇等（2017）研究发现生产过程数据的数字化可以实现制造过程的自动化和集成化，并且制造过程管控的精益化和决策的智能化能够加快企业融合升级。周济（2015）指出智能制造的实现需要从四个层面系统推进，这包括智能产品属性、智能生产、营销模式和智能基础，同时也提出了制造业与高科技服务业融合发展的概念。Stieglitz（2003）提出了技术替代融合和技术互补融合两个概念，前者是指新技术的创新与扩散会替代以前的技术，进而促进新产业的产生，后者则是结合已有技术整合促进新技术。

在融合对组织绩效的影响方面，Chen等（2016）发现门户网站设计维护、B2B、云计算等数字要素将大幅提高企业生产绩效。ErikBry-njolfsson等（2017）指出人工智能的发展可能提高制造企业的全要素生产率，其中大型制造工厂利用能源和使用材料的效率可以得到明显的改善。蔡银寅（2016）认为数字经济可以提升企业生产效率、促进技术创新和加快组织变革，进而实现产业链的重构和价值链的攀升。任宗强和赵向华（2014）基于单个企业案例研究发现，数字经济时代个性化定制加速产品变化程度，且其变化程度和企业经济绩效成正相关。王喜文（2020）研究发现工业互联网作为新基建的关键领域之一，加速了产业升级并释放了经济社会发展新动能。金青和张忠（2016）认为信息技术和智能产品的广泛应用为制造企业带来了通过提供服务来创造更大价值的机会，这为制造业产品创新提供了新思路。

## 二、TOE 理论下数字经济和制造业融合框架

技术—组织—环境（TOE）框架是纳茨基和弗莱舍提出的一种用来分析技术、组织和环境等因素对新技术采纳产生何种影响的综合性分析工具。因该框架

并未明确指定三类因素的具体解释变量，所以具有较强的灵活和可操作性，后被广泛应用于新战略、新政策、新商业模式等的采纳与执行过程研究，学者可根据研究领域或对象不同，对 TOE 框架进行调整与增改，以提高模型有效性。赵岩和赖伟燕（2021）认为，TOE 理论适用于分析互联网和工业融合的产物，并已用 TOE 理论分析了多种影响工业互联网发展的因素。

TOE 框架综合分析了影响技术采用的三大因素，即技术、组织和环境因素。首先，前人研究关于影响新技术采纳的技术因素主要包括任务适配性、技术能力、兼容性、相对优势、复杂性、可获得技术资源等。组织因素主要包括组织规模大小、高层管理者态度、组织资源就绪程度、沟通机制、组织范畴、组织规模和管理结构等方面。环境因素包含模仿压力、产业属性与市场结构、政府规制、市场要素、竞争者、监管环境、市场结构等方面。简而言之，在技术—组织—环境（TOE）的理论视角下，在技术因素、组织因素和环境因素单一或联合作用下，传统制造企业会采用新的技术即数字技术，表现为与数字经济进行融合。

不论是传统制造企业还是数字经济赋能的制造企业，其永恒不变的目标是创造产品或服务的高额溢价并因此来追求高丰厚利润回报[①]。数字化融合是制造企业利用数字技术系统地重塑企业识别价值、创造价值进而获取价值的一系列复杂过程。数字经济背景下，技术、组织和环境等因素深刻影响了数字技术的采纳，这不仅重新定义了企业的战略规则和竞争优势的获取法则，也为企业更好地达到自己的目的创设了新的可行路径。本书构建了三个数字化融合的关键流程，并对三家制造企业融合过程进行解析，揭示在不同诱导因素作用下，制造企业进行数字化融合的路径策略。其中，技术基础是三种融合模式的共同基础，表现出模式的一致性特征，而组织和环境这两种诱导因素引发的不同价值识别则呈现出了路径多元化特征，凸显出三种融合模式之间的差异。

李文等（2022）研究发现价值网络、核心技术、目标市场、资源整合、价值主张和盈利模式是传统制造业实现转型升级的重要因素。本书归纳整合以上六种基本要素，从识别价值、创造价值和获取价值这三个步骤构建传统制造业数字化转型升级的推进路径，提炼制造业融合模式。

---

① 焦勇，刘忠诚．数字经济赋能智能制造新模式——从规模化生产、个性化定制到适度规模定制的革新［J］．贵州社会科学，2020（11）：148-154.

在价值识别阶段，制造企业需要明确企业为什么需要数字技术来替代传统技术、是否可以利用数字技术构建能创造更高价值的组织网络以及数字技术如何帮助企业在市场上获得更多的价值。针对核心技术要素，数字技术可以推动实体经济和数字经济高度融合，是实现高质量发展的重要抓手①。新技术可以帮助企业提升资源和能力的整合效率，为企业创造较大的经济价值。技术水平低意味着企业议价能力弱，则企业通常会位于产业生产中低附加值环节②。技术进步可以通过技术扩散③、资本积累④、引进⑤、并购⑥或自主研发⑦等多种途径实现，进而提高企业的国际竞争力。

目标市场是指有相似经济收入、需求和生活水平，并且达到一定规模的客户群。制造企业可以通过开拓新的产业或市场拓展非竞争性市场空间、激发新的需求、规避现有市场激烈竞争以获取新的需求价值，这通常被称为蓝海市场。与蓝海市场相对应的则是红海市场，其特征为在现存的市场内竞争，夺取现有的需求。通常认为企业选择开拓蓝海市场可以为顾客创造更高的价值并以此获得更高额的利润回报。

价值网络是由企业、供应商、顾客、竞争者等构成的网络博弈集合⑧。通常位于价值网络底层或者价值链低端的企业可以通过找寻重构网络的机会来构建自主的主导型或合作型等自主性价值网络，在价值网络中提升核心竞争力并且实现价值最大化。而如果企业仅被动融入由其他企业构建的价值网络，则可能只获得

① 徐翔，赵墨非．数据资本与经济增长路径［J］．经济研究，2020，55（10）：38-54.

② 杨蕙馨，田洪刚．中国制造业技术进步与全球价值链位置攀升——基于耦合协调的视角［J］．安徽大学学报（哲学社会科学版），2020，44（6）：130-144.

③ Acemoglu D, Zolobottif. Productivity Difference［J］. Quarterly Journal of Economics, 2001, 116 (2)：563-606.

④ Benhabibj, Spoegel M M. The Role of Human Capital in Economic Development Evidence from Aggregate Cross-country Data［J］. Journal of Monetary Economics, 1994, 34（2）：143-173.

⑤ 沈坤荣，耿强．外国直接投资、技术外溢与内生经济增长——中国数据的计量检验与实证分析［J］．中国社会科学，2001（5）：82-93+206.

⑥ 林兢，戴诗蕊，林丽花．国有企业汉商集团反并购民企卓尔失败探源［J］．管理案例研究与评论，2021，14（4）：446-456.

⑦ 杨蕙馨，田洪刚．中国制造业技术进步与全球价值链位置攀升——基于耦合协调的视角［J］．安徽大学学报（哲学社会科学版），2020，44（6）：130-144.

⑧ Zott C, Amit R. Designing Your Future Business Model：An Activity System Perspective［J］. O&M：Structures & Processes in Organizations Journal, 2009.

企业个体利益或局部网络利益①。

在价值创造阶段，企业需要通过合理的生产经营管理才能实现长远发展②，如识别自身价值主张并进行高效的资源整合。价值主张是企业借助其产品和服务向顾客创造价值的过程③。制造企业只有不断创新和变更新的价值主张，才能研究开发并生产出更具有针对性的产品，以便扩大企业产品市场边界。与产品开发相对的则是市场开发，企业会选择发展现有产品的新顾客群，如开辟新地域市场实现销售规模的扩张，进而提高企业价值。

在资源整合方面，企业基于内外部环境要求，对资源采取能动作用，从过程视角分析资源的来源、转化和利用，主要包括组合目标资源、捆绑资源以形成能力并利用能力创造价值三部分，成功实现资源到价值产出的转变④。对于制造企业来说，通过合理调配生产资源，形成可持续经营能力，是其创造价值的一般体现。

在价值获取阶段，制造企业需要形成自己特有的盈利模式，且其设定需尽量提升产品价值并降低生产成本，最终实现企业利润和价值的最大化⑤，只有最终提升了企业绩效，数字化融合才算取得了成功。

在 TOE 理论分析框架下，本节分析了制造企业实施数字化融合可能受到技术、组织和环境的影响。为了成功实现数字化融合，接下来本书从企业识别价值、创造价值和获取价值的视角切入，分析不同企业融合路径的特点并构建对应的融合模式。

①　王树祥，张明玉，郭琦．价值网络演变与企业网络结构升级 [J]．中国工业经济，2014（3）：93-106.

②　张琳，蔡荣华，张妞，赵翊廷．PE 助力制造业企业"走出去"与价值创造 [J]．管理案例研究与评论，2021，14（6）：679-697.

③　Bocken N M，Boons F，Baldassarre B．Sustainable business model experimentation by understanding ecologies of business models [J]．Journal of Cleaner Production，2009.

④　张明超，孙新波，钱雨．数据赋能驱动智能制造企业 C2M 反向定制模式创新实现机理 [J]．管理学报，2021，18（8）：1175-1186.

⑤　王卫星，林凯．轻资产运营下科技型中小企业盈利模式的实证研究 [J]．科技管理研究，2015，35（7）：185-191.

# 第二节  融合模式的类型

## 一、TO 诱导模式

TO 诱导模式（见图 6-1）是指企业会因为技术和组织因素的诱导而进行数字化融合的一种模式。首先，在价值识别阶段，针对组织层面的价值网络，传统科层制的企业因结构钢性较强，导致企业封闭属性明显而无法实现企业内部或企业间的资源协同共享。但是，在数字经济背景下，企业可以选择利用平台等数字技术使企业组织管理变得更加开放、网络化和自主化。通过构建自主性价值网络这种可持续价值体系，企业可以动态持续联系利益相关者，互动传递价值。其次，针对技术层面的核心技术，大数据、区块链等数字技术对制造企业融合起着重要作用，新信息技术和传统制造技术融合构成 TO 模式的技术基础。通过结合数据和技术，企业可以培养网络化发展能力，提升核心竞争力并借此获取数字经济发展红利。最后，针对环境层面的目标市场，选择 TO 模式的企业没有采用数字技术开拓能产生更多价值的蓝海市场，而是专注于现有产品尽在红海市场争夺既定产品的总需求。制造企业可以通过专注并深挖现有产品潜在功能，最大化现有产品价值，进而扩大不同地域的市场，借此方式也可获得一定的价值回报。

在价值创造阶段，在数字技术的支持下，企业的制造系统可以通过融合信息和制造技术，建立互通互联的网络系统，紧密连接内外部分散的制造资源，和内外部不同的创新主体组成研发、制造甚至应用协同一体化的动态联盟，动态而非静态地协同价值链上的利益相关者和合作伙伴进行多向创造价值的互联互动，塑造完整的、连续发展的价值网络体系，真正实现开放多元互联和网络化特点，实现价值共创和利益共享。

在价值获取阶段，制造企业的盈利模式主要是通过建立数字技术融合制造技术的设备载体，重构原有的组织管理生态系统，力求促进资源优化配置能力，提升价值创造能力并提升企业绩效。

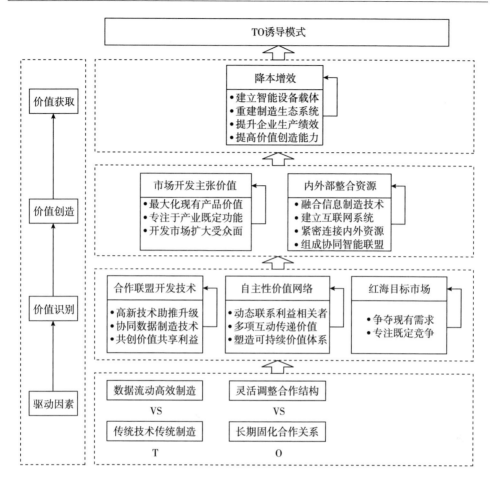

图 6-1　TO 诱导模式

## 二、TE 诱导模式

TE 诱导模式（见图 6-2）是指企业考虑到技术和环境层面的因素选择与数字经济进行融合。首先，在环境层面的目标市场因素方面，传统生产模式是流水化生产标准化产品，虽然降低了生产成本，但是同时该模式下的产品或服务压制了顾客想表达自身个性化特点的想法，但是在数字经济时代，数字技术的发展能够为制造企业批量满足不同顾客差异化需求提供了可能，大数据结合流水式生产为制造企业实现进一步高质量发展提供了机会。因此，制造企业通过开拓定制化的蓝海市场大大增加了有效供给和需求。其次，在技术层面的核心技术因素方面，供给通常是通过以往的销售经验来预测接下来的生产，但是在这个过程中会产生较大的时间滞后问题，导致企业生产的是上期顾客需要的产品而不是本期，除此之外，传统信息技术下的数据分析会受到数据数量不足而产生的预测偏差较大的影响。而数字经济恰好能解决这些问题，大数据技术、云计算等数字技术可以通过汇聚数量极其庞大的数据分析消费者偏好，还能够快速精准地实现预测，全面提升产品设计和开发能力，产出更为多元化的产品或服务，解决了传统生产模式下技术的缺陷。最后，在此模式下，企业不会受到组织层面的影响或者受到的影响偏小，组织因素不足以成为诱导企业选择与数字经济融合的因素之一。

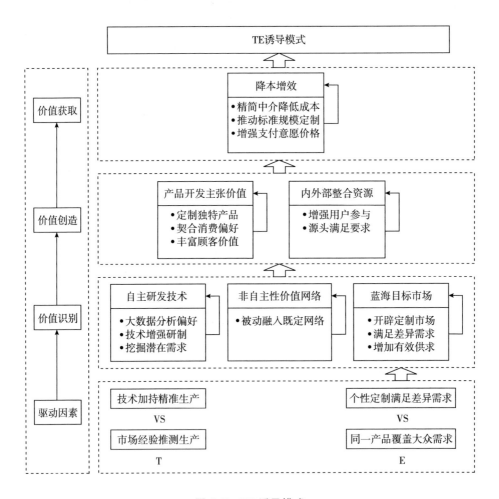

**图 6-2　TE 诱导模式**

在价值创造阶段，企业会通过开发产品、整合顾客信息资源等方法丰富顾客价值。为了契合不同顾客的消费偏好，TE 模式下的企业需要定制独特的产品，通过开发新产品创造更大的价值。制造企业通过利用平台等数字技术，从源头有效集成并精准把握外部客户需求，形成企业自身的大数据资源，加上整合企业定制生产系统等内部资源，进而实现大规模定制生产。这种模式下开发出来的个性化、复杂且独特的产品，允许顾客深度参与整个流程，充分迎合了客户的诉求，还能够实现消费者的按需生产，减少了传统生产过程中的资源浪费和储存成本高的问题，为制造企业带来了一系列的竞争优势。

在价值获取阶段，TE 主要的盈利模式是大批量生产个性化产品。在传统生产流程中，出于生产成本的压力，制造企业根本无法满足消费者独特、新奇的想法，但是，经过与数字经济融合，制造企业可以通过大数据实现按需、精准生产，这满足了顾客差异需求，因此可以大幅度提高产品溢价，再通过云制造平台等在生产过程中的积极作用，实现流水生产降低成本，使得原先传统生产中原本矛盾的问题得到解决。

### 三、TOE 诱导模式

TOE 诱导模式（见图 6-3）是指综合考虑了技术、环境和组织三种因素后决定采纳数字技术的一种模式。在价值识别阶段，首先，在知识经济时代，产品和技术迭代速度加快，其生命周期日益缩短，仅依靠企业自身力量完成整个创新流程变得愈发困难，一是因为创新活动的复杂性，一个企业可能没有充足的人才储备实现创新；二是因为创新的成本过高，如高铁、飞机等行业，很少有一个企业能够承受前期漫长的创新过程，也无法承担高昂的创新成本；三是因为创新风险较高，如果创新的产品不能带来预期的收益，则会重创制造企业甚至导致企业的破产。出于以上考虑，协同创新就展示出了它的优点，制造企业可以构建一个自主性价值网络，打破传统企业边界限定，减少企业内部科层导致的僵化问题。在该水平网络组织中，企业与其他组织结成各种复杂的互为利益的网络关系，可随时与其他组织交换并利用各种资源，包括人才、资金等资源，还可以共担风险，提高协同效率，创造更高的价值，进而实现高效的运营。其次，企业可以通过充分利用网络体系中的联合资源，识别组织中现有的优势，有效匹配生产要素并且合理安排生产流程和管理战略，实现类似报酬递增的协同效率，开拓新的发展空间，在市场中捕捉企业进一步发展的机会。最后，由于传统信息技术的局限性，传统协同创新在通信速度、数据存储空间限制和协同企业数量限制等方面无法充分发挥协同创新的全部潜在优势，但是在数字经济背景下，数字技术的出现可以为搭建协同网络提供强有力的引擎支撑，如网络化协同平台的出现为解决以往难题提供了很好的途径。

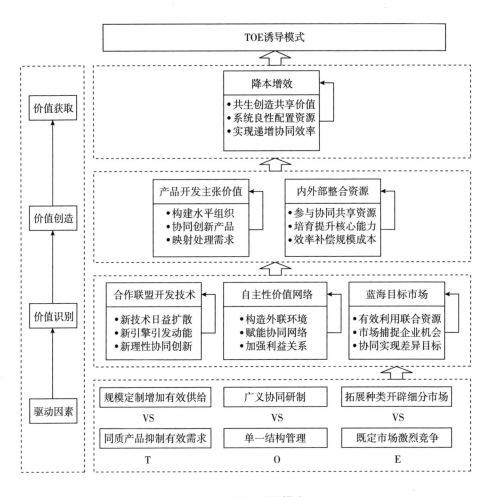

图 6-3　TOE 诱导模式

在价值创造阶段的资源整合方面，制造企业通过构建水平组织，对网络中节点上企业拥有的各类资源进行合理配置，整合不同节点企业间的资源，并将其匹配到能发挥其最大效用的地方，产生良好的协同效率，产生互补效应。除此之外，在价值网络中的企业可以把在某个领域积累的技能以低成本的优势用到不同企业的另一个领域，可以产生能力资源的共用效应。互补效应和共用效应共同帮助制造企业提升竞争力。在价值主张方面，企业联合价值网络中的企业进行协同创新，而协同创新的源头还是为了解决用户的需求，因此，企业需要分析市场需求，明确用户需求侧和企业供给侧不平衡问题的原因在哪里，进而用企业协同研发出来的产品或服务映射处理用户需求，创造顾客溢价价值。

在价值获取阶段，制造企业的盈利模式主要是通过构建企业间共存共生的关系网络，共享资源进而创造更多共享价值。TOE 模式下的企业处在一个内在生产要素配置、运行具有内在规定性、控制可行性和交换清晰性的复杂机制中，该机制能够促进子系统实现良性循环，提高协同效率，实现该自主性价值网络的价值大于其中所有企业独立部分价值的简单汇总。

# 第三节　融合模式案例分析

## 一、TE 诱导模式案例

三一重能成立于 2008 年，是风电行业内一家清洁能源装备生产商及其相关服务的提供者，为三一旗下公司。

在价值识别的目标市场方面，2019 年 5 月国家发展改革委发布的《关于完善风电上网电价政策的通知》表明 2021 年新核准风电项目全面平价不再补贴，这导致风电行业出现了"抢装潮"的现象，风机价格节节高攀。但是随着"抢装潮"渐渐趋于平静，项目需求增量减少，风机价格接连大幅下降，引发了激烈的低价市场竞争，对行业内企业的生产经营和盈利能力产生了较大的冲击，再加之平价上网时代的到来，风电企业想进一步发展困难重重。在此背景下，三一重能认为解决此问题绝非仅打价格战一条路，因此，三一重能通过把握产品精细化、定制化等趋势开辟了新的风电产品加服务市场，为顾客提供差异化产品和定制化服务的全套解决方案，从项目源头开始，和顾客绑定成利益共同体，优化研发、建设和运维流程，最大限度挖掘降低成本的潜力，同时也能为顾客创造更大的价值，来缓解抢装潮退减、市场竞争加剧等负面影响。三一重能的"按单定制、以销定产、以产定采"的经营模式，最终获得较多订单，实现了业绩回暖。

在核心技术方面，为了实现标准化产品和定制化服务，三一重能识别了核心技术方面的潜在价值。制造方面，随着风机价格的不断下降，企业需要通过提高设备生产效率来缓解风机制造成本方面的压力。三一重能在智能制造基地建立了五个柔性制造作业中心，两条脉动式柔性生产线且均配置了工业机器人等自动化设备，再加上定制化数字管理平台，三一重能成功地建立了无人化生产单元，这极大提高了风电机组的生产制造效率，同时也提升了产品的质量。服务方面，由于风电设备对装配精度要求很高，在传统人工作业模式下生产质量和时间难以完全控制，区别于传统风电运维模式，三一重能利用 IT 领域兴起的中台概念进行了技术、业务和机制的一次全面变革，通过在公司层面设立中台，三一重能收集整合整个公司层面的数据，分析后指导现场运维、零部件调拨还有人员的配置，提高了数据与经营能力，使数据成为一项资产，真正产生了价值，在控制策略方面成功实现转型优化。

在价值网络方面，2016 年，三一集团提出将集团转型发展战略聚焦在新能源、装备制造和金融投资三大产业，作为三一集团新能源发展方向的核心公司，三一重能一直以来的发展整体契合集团整体的转型方向及节奏，资源也需要集团提供，公司整体较为依赖集团构建的价值网络。例如，在技术能力及硬件设备方面，三一重能依托三一平台来帮助顾客优化选址、科学排列机组和优化工程环节，以此降低项目的造价；在服务理念和精神方面，风电运维现处于新兴领域，而工程机械运维服务已经非常成熟，三一重能依托三一的集团优势，复制其经验和理念，在严格把控提升发电量的同时降低停机损失，做到及时发现并充分解决运维过程中的顾客需求。因此，三一重能并未构建自主的价值网络而是选择融入三一集团构建的价值网络中获取对应的价值。

在产品开发方面，三一重能先是拉长了为顾客提供运维市场的时间，传统的整机商服务是指机组交付后开展的运维服务，即使各个顾客资源条件不同，整机商采用的一般是通用型号的机组，这导致企业产品优化空间非常有限。但是，三一重能通过前把服务起点提至最初的开发资源环节，后为超过十万台风机后市场提供超过质保期的服务，为客户提供全过程的深度技术支持，从整体解决方案层面降低成本并提升优化发电量，创造更大价值。除此之外，三一重能还提供了除运维服务外的其他服务，如通过三一集团旗下的九龙保险额外为业主提供发电量担保、融资和保险等金融属性的服务，可以为民营企业解决缺乏项目启动金且融资难的问题。最后，三一重能还针对不同顾客量身定做产品，如针对云南省地处高海拔地区导致的山地多、运输成本高、环境条件复杂和建设难度大成本高等问题，三一重能的研发团队在对云南项目高海拔性能进行专项研究、设计和验证后，通过采取调整机组材料、控制策略和电气系统等措施，为此类高海拔项目定制了 3. XMW－15X/16X 机型，在使机组适应强雷暴、低空气密度、高辐射和高海拔的同时降低了度电成本实现了高效发电，获得了顾客的高度评价。

在整合资源方面，三一重能利用了自身资源外加协同三一集团的资源。因为风电机组具有技术稳定性要求高和精密程度高的特点，为了保持风机稳定运行，三一重能学习三一在工程机械方面丰富的数字化经验，建立了适合风电运维的数字化系统，大幅提升了运维效率、设备可靠性和设备生命周期，降低了维修成本和缩短了设备停机时间。除了整合三一集团的资源外，三一重能还于 2017 年成立了欧洲研究院，该研究院起到连接中国和欧洲风电技术的作用，聚合成熟的技术和资源，全力配合三一重能的强大装备制造能力，从产品研发和设计方面持续优化现有风机及服务，致力于帮助顾客进一步提升风场整体收益。

在价值获取阶段，三一重能因技术诱导和环境诱导选择采用数字技术，也因数字经济与制造业在这两方面的融合而获取价值。在技术方面，因风电设备零部件种类多、更新速度快且订单呈现多品种小批量特点，风电行业要想成功融合新技术存在诸多问题。三一重能经过多年自主创新，形成了涵盖数字化顶层设计、智能化制造、风电场运营管理等方方面面的核心技术体系，从看得见的智慧，如为智能工厂布局物料、生产和检验的自动化设备，同时也从看不见的智慧如产线仿真技术、生产管控平台、智能工厂数据大脑等方面成功打造了行业首座 5G 全连接智能工厂，为成功打造定制化产品和服务奠定了坚实的技术基础。在环境方面，通过学习三一集团在服务数字化方面的丰富经验，延长服务期限和拓宽服务种类，三一重能打造了风机产品加运维服务的定制化解决方案，提高产品和服务的价值，获得越来越多的订单，成功度过了抢装潮后的平价甚至低价竞争带来的危机。

**二、TO 诱导模式案例**

贵州茅台酒股份有限公司是由贵州省人民政府国有资产监督管理委员会最终控股的一家大型酒类制造国有企业，自 2017 年全面开启数字化转型以来，整个转型过程符合 TO 诱导模式下的数字化融合模式。

在价值识别的价值网络方面，茅台从一家年产不足 100 吨的地方传统酒类制造企业，成长为如今年产 8 万余吨、市值 2 万多亿元的大企业，一个非常重要的原因就是茅台可以做到在坚守传统工艺的同时，融合先进的管理、技术和思想观念等。随着新一代信息技术的出现，最初一张纸一支笔管理茅台酒厂的日子一去不复返。为了适应当下技术协助管理的理念、提升企业的管理水平，茅台需要构建以茅台为中心，与多家现代科技企业深度合作的价值网络。术业有专攻，在物流领域与京东合作、在云计算领域与阿里云合作和在 ICT 技术方面与华为合作，等等。只有这样，茅台才可以实现 2021 年年报中关于对标世界一流企业管理行动、系统提升企业治理能力的目标计划。

在价值识别的核心技术方面，如今茅台在品牌经营、文化传播、消费者接受度和市场销量等方面有非常高的成就。但是作为一家享誉国内外的实体企业，茅台的数字化水平与其地位不甚相称，导致技术实施和业务应用之间存在巨大差距。为了能将数字科技与传统酿造企业深度融合实现高质量发展，茅台需要拥抱数字技术。首先，在数据处理方面，茅台每年向市场投放数以亿计的茅台及其他酒类，为了能够实现茅台 2022 年的营销目标，提升精准投放产品的能力并提高市场销量，茅台需要通过"智慧茅台"形成从生产到供给全链畅通的数据流和信息流，利用好这批优质数据，将其转化成数据资产。其次，为了精简给农户付粮款的流程环节，缩短农户等待时间，同时也为了提高原材料种植质量、高效管理信息和自动采集生产数据，茅台建立原材料供应链平台。最后，茅台传统的生产工艺很复杂，之前的生产在很大程度上会依赖酿酒师的个人经验，但这导致了产品质量的不稳定性，因此，为了更好地提升茅台产品质量和管理效率，茅台建设了质量与食品安全管理平台。

在价值识别的目标市场层面，茅台没有因为要开发新产品、开拓蓝海市场而选择数字化技术。首先，根据茅台发布的 2021 年财务报告显示，公司具有四大核心竞争优势：独一无二的原产地保护、不可复制的微生物菌落群、传承千年的独特酿造工艺和长期贮存的优质基酒资源，且这四个不可复制的竞争优势没有发生重大变化，截至 2021 年末，茅台公司市值为 2.57 万亿元，在我国酒类行业中位居第一，因此茅台没有动机去选择开拓蓝海市场。其次，茅台集团坚持崇本守道，坚守传统酿造工艺，每瓶酒从生产到出厂至少需要五年的时间，由于酒具有传统工艺更获青睐和发酵时间越久价值更高的特点，茅台没有动因选择大幅度变动现有产品的整体生产流程。最后，茅台 2021 年营业收入约为 1062 亿元，其中研究开发费用仅为 6192 万元，仅占营业收入的 0.05%，可以显示茅台并没有大规模开发新产品的实际行动。

在价值创造阶段，茅台没有选择开发产品，而是期望扩大现有产品的销售范围，进而提高销售量。茅台 2021 年在茅台酒和其他系列酒品种基本不变的情况下，国内销售规模同比增加 11.96%，国外销售规模增加 7.66%，可以显示出茅台今年的销售计划仍是以旧产品开发新市场为主。茅台 2022 年经营计划的目标表明，茅台未来仍坚持强化市场统筹力度，提升市场占有率，整治假冒伪劣扰乱市场行为，维护市场稳定。

在价值创造的资源整合层面，自 2017 年提出进行数字化转型以来，茅台与多家信息技术公司合作，加快公司内外部资源的高效整合和利用。如茅台整合浪潮公司的物联网、5G 和卫星遥感技术建立智慧茅台实施供应链全要素管理和全过程监管；茅台与阿里云合作构建了新零售中台，进行价格监测、反黄牛算法等；茅台整合蚂蚁金服的区块链技术，实现溯源货品、扫码验证等目标。除此之外，茅台还和多所知名高校联动加快专业技术领域的研究并完善成果转化机制，为公司高质量发展提供了技术支撑。

在最终的价值获取阶段，茅台靠自主构建的合作型价值网络，汲取合作伙伴数字技术发展领域的专长，高效打造了茅台云、茅台数据湖两个基础平台和"智慧茅台"、原料基地和质量食品安全管控三个应用平台，成功用数字技术加持传统酿造工艺并扭转传统管理理念，让茅台在数字化浪潮下继续获得高额溢价回报。

### 三、TOE 诱导模式案例

中国商用飞机有限责任公司是我国研制大型客机项目的主体，也是统筹干线、支线飞机发展、实现我国民用飞机产业化的主要载体，是我国民用飞机产业的核心企业和骨干央企。

在价值识别阶段的技术层面，飞机产生的天量数据促使商飞选择数字技术。飞机每次飞行会产生 10TB 左右的数据量，除飞行外还有飞机运营、供应链管理等各方面分分秒秒产生的堪称天量的数据量，如果处理得好，这些数据可以变成资产驱动创新为企业带来价值，而如果处理得不好，飞机制造商将无法成功研制并运营大飞机，而商飞成立了信息与创新部门并专门下设数据处，以期解决上述问题。在价值网络层面，行业研制的复杂性特点推动商飞主动构建自主性价值网络，进行数字化融合。大型客机研制是一个非常复杂的过程，具有研制信息量大、结构设计复杂、安全性能要求高、制造工艺难度大、覆盖多个学科专业和研制过程迭代频率高等特点，一家企业几乎不可能完成全流程的开发制造，传统设计单一的结构管理模式行不通，需要众多的合作伙伴一起协作研制。商飞坚持"主制造商—供应商"的发展模式，基本建成了以商飞为核心、辐射全国、面向全球的中国民机产业价值网络体系。如在 C919 大客机研制时，商飞基于搭建的网络化协同制造平台，连接 10 家机体结构主制造商、16 家材料供应商、54 家标准件供应商、24 家机载设备与系统供应商，以及其他 200 多家企业、20 多所高校，并组建了 9 个架机团队和 8 个联合攻关团队，识别型号研制困难和风险并找到了实现目标的关键路径，实现大飞机复杂的全球化协作研制。在目标市场层面，随着飞机行业市场竞争越来越激烈，设计已成为产业链、价值链和创新链的核心环节、重要驱动力和价值导向，同样一架号的飞机绝不能止步于型号合格证书，还需要针对客户需求持续优化设计，提升飞机品质。为了更好地满足客户需求，商用飞机依托数字化协同体系不断根据顾客反馈持续摸索不同机型性能并开发尽可能多的细分市场，以顾客为中心创造更高的价值。

在价值创造阶段的价值主张方面，商用飞机通过数字化水平组织协同创新开发产品，映射处理顾客的差异需求。针对 CBJ 公务机产品，商用飞机和合作伙伴为顾客打造了超越同级机型的更宽敞的客舱空间，并灵活布置了会议区、会客区、休息区等相对独立的功能空间，为客户提供了极具竞争力的一揽子产品改造和运营解决的方案。针对因国内大循环逐渐开展带来的中小城市间产生的航空需求，商用飞机与华夏航空积极拓展 ARJ21 航空网络，满足了从中心城市向周边小城市辐射性航线的产品服务需求。针对某些复杂的运行环境，如云南地区的产品需要能应对很复杂的起降条件、西北地区的产品需要具备抗高原高温和抗风的运营要求，商飞打造了针对性的 ARJ21 支线飞机型号，并顺利通过复杂运行环境的考验，进一步拓宽了商飞产品种类范围。

在资源整合层面，商用飞机通过数字化协同网络整合价值网络中的资源，用协同效率弥补了规模增大带来的成本，提升了产品整体竞争力。商飞的网络化协同制造体系除了从研发阶段协同设计，还包含生产环节并行制造，这种横向集成既有助于商飞扩大制造资源、生产能力集成范围从而有助于在线分享和优化配置，还有助于目标一致地利用资源高效完成业务，同时降低主制造商风险。如中俄合作研制 CR929 远程宽体客机时，作为干线客机领域的新进入者，双方均处于弱势地位，但是中俄合作则极大增强了团体竞争实力。俄罗斯拥有全面、成熟的大型客机研制技术，基础学科位居世界先进国家前列，但是科研转化成果能力相对较弱，我国人力资源丰沛、加工环节具有成本优势、经费充足且拥有和波音、空客等大型公司国际航空制造项目合作的经历，双方充分发挥各自优势，并开放采纳全球优秀资源，研制出具有国际竞争力的宽体客机。

在价值获取阶段，面对航空市场激烈且要求产品小批量多品种的需求、面对数字时代爆炸式增长的飞机数据量处理问题和传统研制结构单一无力应对快速迭代的机型研制要求，商用飞机选择进行数字化融合，整合网络资源协同高效运行，创新产品开拓细分市场。

经过十多年的创新发展，商用飞机系统打造了民机研制的六大平台，基本掌握了民机研发、生产等全产业链能力，并积累了大量合作研制重大项目实践经验，探索出了具有中国特色的民机创新发展之路，研发出了 C919、ARJ21 和CR929 三大产品，开辟了在航空市场发展的独特的数字化融合之路。

**四、研究结论与展望**

1. 研究结论

在第四次工业革命的浪潮下，传统制造业与数字经济融合已成为推动制造业进一步发展的重要途径。然而，目前学术界对于制造企业与数字化融合模式的研究并不常见。本书运用案例研究的方法，在汇总前人的文献和分析 TOE理论框架的基础上，聚焦制造行业中与数字经济融合较为典型的三家企业，分析企业进行数字化的诱导因素，并从价值识别、价值创造和价值获取的流程出发，综合构建了三种融合模式，旨在为制造企业与数字经济更好地融合提供决策指导。

（1）本书构建了 TO 诱导模式、TE 诱导模式和 TOE 诱导模式三种融合模式。三种融合模式均以技术领域价值识别为共同点，组合组织和环境方面的差别价值识别，构成三种融合模式。

（2）从共性特征来看，在三个融合案例中，所有选择与数字经济融合的企业均会受到技术因素诱导选择数字技术，并因此打好数字技术基础是制造企业在进行数字化过程中必须完成的事情。根据 TOE 理论分析框架，在各种新信息技术大量涌现的背景下，传统制造企业普遍缺乏新技术应用的经验，只有更新了技术，企业才有可能针对组织和环境领域进一步创造价值。

（3）就具体融合模式应用来看，三个案例体现出不同的特征。三一重能依托三一系价值网络所提供的经验和资源，紧紧抓住风电行业产品加服务的新市场机会，结合建立的柔性制造智能工厂，增强服务延伸和扩展的个性化定制能力，提高客户对产品和服务的满意度，提升企业获取价值的能力。贵州茅台联合华为、阿里巴巴和京东等构建自主的合作型组织性联盟，获得更专业的技术指导，并打造了两个基础型平台和三个应用型平台进行深度数字化整合，成功通过数字技术提高了产品质量、规范精简了生产流程和降低了制造成本，成功提高价值创造能力。我国商用飞机通过构建数字技术平台，建立以商用飞机为主导的辐射全球的研制伙伴价值网络，成功在激烈的市场竞争中开拓出一个又一个细分市场，满足了复杂多样的客户需求，大幅提高了产品溢价。

2. 理论贡献

（1）针对当前关于传统制造业数字化融合的研究中缺乏有效的理论框架支撑，本书以与制造业和数字化融合内在机制高度契合的技术—组织—环境（TOE）作为分析框架，有理论依据地分析制造企业运用数字技术的考虑因素。

（2）对于现有文献多局限于分析单个因素对企业进行数字化融合的影响、过程和效果的情况，本书从三个因素联合触发数字化融合的内在运作机理出发，详细分析了影响因素间的组合作用及其应用逻辑。

（3）目前很多文章仅进行理论分析却缺乏必要的案例结果支撑，本书针对每种模式分析了特征鲜明的三家企业数字化融合路径，一定程度上提高了研究设计的客观性与科学性，也相应提高了数字化融合模式的可信性。

3. 实践意义

本书在实践上也具有参考价值。本书通过梳理 TOE 理论框架构建了三种融合模式，并且对三个典型企业在框架下的融合流程分层面进行了详细的阐释，证实了融合模式的可行性和有效性。因此，传统制造企业可以通过分析自身企业技术、组织和环境情况，选择适用于自身的融合模式，在一切皆可数字化的时代实现进一步的发展。

4. 不足与展望

本书在以下方面存在局限性：

首先，本书应用的典型案例均为行业中排名靠前的企业，这种企业一般规模较大、有相对较充足的资金进行运转，同时这类企业一般含有大量的人才远瞻未来并为企业出谋划策，在一定程度上有较高的创新意识，融合过程可能相对顺利。但是对于绝大多数中小企业来说，企业的资金可能仅能支撑它买几台设备，不能系统地进行融合。因此，未来可以结合本书的分析框架，进一步立足于中小型制造企业探讨关于它们的融合模式。

其次，本书基于典型企业的数字化融合案例进行研究，样本量较小，仅能验证模型的可行性，并不能系统、准确地验证模式的普适性。未来可以在现有理论的基础上进行大样本调查，全面调查制造业与数字经济融合的整体情况，通过实证验证模式的成功概率。

# 第七章　传统制造业与数字经济
# 融合效应研究

为检验传统制造业与数字经济融合的效果，本章在数据采集的基础上，对其中介效应和空间溢出效应进行了检验，从而为提高融合效应提供理论和实证支撑。

## 第一节　中介传导效应

### 一、问题的提出

在网络技术飞速发展的时代，全球95%的工商业均与互联网和物联网密切相关，世界经济正在逐渐向数字化转型，数字化作为一种新的经济社会发展形态对国民经济的效率与质量的提高具有显著的驱动作用。根据《2020年中国数字经济发展报告》，数字经济已经成为我国经济高质量发展的新动能，数字经济规模增长迅速，2005年中国数字经济规模增加值为2.6万亿元，占GDP的比例为14.2%，而2019年数字经济规模增加值为35.8万亿元，占GDP的比例为36.2%，表明数字经济已成为驱动我国经济增长的关键力量。当前我国企业利润的增加大多来自规模性扩张，而非创新性升值，形成"高端薄弱，低端禁锢"的局面，数字经济能够通过节约生产成本和交易费用形成企业生产的规模经济和范围经济，改善企业的资源配置效率，此外，数字经济还通过技术创新和扩散效应推动全要素生产率提升，扩展生产可能性曲线，促进经济增长质量的提高①。在当前我国新旧动能转换的关键之际，最大潜力挖掘数字经济对经济高质量发展的潜力，有助于驱动经济社会发展的动力变革与效率变革，因此本文重点关注数字经济与经济高质量增长的关系，通过实证分析方法揭示数字经济在经济高质量增长的过程中发挥的实际效果。

针对数字经济与经济高质量发展之间的关系，国内外学者大多数是从理论研究和实证研究两个层面进行深入研究。

在理论研究方面，现有研究成果较为丰富，学者主要基于微观视角和宏观视角两方面展开：第一，微观角度上，数字经济背景下经济高质量增长的微观研究大多为成本问题研究，一方面，互联网技术应用于传统行业后，高固定成本的均摊和低边际成本，使企业生产形成规模经济，同时消费者也可以形成规模经济，降低供需双方的交易成本②③，提高交易效率④；另一方面，互联网技术的应用也为企业多样化生产提供机会，产生了产品的伴生利润，进而形成同时经营多种产品的范围经济，满足不同消费者的需求，产生长尾效应⑤。第二，宏观角度上，学术界主要探讨数字经济通过不同的方式影响经济增长。在索洛模型下，实现经济增长主要有三条路径，分别为改变产能、改变资源配置方式、改变全要素生产率，而数字经济可以同时通过这三条路径作用于经济增长。其一，在数字经济时代，数据以其独特的易复制性特征，成为了一种新的核心生产要素，因此在传统分析框架下可以将其作为一种新的生产要素纳入其中⑥；其二，数据不仅能够作为一种生产要素，其也能通过作用于劳动、资本等生产要素，提高生产效率，形成一种新的生产函数⑦；其三，在古典索洛生产函数中，其假设一般为规模报酬

①　丁志帆．数字经济驱动经济高质量发展的机制研究：一个理论分析框架［J］.现代经济探讨，2020（1）：85-92.

②　Clemons E K，Row M C. Information technology and industrial cooperation：The changing economics of coordination and ownership［J］. Journal of Management Information Systems，1992，9（2）：9-28.

③　Brynjolfsson E，Hitt L M. Beyond computation：Information technology，organizational transformation and business performance［J］. Journal of Economic Perspectives，2000，14（4）：23-48.

④　荆文君，孙宝文．数字经济促进经济高质量发展：一个理论分析框架［J］.经济学家，2019（2）：66-73.

⑤　JING Wenjun，Sun Baowen. Digital economy promoting high-quality economic development：A theoretical analysis framework［J］. Economist，2019（2）：66-73.

⑥　杨汝岱．大数据与经济增长［J］.财经问题研究，2018（2）：10-13.

⑦　石良平，王素云，王晶晶．从存量到流量的经济学分析：流量经济理论框架的构建［J］.学术月刊，2019，51（1）：50-58.

不变，但随着数字经济的发展，互联网技术和物联网技术的运用能够有效提高生产效率，形成规模报酬递增，并呈一种指数级增长，生产可能性曲线可能会扩张。

在实证研究方面，学者大多从数字经济对经济高质量发展的影响与作用路径两方面展开研究。在影响方面，Honohan（2004）认为，数字经济能够减少社会贫困率，优化产业结构，促进经济呈现指数级增长，Yilmaz 等（2002）通过对美国 48 个州的面板数据进行实证分析，发现了信息化能够给经济带来空间溢出效应；Czernich 等（2011）利用 OECD 国家 1996~2007 年的数据发现，互联网普及率每提高 10%，人均 GDP 年增长率就会增长 0.9%~1.5%。王庆喜等（2021）基于 2011~2018 年浙江省 11 个地市的面板数据考察了数字经济对经济高质量发展的影响发现两者之间存在一定的耦合协调关系，且数字经济能显著促进经济高质量发展。赵涛等（2020）以创业活跃度为视角对 2011~2016 年全国 222 个地级市检验数字经济与高质量发展之间的关系，研究发现数字经济显著促进了高质量发展，同时数字经济对经济高质量发展呈现出"边际效应"非线性递增以及空间溢出的特点。在作用路径方面，郑嘉琳等（2020）利用我国 2010~2018 年的省际面板数据研究发现数字经济、产业结构和创新能力的相互匹配和融合能够提升经济发展质量；韩璐等（2021）基于 2011~2016 年 286 个地级市数据，运用固定效应模型和分位数回归模型验证了创新环境在数字经济与城市创新能力二者之间的关系中发挥了正向调节作用，在人才集聚和金融发展水平较高的城市，数字经济对城市创新能力的赋能作用更加明显。

综合现有文献，大多数学者把研究的重点放在数字经济对经济高质量发展产生的影响上，而鲜有文献回答数字经济主要通过何种路径促进经济高质量发展，且针对这一问题还未形成完整的研究框架。数字经济的发展能够通过改善城市的信息化水平，为创新人才活动提供良好的创新环境，吸引创新人才集聚，人才资源能够促进地区各类生产要素的整合，产生正向知识溢出效应和辐射效应，提高全要素生产率，加快技术的吸收与扩散，为城市经济高质量发展提供有力支撑。长三角地区是我国经济发展活力最高、创新能力最强、数字经济占比最高的地区，探究长三角区域数字经济对经济增长的作用效果能够为全国其他区域数字经济的发展提供经验，同时也能更加系列化为长三角数字经济的全面综合发展提供理论指导。本章通过测度 2011~2018 年长三角 41 个城市的数字经济与高质量水平，以人才集聚为视角构建数字经济、创新人才集聚与经济高质量发展的理论框架，边际贡献主要在于：第一，在借鉴已有文献的基础上，本章从城市层面对数字经济与经济高质量发展进行了较为全面的测度，揭示了数字经济赋能经济高质量发展的积极作用，弥补了现有研究的不足；第二，将创新人才集聚纳入数字经济赋能经济高质量发展的研究框架，探讨了人才集聚对数字经济赋能经济高质量发展的中介效应，丰富了现有研究。

**二、模型构建**

（一）理论机制与研究假设

1. 数字经济与经济高质量发展

数字经济是一种以数据为核心生产要素的新经济形态①，在新一代信息技术的支撑下，数据要素与传统生产要素之间实现联通互动、高度协同与虚实交融，以创新提质代替规模扩张促进产业实现数字化、信息化、智能化的转型升级，在总体上推动经济从量变转为质变②。

首先，根据熊彼特创新理论，创新就是要建立一种新的生产函数，实现对生产要素或生产条件的新组合③。随着数字经济的发展，传统生产要素及生产管理模式都发生了颠覆式的改变，借助互联网平台，产业链的信息流与资金流都在以数字化方式传递。数字经济通过产品创新、业态创新、商业模式创新等赋能方式促进经济增长：第一，传统产品在数字化技术的创新后，拥有更高的产品附加值，能够为企业带来更多超额利润；第二，数字经济能够促进跨业态、多元化与虚实结合发展；第三，现有商业模式可利用数字平台实现商业模式创新，线上销售与线下销售相结合，开创网络直播销售等范式赋能产业。

其次，数字经济通过成本节约效应、规模经济效应、效率提升效应赋能经济高质量增长。数字经济的成本节约效应主要体现为边际成本递减和交易成本降低两方面，由于数字经济的易复制性，数字经济的边际成本基本为零，在现行高成本时代，这种递减的边际成本能够为企业节约大量成本，另外在企业生产销售过程中，会产生搜寻成本、谈判成本、监督成本等一系列成本，而在数字经济时代，通过信息技术的提高节约了大量交易成本，为众多企业的长期生存提供了可

---

① 易宪容，陈颖颖，位玉双. 数字经济中的几个重大理论问题研究——基于现代经济学的一般性分析［J］. 社会科学文摘，2019（9）：41-43.

② 左鹏飞，姜奇平，陈静. 高质量发展视角下的数字经济与经济增长［J/OL］. 财经问题研究：1-10.［2021-05-20］. http：//kns. cnki. net/kcms/detail/21. 1096. F. 20210310. 1738. 002. html.

③ 约瑟夫·熊彼特. 经济发展理论［M］. 北京：商务印书馆，1990：97-103.

能性。数字经济的规模效应主要体现在新兴营销模式与范围扩张，数字经济下互联网电商可以通过图片或视频的方式将商品呈现给客户，激发了消费者的消费欲望，且互联网销售突破了区域边界的局限，能够实现跨区域或跨境销售，将市场由双边市场转换为多边市场，延展了企业的销售范围。数字经济的效率提升主要表现为生产要素的配置效率与交易效率不断提高，云计算、人工智能等新技术的出现能够改善企业在研发环节、制造环节、流通环节等资源配置环节效率，同时互联网可以降低交易环节中信息不对称成本，提高交易效率。综上，提出以下假设：

假设1：数字经济对经济高质量发展具有积极的促进作用。

2. 创新人才集聚的中介效应

创新人才既是知识创新的主体，也是知识溢出的主体，其正在逐渐成为创新活动中最为关键的稀缺资源[1]，创新人才集聚能够促进信息和知识溢出，有益于资源的合理配置，催生技术创新，促进经济的内生增长[2]。另外，创新人才集聚能够减少知识的传播成本，降低交易成本，吸引更多高科技企业入驻，转型升级产业结构，促进经济增长[3]。依托知识创新，数字经济赋能经济高质量增长更加需要创新型人才的集聚作为发展中介。数字经济能够通过提高城市创新人才集聚推动经济高质量发展，可以通过吸引人才和培育人才两种方式实现人才集聚：第一，在城市企业向数字化转型过程中，数字经济的发展需要大量数字型人才以及其他行业的创新人才提供知识创造，地方政府为了响应数字经济发展、改革生产方式会大力引进各个领域的顶尖人才，吸引人力资本向本城市聚集，积累知识创新和高新技术创业的能量[4]，加速数字经济成果转化，提升数字经济与传统产业的融合度，为城市经济高质量发展提供源源不断的创新成果，助推城市经济高质量发展；第二，数字经济对创新人才集聚的促进作用不仅体现在对外来人才的吸引上，也体现在潜在创新人才的培育上，数字经济的发展在一定程度上为高校培养更多创新人才提供动力，在数字经济迭代发展的过程中，互联网与物联网技术

① Lepori B, Seeber M, Bonaccorsi A. Competition for talent. Country and organizational-level effects in the internationalization of European higher education institutions [J]. Research Policy, 2015, 44 (3): 789-802.

② Dipasquale D, Glaeser E. Incentives and social capital: Are homeowners better citizens [J]. Journal of Urban Economics, 1999, 45 (2): 354-384.

③ Florida R. The Economic geography of talent [J]. Annals of the Association of American Geographers, 2002, 92 (4): 743-755.

④ 曹威麟，姚静静，余玲玲，刘志迎. 我国人才集聚与三次产业集聚关系研究 [J]. 科研管理，2015, 36 (12): 172-179.

不断更新，这种经济环境对高校创新人才具有较大的吸引力[①]，从而形成创新人才集聚，而人才集聚意味着更多面对面的接触，有利于传播隐性知识[②]，促进竞争与学习，提高生产率[③]，增强城市经济发展质量。综上，提出以下假设：

假设 2：数字经济通过提高城市创新人才集聚力助推城市经济高质量发展。

（二）模型设定

1. 面板回归

为了考察数字经济对经济高质量发展的影响，本章首先建立式（7-1）的基准回归模型：

$$\ln hqdi_{it} = \alpha_0 + \beta \ln dedd_{it} + \sum_{j=1}^{n} \theta_j control_{it}^j + \varepsilon_{it} \tag{7-1}$$

其中，$hqdi_{it}$ 表示 i 城市 t 时期的经济高质量发展水平，$dedd_{it}$ 表示 i 城市 t 时期的数字经济发展水平，β 表示数字经济对城市经济高质量发展水平的影响，$control_{it}^j$ 表示一系列控制变量，$\theta_j$ 表示控制变量对城市经济高质量发展水平的影响，$\varepsilon_{it}$ 表示随机误差项。由于经济高质量发展水平是一个动态变化过程，为避免模型的设定偏误，本章对式（7-1）进行修正，加入了被解释变量一阶滞后项，如式（7-2）所示。

$$\ln hqdi_{it} = \alpha_0 + \delta_1 \ln hqdi_{it-1} + \beta_1 \ln dedd_{it} + \sum_{j=1}^{n} \theta_j control_{it}^j + \varepsilon_{it} \tag{7-2}$$

由于本章使用的短面板数据，不可避免会存在内生性问题，且经济高质量发展水平滞后项的加入会导致 OLS 估计存在偏误，借鉴 Arellano 和 Bond（1991）、Arellano 和 Bover（1995）及 Blundell 和 Bond（1998）提出的系统广义矩方法，将差分方程与水平方程相结合，以消除模型的内生性。

2. 中介效应

为验证假设 2，检验数字经济影响经济高质量发展的传导机制，借鉴温忠麟和叶宝娟（2004）构建的中介效应模型，如下所示：

$$\ln Y_{it} = \alpha_{1i} + c_i \ln X_{it} + \beta_{1i} \ln Z_{it} + \varepsilon_{1it} \tag{7-3}$$

① 翁清雄、杨书春、曹威麟. 区域环境对人才承诺与根植意愿的影响 [J]. 科研管理，2014，35（6）：154-160.

② Storper M，Venables A J. Buzz：face-to-face contact and the urban economy [J]. Anthony Venables，2004，4（4）：351-370.

③ Couture V. Knowledge spillovers in cities：An auction approach [J]. Journal of Economic Theory，2015，157（5）：668-698.

$$\ln M_{it} = \alpha_{2i} + a_i \ln X_{it} + \beta_{2i} \ln Z_{it} + \varepsilon_{2it} \tag{7-4}$$

$$\ln Y_{it} = \alpha_{3i} + c'_i \ln X_{it} + b_i \ln M_{it} + \beta_{3i} \ln Z_{it} + \varepsilon_{3it} \tag{7-5}$$

其中，Y 为因变量，X 为自变量，M 为中介变量，Z 为控制变量，公式（7-3）中的 $c_i$ 表示自变量对因变量的总效应，公式（7-4）中的 $a_i$ 表示自变量 X 对中介变量 M 的效应，公式（7-5）中的 $c'_i$ 表示控制了中介变量 M 后，X 对 Y 的直接效应，$b_i$ 表示控制了自变量 X 后，M 对 Y 的效应。$\beta_i$ 表示控制变量的回归系数，$\varepsilon_{it}$ 表示随机误差项。

根据温忠麟和叶宝娟（2004）对中介效应检验的流程，本章按如下步骤进行分析：①首先检验式（7-3）系数 c 的显著性，若显著，则为中介效应，反之则为遮掩效益；②依次检验式（7-4）中系数 a 和式（7-5）中系数 b 的显著性，若两个都显著，则间接效应显著，若至少有一个不显著，则需要通过 Sobel 检验来确定是否存在间接效应；③检验系数 c′ 的显著性，若 c′ 不显著，则存在完全中介效应，若 c′ 显著，且与 a、b 同号，表明存在的间接效应为部分中介效应，此时间接效应的强度为中介效应占总效应的比例（ab/c），若 c′ 与 a、b 异号，表明存在的间接效应为遮掩效应，此时间接效应的强度为遮掩效应与直接效应比例的绝对值（│ab/c′│）。

（三）变量选取

1. 被解释变量

经济高质量发展从党的十九大开始已经逐渐成为我国经济的发展方向，推动经济高质量发展是适应我国社会主要矛盾变化的必然要求，同时也是遵循经济发展规律的必然要求。因此，本章以经济高质量发展水平作为被解释变量，参考赵涛等（2020）指标体系建立方法，从产业结构、全要素生产率、技术创新、生态环境、人民生活五个维度建立指标体系衡量经济高质量发展水平。第一，产业发展是推动城市经济高质量发展的重要力量，产业结构的合理化与高级化是衡量城市产业发展现状的重要指标，而生产服务业作为城市经济发展的新主力也纳入产业结构中。第二，我国经济发展逐渐由高速增长转为高质量发展，而通过提高经济增长效率提升生产要素的利用效率是高质量发展的必然过程，本章以劳动和资本作为投入要素，GDP 作为产出要素，利用 DEA-Malmquist 指数计算全要素生产率。第三，创新是经济高质量发展的重要驱动力，本章将人均专利授权量作为衡量城市创新能力的重要指标。第四，绿色污染问题是长三角经济高质量发展过程中长期存在的问题，因此通过废水排放、二氧化硫去除率和工业固废综合利用率能够体现长三角绿色高质量发展。第五，高质量发展的目标之一是为缓解当前我国存在的人民日益增长的美好生活需要同不平衡、不充分之间的矛盾，因此人民生活方式的改变也是高质量发展的体现，本章采用人均GDP、人均教育支出及人均医院床位数来衡量。具体指标如表7-1所示：

表7-1 高质量发展指标

| 目标体系 | 一级指标 | 二级指标 | 计量单位 | 指标类型 |
|---|---|---|---|---|
| 经济高质量发展 | 产业结构 | 产业结构合理化 | — | – |
| | | 产业结构高级化 | — | + |
| | | 生产服务业占比 | % | + |
| | 全要素生产率 | 全要素生产率指数 | — | + |
| | 技术创新 | 人均专利授权量 | 件/万人 | + |
| | 生态环境 | $SO_2$ 去除率 | % | + |
| | | 工业固废综合利用率 | % | + |
| | | 工业污水排放量 | 万吨 | – |
| | 人民生活 | 人均GDP | 元 | + |
| | | 人均教育支出 | 元/人 | + |
| | | 人均医院床位数 | 张/万人 | + |

2. 核心解释变量

在借鉴赵涛等（2020）与黄群慧等（2019）研究成果的基础上，从互联网发展和数字普惠金融发展两方面对数字经济发展水平进行测度，具体从互联网普及率、互联网相关从业人数、互联网相关产出、移动互联网用户数、数字普惠金融发展[①]五个方面采用熵值法构建二级指数，如表7-2所示。

表7-2 数字经济发展指标

| 目标指标 | 一级指标 | 二级指标 | 计量单位 | 指标类型 |
|---|---|---|---|---|
| 数字经济发展水平 | 互联网普及率 | 每百人互联网用户数 | 户 | + |
| | 互联网相关从业人数 | 计算机服务和软件从业人员占比 | % | + |
| | 互联网相关产出 | 人均电信业务总量 | 元 | + |

---

① 郭峰，王靖一，王芳，孔涛，张勋，程志云．测度中国数字普惠金融发展：指数编制与空间特征 [J]．经济学（季刊），2020，19（4）：1401-1418.

续表

| 目标指标 | 一级指标 | 二级指标 | 计量单位 | 指标类型 |
|---|---|---|---|---|
| 数字经济<br>发展水平 | 移动互联网用户数 | 每百人移动电话用户数 | 户 | + |
| | 数字普惠金融发展 | 中国城市数字普惠金融指数 | — | + |

注：中国城市数字普惠金融指数引用的是北京大学数字普惠金融指数，感谢贡献研究成果。

3. 中介变量

创新人才集聚，借鉴王猛等（2016）和张婷婷等（2019）的做法，将创新人才界定为科学研究、教育、文化体育和娱乐业、计算机服务和软件业、金融业、租赁和商业服务业六大行业的就职人员，前三个职业类别涵盖科学家、大学教师以及艺术家等创造性较强的职业，为"超级创新核心"，后三个主要为知识密集型的职业，为"创新专家"，将创新人才集聚度定义为这六大行业人员总数与城市总就业人数之比。

4. 控制变量

为了更加全面地分析数字经济对经济高质量发展的影响，还需设定对经济高质量水平会产生影响的控制变量。①用实际利用外资投资额来衡量外商直接投资水平（fdi）。完善投资水平反映了城市的对外开放程度与对外资企业的吸引力，增加外资设企能够革新企业生产技术，促进经济高质量发展。②用机构贷款余额与存款余额比值来衡量金融发展水平（fi），金融市场能够为居民提供低风险、高流动性的金融产品，减少居民消费，增加储蓄，这些都将转化为金融投资，促进经济增长。③用教育支出与科技支出占财政总支出的比值来衡量政策效应（pe），地方政府在教育和科技上投入的财政补贴越多，越能够激发人才创新的活力，间接促进经济高质量增长。

（四）数据来源与描述性统计

本章选取长三角 41 个城市作为研究对象进行面板实证研究，数据来源于《中国城市统计年鉴》，对部分缺失数据采用指数平滑法进行补充，变量描述性统计如表 7-3 所示。

表 7-3　变量描述性统计

| 变量 | 变量符号 | 均值 | 标准差 | 最小值 | 最大值 |
|---|---|---|---|---|---|
| 经济高质量发展水平 | hqdi | 0.2253 | 0.1053 | 0.0946 | 0.6447 |

续表

| 变量 | 变量符号 | 均值 | 标准差 | 最小值 | 最大值 |
|------|---------|------|--------|--------|--------|
| 数字经济发展水平 | dedd | 0.2220 | 0.1329 | 0.0227 | 0.7121 |
| 创新人才集聚 | tg | 0.0415 | 0.0321 | 0.01378 | 0.2430 |
| 金融发展水平 | fi | 45.0662 | 19.8837 | 9.9100 | 89.6066 |
| 政策效应 | pe | 64.8615 | 22.9228 | 24.5595 | 111.5580 |
| 外商直接投资水平 | fdi | 0.0285 | 0.0178 | 0.0019 | 0.0932 |

## 三、实证分析

### (一) 基准回归

#### 1. 总体回归

由于数字经济与经济高质量发展之间可能存在反向因果关系，导致模型存在内生性问题，因为一个城市的经济高质量发展水平越高，越具有更加完善的基础设施条件，信息化发展水平越高，进而为数字经济的发展提供动力，所以数字经济发展水平也越高。因此，为了解决模型内生性问题，本章采用系统 GMM 方法建立动态面板模型进行估计，选用 Arellano-Bond 统计量检验模型的扰动自相关，选用 Sargan 统计量检验工具变量的有效性[①]。估计结果如表 7-4 所示。

表 7-4 数字经济与经济高质量增长的系统 GMM 回归结果

| 变量 | (1)<br>lnhqdi | (2)<br>lnhqdi | (3)<br>lnhqdi | (4)<br>lnhqdi |
|------|-------|-------|-------|-------|
| L. lnhqdi | 0.483 **<br>(0.193) | 0.465 **<br>(0.192) | 0.542 **<br>(0.211) | 0.563 ***<br>(0.195) |
| lndedd | 0.157 **<br>(0.0671) | 0.159 **<br>(0.066) | 0.149 **<br>(0.0733) | 0.122 *<br>(0.0662) |
| lnpe | | −0.021<br>(0.033) | −0.0128<br>(0.0322) | −0.0150<br>(0.0326) |
| lnfdi | | | −0.0289 **<br>(0.0133) | −0.0243 **<br>(0.0110) |

---

① 胡丽娜，薛阳. 财政分权对区域创新活跃度激励效应及传导机制研究 [J]. 经济纬，2021，38 (2)：14-22.

续表

| 变量 | (1)<br>lnhqdi | (2)<br>lnhqdi | (3)<br>lnhqdi | (4)<br>lnhqdi |
|---|---|---|---|---|
| lnfi | | | | 0.128<br>(0.0817) |
| _cons | 2.242***<br>(0.826) | 2.277**<br>(0.801) | 2.371***<br>(0.829) | 2.221***<br>(0.790) |
| AR (1) | 0.0990 | 0.0959 | 0.0823 | 0.0815 |
| AR (2) | 0.3598 | 0.3630 | 0.3608 | 0.3059 |
| Sargan | 0.0298 | 0.0252 | 0.0635 | 0.1666 |
| N | 287 | 287 | 287 | 287 |

注：*、**、***分别表示在10%、5%、1%的显著性水平上显著，括号内为标准误。Sargan检验的原假设为"所有工具变量均有效"。

本章采用系统广义矩模型研究数字经济与经济高质量发展之间的影响机制，表7-4中列（1）至列（4）的Arellano-Bond统计量AR（1）的p值均小于0.1，AR（2）的p值均大于0.1，表明可以在1%的显著性水平上接受"扰动项无自相关"的假设，Sargan统计量的p值在1%的显著性水平上接受"所有工具变量都有效"的假设，因此模型整体设计较为合理，结果具有可信度。具体来看，列（1）至列（4）中L.lnhqdi的系数至少在5%的水平上显著为正，表明城市经济高质量发展水平会受到滞后期经济高质量发展水平的叠加影响，形成波浪效应。同时数字经济对经济高质量发展水平的影响明显呈现积极的促进作用，模型的回归系数为0.157，即当数字经济水平每提高1%，经济高质量发展水平将会提高0.157%，为假说1提供依据。另外，在模型中逐渐加入控制变量后，模型的回归显著性水平和系数符号并未发生改变，表明模型的实证结果是较为稳健的。

从加入控制变量的回归结果来看，政策效应的符号为负，表明政府对科技和教育的财政支出越多可能会抑制经济发展质量，可能的原因是政府的财政支出效率较低，在当前市场经济下，科技发展不仅要依靠政府的财政支出，还要依靠市场的融资，因此政府应当将一部分经济职能让渡给市场，提高外商投资和企业融资在科技发展中的比重，平衡市场与政府的权重；对外开放水平在5%的显著性水平上显著为负，表明城市实际利用外资比重越高，越会抑制长三角城市经济高质量发展，可能的原因是城市存在不合理的贸易结构；金融发展水平的符号为正，表明金融发展水平越高，经济高质量发展水平越高。

2. 分区域回归

长三角数字经济对经济高质量发展产生的作用可能会因地区而异，因此本章按照测度的经济高质量发展水平的高低将长三角41个城市划分为两类，分别为发达城市（前20名）与欠发达城市（后21名），然后分别进行回归。经济高质量水平排名前20的城市分别为上海、南京、杭州、苏州、无锡、舟山、常州、金华、宁波、温州、丽水、嘉兴、泰州、衢州、镇江、绍兴、黄山、湖州、南通、合肥，排名后21的城市分别为台州、扬州、徐州、淮安、池州、马鞍山、蚌埠、盐城、铜陵、宣城、淮北、连云港、芜湖、宿州、安庆、亳州、滁州、六安、阜阳、淮南、宿迁。根据分类可知，发达城市大多分布在上海、江苏和浙江，欠发达城市中安徽约占比67%，表明安徽的经济发展质量是长三角整体发展质量的一块短板。

表7-5　数字经济与经济高质量增长的分区域系统广义矩回归结果

| 变量 | （1）全区域 | （2）发达城市 | （3）欠发达城市 |
|---|---|---|---|
| L. lnhqdi | 0.563 *** | 0.907 *** | 0.234 |
| | （0.195） | （0.167） | （0.329） |
| lndedd | 0.122 * | 0.044 | 0.175 ** |
| | （0.0662） | （0.2202） | （0.0802） |
| lnpe | −0.0150 | 0.0099 | −0.0316 |
| | （0.0326） | （0.0757） | （0.0351） |
| lnfdi | −0.0243 ** | −0.0296 | −0.0325 |
| | （0.0110） | （0.0469） | （0.0211） |
| lnfi | 0.128 | 0.1618 | 0.3114 ** |
| | （0.0817） | （1.065） | （0.1402） |
| _cons | 2.221 *** | 0.9013 | 3.6291 *** |
| | （0.790） | （1.370） | （1.0934） |
| AR（1） | 0.0815 | 0.0900 | 0.0959 |
| AR（2） | 0.3059 | 0.2409 | 0.3630 |
| Sargan | 0.1666 | 0.5462 | 0.4018 |
| N | 287 | 140 | 147 |

注：*、**、***分别表示在10%、5%、1%的显著性水平上显著，括号内为标准误。Sargan检验的原假设为"所有工具变量均有效"。

分区域回归结果如表7-5中的列（2）和列（3）所示，发达城市组和欠发达城市组存在一阶自相关，不存在二阶自相关，能在1%的显著性水平上接受"扰动项无自相关"的假设，同时Sargan统计量的p值在1%的显著性水平上接受原假设。从长三角数字经济对经济高质量发展的影响程度上看，欠发达城市数字经济对经济高质量发展的作用更为明显，数字经济水平每增长1%，经济高质量发展水平将增长0.175%，虽然发达城市组的作用效应并不显著，但是符号依然为正，为假设1提供了证据。通过分区域分析可以看出发达城市数字经济对经济高质量发展的影响小于欠发达城市，这可能是由于区域的异质性导致的，因此需要进行异质性分析。

（二）异质性分析

为了探究数字经济和创新人才集聚对经济高质量发展是否存在异质性，本章使用面板分位数回归对其关系进行验证，如表7-6所示。

表7-6　OLS估计和分位数回归结果

| 变量 | （1）<br>OLS | （2）<br>QR_25 | （3）<br>QR_50 | （4）<br>QR_75 |
|---|---|---|---|---|
| lndedd | 0.236 ***<br>（0.0237） | 0.312 ***<br>（0.0316） | 0.262 ***<br>（0.0222） | 0.238 ***<br>（0.0223） |
| lntg | 0.104 ***<br>（0.0301） | 0.0482<br>（0.0334） | 0.0561 **<br>（0.0234） | 0.0627 ***<br>（0.0236） |
| lnfdi | 0.0169<br>（0.0119） | 0.00288<br>（0.0104） | 0.00880<br>（0.00732） | 0.0155 **<br>（0.00736） |
| lnfi | 0.146 **<br>（0.0649） | −0.00475<br>（0.0690） | −0.0824 *<br>（0.0485） | 0.00541<br>（0.0487） |
| lnpe | −0.0833 ***<br>（0.0235） | −0.0760<br>（0.0461） | −0.0927 ***<br>（0.0324） | −0.0876 ***<br>（0.0326） |
| _cons | 4.194 ***<br>（0.210） | 4.225 ***<br>（0.215） | 4.114 ***<br>（0.151） | 4.105 ***<br>（0.152） |
| N | 328 | 328 | 328 | 328 |

注：*、**、***分别表示在10%、5%、1%的显著性水平上显著，括号内为标准误。

从表7-6的OLS的估计结果可以看出，数字经济水平的提高会显著促进经济高质量发展，与0.75分位点上的回归系数比较接近，可能的原因是伴随着大数据中心、人工智能、互联网的不断发展，能够升级城市的产业结构，更新城市的就业形式，通过线上方式吸引流量，为消费发挥了助推作用。另外，数字经济的发展也能够赋能传统产业，提升城市创新能力，促进经济高质量发展。根据不同分位点的估计结果，0.25分位点、0.50分位点、0.75分位点对应数字经济发展对经济高质量发展影响的系数分别为0.312、0.262、0.238，数字经济对经济发展质量较低的城市产生的边际促进作用较强，而对经济发展质量较高城市的边际促进作用反而较弱，可能的原因是数字经济在经济发展质量较高城市主要应用于消费领域，消费领域在数字经济发展到极致时会遭遇瓶颈，难以突破；亦可能是数字经济在经济发展质量较高的城市与传统制造领域的融合度较低，技术生产效率提升较慢，因此造成经济发展质量的提高遭遇瓶颈。

（三）中介效应检验

本章以创新人才集聚为中介变量，检验数字经济对经济高质量发展的中介效应，实证结果如表7-7所示。

表7-7 中介效应检验结果

| 变量 | (1) | | | (2) | | | (3) | | |
|---|---|---|---|---|---|---|---|---|---|
| | lnhqdi | | | lntg | | | lnhqdi | | |
| | 全区域 | I区 | II区 | 全区域 | I区 | II区 | 全区域 | I区 | II区 |
| lndedd | 0.089*** | 0.099*** | 0.184*** | 0.229*** | 0.475*** | 0.165** | 0.0557* | 0.259*** | 0.204*** |
| | (0.0307) | (0.0287) | (0.0418) | (0.0399) | (0.0423) | (0.0731) | (0.0309) | (0.0436) | (0.0378) |
| lntg | | | | | | | 0.144*** | 0.196*** | 0.0969* |
| | | | | | | | (0.0350) | (0.0641) | (0.0564) |
| Control | 控制 | 控制 | 控制 | 控制 | 控制 | 控制 | 控制 | 控制 | 控制 |
| 个体固定效应 | 是 | 是 | 是 | 是 | 是 | 是 | 是 | 是 | 是 |
| 时间固定效应 | 是 | 是 | 是 | 是 | 是 | 是 | 是 | 是 | 是 |
| _cons | 4.380*** | 4.879*** | 3.687*** | -2.252*** | -1.834*** | -2.752*** | 4.705*** | 4.376*** | 3.951*** |
| | (0.252) | (0.193) | (0.445) | (0.403) | (0.356) | (0.671) | (0.258) | (0.290) | (0.468) |
| N | 328 | 160 | 168 | 328 | 160 | 168 | 328 | 160 | 168 |
| R2 | 0.597 | 0.854 | 0.449 | 0.184 | 0.562 | 0.129 | 0.620 | 0.683 | 0.449 |
| Hausman | 11.68* | 13.09** | 2.13 | 13.2** | 11.25** | 7.61 | 12.06* | 14.39** | 3.74 |

续表

| 变量 | (1) | | | (2) | | | (3) | | |
|---|---|---|---|---|---|---|---|---|---|
| | lnhqdi | | | lntg | | | lnhqdi | | |
| | 全区域 | Ⅰ区 | Ⅱ区 | 全区域 | Ⅰ区 | Ⅱ区 | 全区域 | Ⅰ区 | Ⅱ区 |
| 中介效应强度 | | | | | | | 0.37 | 1.03 | 0.09 |

注：*、**、***分别表示在10%、5%、1%的显著性水平上显著，括号内为标准误。

（1）全区域回归结果分析。

首先在数字经济与经济高质量发展的固定效应回归模型中，数字经济发展水平的弹性系数显著为正，表明数字经济对经济高质量发展具有显著的推动作用，例如数字经济在疫情期间缓解了疫情对经济的冲击，并成为后疫情时期带动经济发展的有力引擎[①]；其次在数字经济与创新人才集聚的回归模型中，两者关系在1%的显著性水平上显著为正，数字经济发展水平每增长1%，创新人才集聚水平将提升0.229%，数字经济需要大量创新人才来为其提供动力，因此，随着某一区域数字经济水平的提高，创新人才必将源源不断地向此集中，形成创新人才集聚；最后在数字经济、创新人才集聚与经济高质量发展三者的间接效应回归模型中，系数a、b、c均显著，表明创新人才集聚存在部分中介效应，数字经济发展水平间接效应的弹性系数显著为正，表明创新人才集聚在数字经济与经济高质量发展的关系中起到了间接传导作用，数字经济通过创新人才集聚拉动经济高质量增长。在数字经济发展的驱动下，长三角区域的创新人才将因为创新环境的改善与日俱增，而人才是经济发展最为活跃的智力资源，创新人才集聚度的提高，能够通过信息共享效应、集体学习效应提升经济发展质量。

（2）Ⅰ区和Ⅱ区回归结果分析。

首先，从数字经济与经济高质量发展的回归结果来看，数字经济对经济高质量发展水平的影响均在1%的显著性水平上显著为正，但数字经济在发达城市的弹性系数明显小于欠发达城市，可能的原因是发达城市的经济发展质量本身较高，欠发达城市提升空间较小，发达城市群中的上海、杭州等城市经济发展水平较高，且为数字经济发展的先行区，可能是数字经济在经济发展质量较高城市的消费领域发展太快，达到极致，难以进一步突破，因此数字经济的持续发展可能

---

① 刘思涵．数字经济新机遇 助力长三角高质量发展［J］．上海企业，2020（8）：60-63.

会有规模报酬递增转为规模报酬不变状态，而欠发达城市群缺乏数字经济发展基础，一旦发展数字经济将会大幅度提升经济发展质量，并且产生边际效应递增，因此欠发达城市数字经济对经济高质量发展的影响弹性高于发达城市。其次，从数字经济与创新人才集聚之间的回归关系看，两者关系无论是以发达城市群还是欠发达城市群为研究对象均呈现显著的正相关，发达城市数字经济发展水平的弹性高于欠发达城市，因为发达城市的经济发展水平较高且具有较好的创新环境，因此创新人才更倾向于集聚在发达城市。最后，从数字经济、创新人才集聚与经济高质量发展三者之间的关系来看，创新人才集聚在发达城市与欠发达城市均存在部分中介效应，发达城市的中介强度高于欠发达城市。与欠发达城市相比，发达城市的经济发展水平较高，能够为创新人才的入驻提供创新环境、基础设施、经济资源，因此发达城市对创新人才的虹吸作用较强，也正因为如此，数字经济可以通过创新人才集聚对经济高质量发展产生间接拉动作用；而欠发达城市的经济发展水平较低，研发经费缺乏、技术条件较差，缺少创新人才的集聚，因此数字经济通过其产生的间接中介效应强度较低。

（四）稳健性检验

1. 内生性检验

为了检验数字经济与经济高质量发展之间可能存在的内生性问题，模型选取核心解释变量的滞后一期作为工具变量对模型进行统计检验，依次采用最小二乘（2SLS）、广义矩（GMM）及有限信息最大似然法（LIML）对模型进行内生性检验，如表7-8所示。通过三种不同的检验方式可以看出核心解释变量的显著性和符号均未发生改变，因此可以在一定程度上认为中介效应模型通过内生性检验。

表7-8　内生性检验

| 变量 | lndedd_iv | | | | | | | | |
|------|------|------|------|------|------|------|------|------|------|
| | 全区域 | | | I 区 | | | II 区 | | |
| | （1） | （2） | （3） | （4） | （5） | （6） | （7） | （8） | （9） |
| 2SLS | 0.303*** (0.0181) | 0.275*** (0.0231) | 0.600*** (0.0459) | 0.228*** (0.0357) | 0.265*** (0.0254) | 0.954*** (0.0853) | 0.236*** (0.0385) | 0.157** (0.0617) | 0.232*** (0.0394) |
| GMM | 0.303*** (0.0162) | 0.275*** (0.0226) | 0.600*** (0.0593) | 0.228*** (0.0357) | 0.265*** (0.0245) | 0.954*** (0.0967) | 0.236*** (0.0341) | 0.157** (0.0711) | 0.232*** (0.0358) |
| LIML | 0.303*** (0.0181) | 0.275*** (0.0231) | 0.600*** (0.0459) | 0.228*** (0.0353) | 0.265*** (0.0254) | 0.954*** (0.0853) | 0.236*** (0.0385) | 0.157** (0.0711) | 0.232*** (0.0394) |

注：*、**、***分别表示在10%、5%、1%的显著性水平上显著，括号内为标准误。

2. 更换核心解释变量后的测度

为了进一步检验数字经济发展水平通过创新人才集聚对经济高质量发展的回归结果的稳健性，本章对数字经济发展水平的相关指标进行替代，参考赵滨元（2021）测度数字经济发展水平的方法，利用"互联网宽带接入用户数"来衡量数字经济发展水平，互联网宽带接入用户数既是数据要素的生产主体，同时也是互联网平台的使用主体，故这一指标同时兼顾了数字经济的数据要素和载体平台的双重属性，可作为数字经济发展水平的代理变量，数据来源于《中国区域统计年鉴》，检验结果如表7-9所示。

表7-9　稳健性检验

| 变量 | (1) | | | (2) | | | (3) | | |
|---|---|---|---|---|---|---|---|---|---|
| | lnhqdi | | | lntg | | | lnhqdi | | |
| | 全区域 | I 区 | II 区 | 全区域 | I 区 | II 区 | 全区域 | I 区 | II 区 |
| lndedd | 0. 0343 ** | 0. 0209 * | 0. 141 *** | 0. 0861 *** | 0. 156 *** | 0. 0198 | 0. 114 *** | 0. 069 *** | 0. 142 *** |
| | (0. 0174) | (0. 0114) | (0. 0289) | (0. 0236) | (0. 0211) | (0. 0397) | (0. 0156) | (0. 0162) | (0. 0285) |
| lntg | | | | | | | 0. 182 *** | 0. 196 *** | 0. 124 ** |
| | | | | | | | (0. 0384) | (0. 0641) | (0. 0545) |
| Control | 控制 | 控制 | 控制 | 控制 | 控制 | 控制 | 控制 | 控制 | 控制 |
| 个体固定效应 | 是 | 是 | 是 | 是 | 是 | 是 | 是 | 是 | 是 |
| 时间固定效应 | 是 | 是 | 是 | 是 | 是 | 是 | 是 | 是 | 是 |
| _cons | 4. 013 *** | 4. 698 *** | 2. 600 *** | -3. 457 *** | -3. 567 *** | -3. 313 *** | 3. 112 *** | 3. 899 *** | 2. 986 *** |
| | (0. 272) | (0. 215) | (0. 378) | (0. 362) | (0. 386) | (0. 554) | (0. 269) | (0. 332) | (0. 409) |
| N | 328 | 160 | 168 | 328 | 160 | 168 | 328 | 160 | 168 |
| $R^2$ | 0. 591 | 0. 844 | 0. 464 | 0. 129 | 0. 402 | 0. 098 | 0. 510 | 0. 647 | 0. 483 |
| Hausman | 5. 34 | 13. 09 ** | 2. 81 | 120. 64 *** | 11. 25 ** | 5. 37 | 6. 55 | 14. 39 ** | 5. 46 |
| 中介效应强度 | | | | | | | 0. 45 | 1. 46 | 0. 02 |
| Sobel | | | | | 0. 01 * | | | | |

注：*、**、*** 分别表示在10%、5%、1%的显著性水平上显著，括号内为标准误。

如表7-9所示，在替换了数字经济发展水平的指标后，重新进行中介效应检验，根据检验结果可以看出，并没有改变模型的估计结果，显著性和变量符号并未发生较大改变，在模型（2）中，欠发达城市的显著性降低，因此进行 Sobel 检验发现间接效应依然存在。整体来看，无论是全区域回归还是按照经济高质量发展水平划分的子样本回归，数字经济对经济高质量发展的直接效应显著为正，数字经济通过创新人才集聚对经济高质量发展的间接效应也显著为正，与本章实证结果相吻合，因此本章的估计结果具有较强的稳健性。

### 四、研究结果

本章立足于数字经济为我国经济发展带来机遇的现实，以创新人才集聚为切入点，基于 2011~2018 年长三角 41 个城市的面板数据，构建数字经济发展水平指数和经济高质量发展指数，运用系统广义矩模型、中介效应模型、分位点回归模型等多维度验证了数字经济对经济高质量发展水平的影响与内在机制，结果发现：第一，数字经济对城市经济高质量发展水平明显呈现积极的促进作用，数字经济发展水平对经济发展质量较低城市的边际促进作用较强，对经济发展质量较高城市的边际促进作用较弱。第二，全区域回归下，数字经济能够通过创新人才集聚显著提升经济发展质量。第三，子样本回归下，发达城市数字经济对经济高质量发展的影响弹性小于欠发达城市，但发达城市数字经济对创新人才集聚的影响弹性大于欠发达城市，创新人才集聚无论是在发达城市还是欠发达城市均存在部分中介效应，且发达城市的中介强度大于欠发达城市。

据此，本章提出以下政策建议：

（1）培育数字经济新动能，助推长三角经济高质量发展。首先，本章通过多个模型的验证得出长三角数字经济能够对经济高质量发展产生积极的促进作用，因此长三角城市群应当积极推进数字经济的发展，加大数字基础设施供给，各地政府牵头成立政府数字发展投资基金，组建数字经济孵化器项目，以财政资金为杠杆，撬动更多民间社会资本投入数字经济领域，从而加大对互联网的投资力度，增强对大数据模式和人工智能的应用，释放数字经济的红利优势。其次，将数字经济作为长三角经济高质量发展的有力抓手，推进数字经济与实体经济融合的广度与深度，以数字经济为切入点，开辟实体经济发展的新路径。另外要增强大数据、云计算与人工智能的研发强度，提高数字经济的成果转化率，进一步提升长三角数字经济的综合竞争力，培育数字经济新动能。

（2）建立数字经济发展帮扶机制，推动长三角经济协调发展。健全区域数字经济协调发展政策，增强中心城市和城市群的辐射带动力，推动形成区域间相互融通补充的区域发展新格局，充分发挥上海、南京、杭州等城市的引领示范作用，与长三角腹地的后发赶超城市联动融合发展，建立区域性的数字化产业链平台与产业链集群，加强数字经济的区域合作，充分利用各城市拥有的人才要素、资本要素、技术要素，实现各城市的优势互补。例如杭州市为数字经济发展的先行区，可以为安徽省数字经济发展较落后的城市传授数字经济发展经验，并可以通过政府合作协同实现浙江省对安徽省数字经济发展的对点帮扶，推动数字经济均衡发展。

（3）根据城市异质性实行差别政策，提升政策效能。根据本章研究结论，数字经济对经济高质量发展的影响在发达城市的作用弹性低于欠发达城市，表明数字经济在发达城市的消费领域已经遭遇瓶颈，需要加速数字经济与发达城市传统产业的融合突破瓶颈。而欠发达城市数字经济在消费领域的应用正处于迅速发展阶段。由于发达城市与欠发达城市存在处于不同的数字经济发展阶段，因此各省政府应当对上海、江苏、安徽、浙江实施异质性发展政策，对于上海、浙江、江苏等数字经济发展速度较快的城市群，应将重点加强数字经济在传统产业上的运用，提升传统产业的效率，另外发达城市的政府应当加强城市之间的数字经济合作，合理配置数字经济资源，避免由于市场分割带来的无效率行为以及资源浪费行为，而针对安徽省部分欠发达城市应当充分利用数字经济对经济发展不发达城市的边际促进作用较强这一优势，增加网络设施和网络服务供给，加快对传统基础设施的数字化改造，大幅提高数字经济发展水平。

（4）加大创新人才共享机制，以人才驱动数字经济转型，助推经济高质量发展。一方面，本章研究结论得出数字经济能够通过激励创新人才集聚促进经济高质量发展，证明了当前数字经济能够释放足够大的活力吸引创新人才，进一步促进经济高质量增长，因此要通过数字经济的发展聚集数字经济人才，同时也要构建区域内企业与高校人才共同培养体系，培养数字经济高质量人才。另一方面，本章结论得出创新人才集聚在发达城市的中介强度要高于欠发达城市，因此在经济相对发达城市在发展数字经济时大力落实人才优惠政策，吸引创新人才集聚，使发达城市的经济发展质量不仅依靠数字经济的直接作用，还依赖创新人才集聚所释放知识溢出的间接作用；同时对于长三角西部数字经济发展较为薄弱的区域，要充分发挥政策、制度的宏观调控，通过政策的有效规划，从市场、环境、基础设施、制度等方面为数字经济发展创造良好的条件，吸引创新人才的集聚，还可以通过提升城市创业活跃度、通过自主创新提升创新能力等措施来促进经济高质量发展。

本章利用面板回归模型和中介效应模型，基于长三角41个城市的面板数据，分析了数字经济对经济高质量发展的影响效应，并构建了数字经济、创新人才集聚与经济高质量发展理论框架探讨数字经济是否能通过创新人才集聚促进经济高质量发展，在理论方面进一步丰富了现行数字经济与经济发展之间关系的框架，在实践方面为长三角数字经济助力经济高质量发展提供了一条新的路径。但本章仍存在不足之处，在对创新人才集聚的度量上没有选取更具有代表性的区位熵，由于市级数据难以获取，因此有待进步完善。

## 第二节　空间溢出效应

### 一、研究背景

习近平总书记在十九大报告中提出，"我国经济已由高速增长阶段转变为高质量增长阶段，正处于转变发展方式、优化经济结构、转换增长动力的攻关期"，这一科学论断指明了提升我国经济发展质量的方向，明确了在新常态背景下制定经济政策、实施宏观调控的根本要求[①]。经济高质量发展是以更好满足人民日益增长的美好生活需要为目标，体现五大发展理念的发展，创新作为发展的第一动力，是促进经济高质量发展的重要途径，必须摆在国家发展全局的核心位置，贯彻落实创新驱动发展战略。习近平总书记强调要推动大数据技术产业创新发展，构建以数据为关键要素的数字经济，发挥数据的创新引擎作用，形成以创新为引领的数字经济。数字经济近几年来成为我国经济发展中最为活跃的领域，在激发消费、拉动投资和创造就业等方面发挥着重要作用[②]，同时区域创新能力提高能够催生技术进步，提升生产率，积极作用于经济增长。数字经济与区域创新能力是提升我国经济发展质量的重要支撑，研究二者对经济增长的影响具有重要的理论和实践意义。区域创新是发展数字经济的外在环境，数字经济是区域创新的内

---

① 林兆木.关于我国经济高质量发展的几点认识［J］.人民周刊，2018（2）：60-62.
② 赵涛，张智，梁上坤.数字经济、创业活跃度与高质量发展——来自中国城市的经验证据［J］.管理世界，2020，36（10）：65-76.

在动力，二者协调发展相互促进助推经济增长。因此，本书试图从理论上分析数字经济与区域创新的耦合关系及其经济增长的作用机制，运用莫兰指数检验数字经济与区域创新耦合关系的空间自相关性，进而运用空间计量模型检验其对经济增长产生的空间溢出效应。

## 二、研究综述

数字经济与区域创新能力两者之间是相辅相成的关系，数字经济为区域创新提供了技术支撑与发展活力，而区域创新则为数字经济的发展提供了新动能。在数字经济作用区域创新方面，现有学者对数字经济与区域创新能力之间的研究主要聚焦在数字经济与区域创新绩效、企业创新与科技创新等方面。

（一）关于数字经济与区域创新绩效视角

在数字经济与区域创新绩效方面，徐向龙和侯经川（2021）分别从企业层面、产业层面和创新生态视角三个角度论证了数字经济能够提升区域创新水平，并进一步运用实证模型检验了数字经济对区域创新绩效具有边际递增的非线性影响；李雪等（2021）从数字经济对区域创新绩效的直接作用机制和间接作用机制两方面阐述了两者之间的联系，认为数字经济不仅能够凭借优势拓宽创新的广度和深度，还能够直接提升创新绩效，还能够通过加速人力资本积累和研发资本投入间接提升区域创新绩效。在数字经济与企业创新方面，胡山和余泳泽（2021）从供需两侧梳理了数字经济赋能企业突破性创新的理论逻辑，在供给端，数字经济能够解决要素供给不足问题，提高企业的突破性创新倾向，在需求端，数字经济能够拓宽产品应用市场和加强顾客参与，刺激企业进行突破性创新。在数字经济与科技创新方面，徐辉和邱晨光（2021）认为数字经济对技术创新的影响包括三个方面：一是数字经济健全新型基础设施建设的发展，为技术创新提供了支撑；二是数字经济催生了现代信息网络和通信技术，加强了区域之间创新主体的联系；三是数字经济变革了生产经济经营和管理模式，提升了企业的技术管理水平。在区域创新能力作用数字经济发展方面，较少文献关注到区域创新为数字经济发展提供动力的研究，较高的区域创新能力能够推动产业数字化和数字产业化的发展。区域创新能够倒逼数字经济发展，数字经济发展的动力可以分为主动和被动两种，主动数字经济是一种经济主体理想化的发展路径，被动数字经济发展是经济主体为求得生存和发展所被迫进行的数字化转型活动，因此区域创新环境对于被迫型数字经济的发展至关重要①。

（二）关于数字经济与区域创新对经济增长的影响视角

在数字经济与区域创新能力对经济增长的影响研究上，当前国内学者主要关注数字经济对经济增长以及区域创新对经济增长的影响。

在数字经济对经济增长的研究方面，国内外学者主要从影响机理、耦合协调、空间溢出等方面对二者关系进行研究。第一，在影响机理上，荆文君和孙宝文（2019）从微观和宏观两个层面梳理数字经济促进经济高质量发展的内在机理；丁志帆（2020）从微观、中观、宏观三个方面总结了数字经济促进经济高质量发展的理论机制，Cardona 等（2013）指出数字经济的快速发展对企业生产效率产生了积极影响，赵涛等（2020）研究发现数字经济可以通过提升创业活跃度，从而赋能经济增长。第二，基于耦合协调角度，王庆喜等（2021）研究浙江省 2011~2018 年数据发现浙江省所有地市的数字经济与高质量发展的耦合协调程度整体处于上升趋势；邹新月和王旺（2021）基于中国 2011~2018 年地市面板数据发现我国数字金融和科技创新之间的耦合协调度呈现东高西地、南高北低的分布特征。第三，基于空间溢出角度，Yilmaz 等（2002）通过美国 48 个州的数据实证发现，信息化能够带来空间溢出效应，Lin 等（2017）同样认为互联网对经济增长存在空间溢出影响，张腾等（2021）运用空间计量模型基于 2011~2017 年省域视角发现数字经济对经济高质量发展产生积极的促进作用。

从区域创新对经济增长的研究方面，国内外学者主要从理论和实证两方面阐述二者之间的关系。在理论方面，Aghion 和 Howitt（1992）认为传统粗放型的生产方式对经济增长的作用有限，可能会使经济停滞不前，而创新型的生产方式则能提高生产效率，为经济增长创造活力。Acemoglu 等（2006）指出在要素驱动转变为创新驱动的过程中，需要大力鼓励创新才能够使经济增长最大化；辜胜阻等（2018）认为技术创新是产业升级的关键因素，推动我国产业高质量发展，提升核心技术创新能力有利于推动产业高质量发展。在实证方面，袁宝龙和李琛（2021）基于 2005~2016 年省级面板数据运用 IVTobit 方法研究得出创新对区域经济高质量发展具有显著的促进作用；林春和苏英杰（2020）基于中国 2000~2016 年省际面板数据得出基础创新驱动对全要素生产率提升具有显著的促进

---

① 段秀芳，徐传昂．中国数字经济与经济高质量发展耦合协调机理研究［J］．商业经济，2021（6）：3-8.

作用。

综观现有研究可以发现，关于数字经济、区域创新与经济增长的文献主要存在如下有待商榷之处。在数字经济与区域创新的关系上，侧重于研究数字经济促进区域创新，而鲜少研究区域创新对数字经济的反作用，而数字经济与区域创新是相互影响、相互促进的，二者的协调发展状态对个体的作用发挥产生直接影响。而数字经济、区域创新与经济增长的文献主要聚焦于两两之间的研究上，现有研究主要聚焦于数字经济与经济增长、区域创新与经济增长，而忽略了数字经济与区域创新的耦合协调作用对经济增长产生的影响。因此，本书基于 2011~2019 年中国省际面板数据构建了数字经济与区域创新的耦合协调模型，运用空间莫兰指数分析了两者的协调度是否具有空间自相关性，进一步建立空间计量模型研究数字经济与区域创新的耦合协调作用是否对经济增长具有空间溢出作用，为进一步推动我国经济高质量发展提供借鉴和参考。文章的边际贡献主要体现为两大方面：第一，使用耦合协调度模型分析了数字经济与区域创新的协调水平，不仅局限于数字经济对区域创新产生单向影响，为数字经济与区域创新的协调发展提供了理论依据，扩展了现有的研究边界；第二，运用空间杜宾模型研究了数字经济与区域创新的耦合作用对经济增长产生的空间溢出影响，为各省之间加强合作交流提供多种途径与政策建议。

### 三、理论机制

#### （一）数字经济与区域创新的耦合协调机制

数据作为一种新的生产要素，是提升区域创新的重要驱动力，数据要素与传统生产要素不同，具有零边际成本与非竞争性的特征，能够在虚拟空间中不断被重复利用[①]，颠覆式地开创一种新的科技创新范式，这种无边界的开放式大数据平台为区域创新驱动发展构建了新的智能生态系统[②]。首先，数字经济的到来催生了各种信息基础设施建设，为区域创新发展提供了智能化、高速化、数字化的智慧平台，为技术创新提供了良好的数据平台支撑。其次，数字经济的发展推动了网络信息技术的运用，加强了各省之间的资源要素流动，降低了要素流动产生的成本，促进区域间的主体创造活力，为区域创新创造了良好的竞争环境。最

---

① 徐翔，赵墨非．数据资本与经济增长路径［J］．经济研究，2020，55（10）：38-54.
② 曹玉娟．数字化驱动下区域科技创新的框架变化与范式重构［J］．学术论坛，2019，42（1）：110-116.

后，数字经济变革了企业的经营管理模式，无论是企业管理平台的运用还是制造业车间生产方面，数字经济都发挥了不可或缺的关键作用，大幅提升了企业的生产管理效率。

区域创新能力的提升也能为数字经济的发展提供支撑。数字经济本就是区域创新的产物，信息技术以及互联网的服务创新决定了数字经济发展的关键。第一，区域创新能力通过创新生态网络加速了大数据的碰撞，继而推动了数字化，当前有很多社群化的内部创新平台和社会化的外部创新平台形成了一个超大规模的分布式创新体系和分工协作体系，创新平台包含优质的人才、技术与先进设备等创新要素，推动数字产业的变革，其中外部、定制、并购和共享等是创新体系与大数据交融的产物。第二，区域创新能力推动了产业数字化，数字化企业是产业创新的主体，只有企业具备创新研发能力才能推动企业在生产方式、管理方式以及组织方式等方面的变革[①]，区域创新催生了科技创新，引导区域经济活动逐渐向数字化转变。

数字经济与区域创新两者之间存在相互协调促进的关系，数字经济为区域创新提供了丰厚的沃土，信息资源的集成共享导致知识在经济社会领域内加速流动和扩散，加速区域创新，提升创新效率，同时数字经济的崛起也为区域创新中要素流动、协同发展和产业升级提供了新的技术支撑[②]，而区域创新对数字经济的发展也具有一定的支撑和调节作用，区域创新为数字经济发展提供了良好的发展环境，能够加速数字技术与区域的传统产业相融合，通过"鲇鱼效应"扩大数字经济发展规模，催生数字经济新技术。

（二）数字经济与区域创新的耦合协调对经济增长空间溢出效应

数字经济与区域创新的耦合协调主要通过效率提升、产业结构升级以及市场配置优化三个方面促进经济增长。

在效率提升方面，首先，数字经济与区域创新的耦合协调作用可以体现在企业的研发环节、制造环节、生产环节、流通环节与交易环节，全方位地提升企业生产效率[③]，数字创新技术能够整合研发各机构之间的资源，缩短研发周期；其

① 韩文龙. 数字经济中的消费新内涵与消费力培育 [J]. 福建师范大学学报（哲学社会科学版），2020（5）：98-106，170.

② 熊励，蔡雪莲. 数字经济对区域创新能力提升的影响效应——基于长三角城市群的实证研究 [J]. 华东经济管理，2020，34（12）：1-8.

③ 吕守军，严成男. 循环累因果论与资本主义的不平等——从法国调节学派理论看皮凯蒂的《21世纪资本论》[J]. 河北经贸大学学报，2015，36（6）：9-13.

次，数字经济能够更新生产技术，创新生产模式，应用创新能够催生新技术，新技术应用于生产过程中，改变了传统生产要素的组合，提高了劳动生产率，同时新技术应用能够改善资源配置效率，大大提高全要素生产率；最后，数字经济能够通过网络平台便利消费者与生产者之间的对接，创新平台能够为消费者提供信息查询服务，减少双方信息不对称，提高交易效率。

在产业结构升级方面，数字经济与区域创新的协调通过产业结构升级促进经济增长。数字经济与区域创新的融合能够改变数字经济仅局限于消费领域应用的现状，带动制造业突破"低端锁定"①，变革和重塑我国制造业价值链②，同时数字经济作为低成本的新兴产物，具有较强的地理空间溢出效应，使相邻区域主体在互联网时代频繁地实施交流，驱动了技术创新，新型的智能生产模式取代了传统的生产模式，降低了社会福利损失，增加了商业利润，从而形成了新兴业态，通过数字经济与创新人才有机结合研发出数字化生产方式，推动生产要素优化配置，推动产业结构的不断升级③，助推邻近区域经济增长。

在市场配置优化方面，数字经济与区域创新的协调通过优化市场配置促进经济高质量发展。在区域创新的外部环境下，伴随互联网、大数据等新兴技术的运用，市场化环境更加清晰透明，能够实现供需之间的精确匹配，数字技术的创新使生产者和消费者能够根据生产和消费的显示结构进行动态调整，企业端能够实时报价、成交和调整产量，缩短均衡时间，降低损耗成本，消费者端能够实时获取商品信息，在线讨价还价，迅速成交，形成消费者和生产者之间的良性动态循环，实现交易双方的帕累托改进④。同时数字经济与区域创新的协调发展能够促进要素在城乡之间的自由流动，保障了效率和公平，进而促进经济增长⑤。

鉴于前文理论分析基础，提出假设 1 和假设 2。

假设 1：数字经济与区域创新的耦合协调对本地经济增长具有促进作用。

① 韦庄禹，李毅婷，武可栋．数字经济能否促进制造业高质量发展？——基于省际面板数据的实证分析 [J]．武汉金融，2021（3）：37–45.

② 段秀芳，徐传昂．中国数字经济与经济高质量发展耦合协调机理研究 [J]．商业经济，2021（6）：3–8.

③ 崔艺瑄，熊晓轶．数字经济发展对我国产业结构优化升级的影响研究 [J]．商业经济研究，2021（21）：176–179.

④ 祝合良，王春娟．数字经济引领产业高质量发展：理论、机理与路径 [J]．财经理论与实践，2020，41（5）：2–10.

⑤ 荆文君，孙宝文．数字经济促进经济高质量发展：一个理论分析框架 [J]．经济学家，2019（2）：66–73.

假设2：数字经济与区域创新的耦合协调对邻近区域经济增长具有空间溢出作用。

理论框架如图7-1所示。

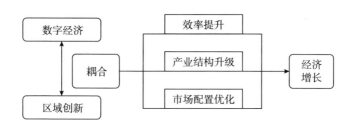

图7-1 理论框架

## 四、研究设计

（一）指标选取

1. 被解释变量

经济增长（pgdp），表示一个国家在较长时间内人均产出水平的持续增加，文章借鉴张少华和陈治（2021）的方法使用人均实际GDP的对数值测度经济增长。

2. 解释变量

（1）数字经济（dig）。数字经济发展水平借鉴闫世平等（2020）和韦庄禹等（2021）的文章从数字化基础设施的发展水平、数字经济的发展规模和移动数字化终端的应用程度展开分析。首先，电信通信能力是数字经济发展的基础，因此运用长途光缆线路长度来表征数字化基础设施的发展水平；其次，数字经济的发展规模能够体现城市数字经济的发展程度，本书分别从电商物流、软件产业以及电信业务规模三个方面分别选取快递业务量、软件产业收入和电信业务总量三项指标进行表征；最后，数字化发展需要互联网通信技术的推动，本书选取移动电话年末用户数和移动电话交换机容量两项指标来衡量移动数字化终端的应用程度。文章运用熵值法测度数字经济发展水平。

（2）区域创新（ino）。当前学者研究测度区域创新的方法主要有两种，一种是采用专利申请数或者专利授权数等单一指标来衡量区域创新，另一种是构建综合指标体系来衡量区域创新。笔者认为综合指标构建区域创新指数能够更加全面地体现创新能力，因此本书根据中国科技发展战略研究小组编制的《中国区域创新能力评价报告》构建的区域创新能力综合指标来测度，主要从知识创造、知识获取、企业创新、创新环境、创新绩效五个维度来衡量创新能力[①]，测度结果具备一定的客观性和权威性，因此本书直接采用该报告中的区域创新能力指数来衡量区域创新。

3. 控制变量

为了更加全面地分析数字经济与区域创新耦合效应对经济高质量发展的影响，需要设定可能对经济高质量发展产生影响的控制变量，主要控制变量如下：

（1）政府调控（gov）：用政府财政支出与 GDP 的比值衡量。

（2）城市化水平（crd）：用城镇化人口占总人口的比重表征，表示城市化的发展程度。

（3）教育水平（edu）：用教育支出占财政支出的比重表征，教育支出占比能反映一个区域的教育发展程度。

（4）对外开放水平（open）：用进出口总额与 GDP 的比值表征。

4. 数据来源与描述性分析

本书选取中国 30 个省份作为研究对象进行实证研究，数据来源于《中国统计年鉴》《中国区域统计年鉴》以及各省份的统计年鉴，部分缺失数据采用插值法进行补充，文章变量描述性统计如表 7-10 所示。

表 7-10　变量描述性统计

| 变量名称 | 变量符号 | 均值 | 标准差 | 最小值 | 最大值 |
|---|---|---|---|---|---|
| 经济增长水平 | pgdp | 0.1494 | 0.0949 | 0.0398 | 0.5895 |
| 数字经济发展水平 | dig | 13.4381 | 12.7020 | 1.5842 | 96.3215 |
| 区域创新能力 | ino | 28.8882 | 10.5703 | 15.78 | 59.55 |
| 政府调控 | gov | 0.2487 | 0.1026 | 0.1103 | 0.6284 |
| 教育水平 | edu | 0.0401 | 0.0597 | 0.0005 | 0.3943 |
| 城市化水平 | crd | 0.5764 | 0.1218 | 0.3497 | 0.8961 |
| 对外开放水平 | open | 0.1996 | 0.2503 | 0.0108 | 1.6038 |

---

① 刘琼，郭俊华，徐倪妮. 科技公共服务质量对区域创新水平的影响——基于吸收能力的门槛效应分析 [J]. 中国科技论坛，2021（6）：77-87.

（二）模型构建

1. 耦合协调度模型

耦合度是一种物理学概念，是指两者或两者以上的系统或运动形式通过相互作用而彼此之间影响的现象①。本书参照吴传清和张诗凝等（2021）构建耦合协调度模型的方法，首先分别计算出区域创新指数 $U_{ino}$ 和数字经济水平指数 $U_{dig}$ 作为两个子系统的贡献，建立耦合协调模型来研究我国数字经济与区域创新之间的耦合协调程度。

$$C = 2 \times \frac{\sqrt{U_{dig} \times U_{ino}}}{U_{dig} + U_{ino}} \tag{7-6}$$

$$T = \beta_{dig} U_{dig} + \beta_{ino} U_{ino} \tag{7-7}$$

$$D = \sqrt{C \times T} \tag{7-8}$$

其中，式（7-7）中 $\beta_{dig}$ 和 $\beta_{ino}$ 均为待定系数，均赋值 1/2，式（7-8）中 C 为数字经济与区域创新的耦合度，反映二者之间相互作用关系的强弱，T 为数字经济与区域创新的综合调和指数，反映数字经济与区域创新之间的协同水平，D 为二者的耦合协调度，反映二者之间的整体协同关系。

2. 空间计量模型

模型选取。数字经济与区域创新的发展并不是相互独立的，其可能会受到相邻省份数字经济与区域创新发展的影响，因此本书选取将空间相关性考虑在内的空间计量模型来考察数字经济与区域创新耦合对经济增长的影响。空间计量模型主要包括空间自相关模型、空间误差模型和空间杜宾模型三种，空间自相关模型是在模型中引入被解释变量的空间项来考察被解释变量的空间交互作用对其他地区的影响②，空间误差模型是引入误差项的空间项来考察空间溢出，而空间杜宾模型是同时引入被解释变量、解释变量以及误差项的空间项来考察溢出作用。

本书通过 LM 检验和 Wald 检验对空间杜宾模型是否能退化成空间自相关和空间误差模型进行检验，得出 LM 检验结果为不能退化的结果，因此本书选用空间杜宾模型分析数字经济与区域创新的耦合对经济增长的空间溢出影响，模型设定如下：

① 杨阳，唐晓岚. 长江流域新型城镇化耦合协调度时空分异与空间集聚［J/OL］. 长江流域资源与环境：1-23［2021-07-09］. http：//kns. cnki. net/kcms/detail/42. 1320. X. 20201214. 1707. 002. html.

② 鲁玉秀，方行明，张安全. 数字经济、空间溢出与城市经济高质量发展［J］. 经济经纬，2021，38（6）：21-31.

$$hqdi_{it} = \alpha + \rho Whqdi_{it} + \theta_1 tg_{it} + \theta_2 gov_{it} + \theta_3 crd_{it} + \theta_4 edu_{it} + \theta_5 open_{it} + \phi_1 Wtg_{it} + \phi_2 Wgov_{it} +$$
$$\phi_3 Wcrd_{it} + \phi_4 Wedu_{it} + \phi_5 Wopen_{it} + \mu_i + v_t + \varepsilon_{it} \tag{7-9}$$

式中，$hqdi_{it}$ 表示第 t 年第 i 个城市的经济增长水平，$tg_{it}$ 表示第 t 年第 i 个城市的创新人才集聚水平，$\rho$ 为经济增长水平的空间滞后系数，$\theta$ 表示自变量的估计系数，$\phi$ 表示自变量的空间溢出系数，$W_{ij}$ 为空间权重矩阵，$u_i$ 和 $v_t$ 分别表示个体与时点效应，$\varepsilon_{it}$ 为随机扰动项。

在空间权重的选取上，在建立空间杜宾模型时，为了增加模型的稳健性，本书选取了地理邻接矩阵、地理距离权重矩阵、经济距离权重矩阵分别进行回归。

## 五、实证分析

### （一）数字经济与区域创新耦合的空间自相关性检验

本书结合探索性空间数据分析方法，采用全局莫兰指数判断我国数字经济与区域创新之间的耦合是否存在空间依赖性，测算经济发展的分布和聚集状况，莫兰指数的测算公式如式（7-10）所示，莫兰指数介于 0~1 之间。

$$I = \frac{\sum_{i=1}^{n} \sum_{j=1}^{n} w_{ij}(x_i - \bar{x})(x_j - \bar{x})}{S^2 \sum_{i=1}^{n} \sum_{j=1}^{n} w_{ij}} \tag{7-10}$$

根据测算经济增长的全局莫兰指数在三种矩阵下的结果如表 7-11 所示，可以看出在地理邻接矩阵和经济距离矩阵下，经济增长的莫兰指数至少在 5% 的显著性水平下显著，空间相关性均在 0.3 以上，表明经济增长水平的高值与高值集聚，低值与低值集聚，而地理距离矩阵下，莫兰指数接近 0，表明在此权重矩阵下经济增长的空间分布是随机的，不存在空间自相关性，因此下文讨论空间杜宾模型时仅探讨地理邻接矩阵和经济距离矩阵下的空间溢出效应情况。

表 7-11　不同权重矩阵下经济增长的莫兰指数

| 年份 | 地理邻接矩阵 | | 地理距离矩阵 | | 经济距离矩阵 | |
|---|---|---|---|---|---|---|
| | Moran'I | P-value | Moran'I | P-value | Moran'I | P-value |
| 2011 | 0.383*** | 0.000 | 0.011 | 0.725 | 0.359*** | 0.008 |
| 2012 | 0.368*** | 0.001 | 0.007 | 0.749 | 0.341** | 0.011 |
| 2013 | 0.355*** | 0.001 | 0.010 | 0.730 | 0.327** | 0.014 |
| 2014 | 0.337*** | 0.002 | 0.002 | 0.665 | 0.307** | 0.021 |

续表

| 年份 | 地理邻接矩阵 | | 地理距离矩阵 | | 经济距离矩阵 | |
|---|---|---|---|---|---|---|
| | Moran'I | P-value | Moran'I | P-value | Moran'I | P-value |
| 2015 | 0.335*** | 0.002 | 0.045 | 0.540 | 0.310*** | 0.002 |
| 2016 | 0.347*** | 0.001 | 0.079 | 0.377 | 0.337** | 0.012 |
| 2017 | 0.377*** | 0.001 | 0.097 | 0.307 | 0.373*** | 0.006 |
| 2018 | 0.369*** | 0.001 | 0.103 | 0.285 | 0.367*** | 0.006 |
| 2019 | 0.313*** | 0.003 | 0.159 | 0.123 | 0.321** | 0.013 |

注：***、**、*分别表示在1%、5%、10%的显著性水平下显著，括号内为标准误。

### （二）基准模型空间计量检验

为了找到合适的空间计量模型，本书按照如下顺序进行检验：第一步进行豪斯曼检验，在使用地理邻接矩阵和经济距离权重矩阵的情况下，豪斯曼检验均在1%的显著性水平下拒绝原假设，表明应该使用空间固定效应模型进行估计。第二步是对空间固定效应进行LR检验，结果在1%的显著性水平上拒绝了个体固定和空间固定，因此选择双重固定的SDM模型。第三步运用LR检验和Wald检验空间杜宾模型能否退化为空间误差模型或空间自相关模型，从表7-12中的结果可看出空间杜宾固定模型的LR检验和Wald检验均拒绝了原假设，说明空间杜宾模型不能退化为空间误差模型或空间自相关模型。综上，文章应选择双重固定效应的空间杜宾模型进行估计。

表7-12　基准模型回归

| | 地理邻接矩阵 | | | 经济距离矩阵 | | |
|---|---|---|---|---|---|---|
| | SDM | SEM | SAR | SDM | SEM | SAR |
| d | 0.760*** | 0.647*** | 0.808*** | 0.773*** | 0.655*** | 0.883*** |
| | (7.51) | (6.13) | (7.91) | (7.21) | (5.83) | (8.33) |
| gov | -1.575*** | -1.504*** | -0.908*** | -1.462*** | -1.424*** | -0.866*** |
| | (-8.06) | (-6.84) | (-5.28) | (-7.20) | (-6.32) | (-4.90) |
| edu | -0.0752 | -0.0759 | -0.101 | -0.0768 | -0.0840 | -0.112 |
| | (-0.85) | (-0.80) | (-1.42) | (-0.83) | (-0.84) | (-1.53) |
| crd | 1.515*** | 1.665*** | 2.063*** | 1.925*** | 1.924*** | 2.386*** |
| | (6.16) | (6.56) | (9.79) | (8.21) | (8.15) | (11.08) |

续表

| | 地理邻接矩阵 | | | 经济距离矩阵 | | |
|---|---|---|---|---|---|---|
| | SDM | SEM | SAR | SDM | SEM | SAR |
| open | −0.0330<br>(−0.83) | −0.0444<br>(−1.11) | −0.0179<br>(−1.16) | −0.0768 *<br>(−1.69) | −0.108 **<br>(−2.50) | −0.0243<br>(−1.54) |
| _cons | 4.322 ***<br>(8.72) | 9.986 ***<br>(54.06) | 3.572 ***<br>(10.99) | 4.738 ***<br>(9.62) | 9.819 ***<br>(56.20) | 4.080 ***<br>(12.46) |
| W×d | 0.193<br>(1.30) | | | 0.351 **<br>(2.32) | | |
| W×gov | 1.259 ***<br>(4.53) | | | 1.090 ***<br>(4.14) | | |
| W×edu | −0.124<br>(−1.13) | | | −0.114<br>(−1.07) | | |
| W×crd | 1.135 ***<br>(2.67) | | | 0.742 *<br>(1.86) | | |
| W×open | 0.0446<br>(1.00) | | | 0.0836 *<br>(1.68) | | |
| ρ | 0.435 ***<br>(6.86) | | 0.553 ***<br>(13.89) | 0.390 ***<br>(6.18) | | 0.485 ***<br>(12.17) |
| LM | | 236.01 *** | 10.52 *** | | 10.38 *** | 1.21 |
| R−LM | | 274.47 *** | 48.98 *** | | 18.13 *** | 8.97 *** |
| LR | | 88.71 *** | 40.55 *** | | 92.67 *** | 36.68 *** |
| Wald | | 70.49 *** | 42.21 *** | | 82.66 *** | 37.92 *** |
| Log−L | 334.37 | 290.02 | 314.10 | 321.94 | 275.60 | 303.60 |
| $R^2$ | 0.9314 | 0.7983 | 0.9226 | 0.9091 | 0.7988 | 0.9213 |
| Hausman | 20.03 *** | | | 20.78 *** | | |

注：***、**、*分别表示在1%、5%、10%的显著性水平下显著，括号内为标准误。

由表7-12可知，在地理邻接矩阵和经济距离矩阵下，经济增长的空间滞后项系数 ρ 在1%的显著性水平下显著为正，表明经济增长存在为正向空间溢出效应，即周围数字经济与区域创新耦合度较高的省份会促进本省经济增长，地理邻近的省份间创新要素及数据要素的流动较畅通，能够加强省域间数字基础设施的共建与共享，搭建协同创新交流平台，推动经济可持续增长，以经济增长水平较高的省份为发展核心，放大数字经济与区域创新耦合作用进而促进经济增长的空间辐射效应，实现区域经济一体化。

在两种矩阵下核心解释变量均通过 1% 的显著性水平，数字经济与区域创新的耦合度每提高 1 个单位，经济增长水平分别提高 0.760 个和 0.773 个单位，表明数字经济与区域创新的耦合能力能够有效带动本省经济的增长水平。数字经济与区域创新的相互作用为提升经济发展质量开辟了新的路径，数字经济以数字技术为基础极大地降低了交易费用，提高了生产要素的配置效率，驱动城市创新发展，为区域创新提供动力源泉；区域创新也为数字经济的发展创造了良好的发展条件，区域创新环境能够提供优质人才、创新技术、政策支持等外部条件，由于数字经济发展依托区块链、大数据等新兴科技创新成果，因此较高的区域创新能力能够促进数字经济的发展。数字经济与区域创新能力的相互协调促进能够高效配置市场资源，提高资源利用效率，加速产品迭代，促进经济增长。

从控制变量的回归结果来看，首先，城市化水平对省域内经济增长有正向影响，对周围省域的经济增长也具有正向溢出影响，表明城市化水平越高的省份能够为经济增长营造良好的发展环境，促进经济增长，同时经济增长亦能反作用于城市化，形成良性循环。其次，政府支持力度对本省的经济增长为负，而其他省域政府的支持力度对本省的经济增长显著为正，表明政府支持力度具有显著的空间溢出效应，这与凯恩斯主义倡导的现实相违背，合理的解释是根据党的十九大报告中提出的，要加快完善社会主义市场机制，增加微观主体活力，宏观调控有度，而当前我国大部分经济相对欠发达的省市经济的发展大部分要依靠政府的宏观调控来实现，政府这只"看得见的手"的作用远大于市场的作用，对经济增长的影响有限，而政府资金的过度干预会挤出市场的融资，限制市场活力，反而会限制经济增长。经济距离权重矩阵下，对外开放水平对经济增长的作用在本省为负，而其他省份的对外开放程度对本省的经济增长为正向溢出，这表明当前我国经济增长依赖于市场要素的自由流动，各省的对外开放水平不具有排他性，能够影响相邻省域的经济增长，这表明省域间的商业贸易的流动性较快。

进一步分解 SDM 模型的直接效应、间接效应与总效应，结果如表 7-13 所示，无论是地理邻接矩阵还是经济距离矩阵，数字经济与区域创新的耦合协调对经济增长在 1% 的显著性水平下对经济增长具有正向直接影响和间接影响，且间接影响的程度大于直接影响的程度，这表明数字经济与区域创新的耦合协调度的溢出效应大于直接效应，由于数字经济与区域创新耦合发展最直接的产出是对技术创新和产品创新的影响，在互联网时代，技术创新和产品创新的溢出效应是区域联动互惠的过程，新技术和新产品对经济发展程度不同的省域而言其作用于经济增长的效果亦有所不同，因此会产生技术外溢的影响大于技术在本省域的影响，另外经济距离矩阵下数字经济与区域创新的耦合协调对经济增长的直接、间接和总效应均大于地理距离矩阵，可能的原因为经济距离权重矩阵下经济相对发达的城市的技术外溢速度更快，且数字经济与创新的耦合协调能力产生的正外部性更大。

表 7-13  空间杜宾模型分解

| 矩阵 | 效应 | d | gov | edu | crd | open |
|---|---|---|---|---|---|---|
| 地理邻接权重矩阵 | 直接效应 | 0.8233 *** (0.2236) | -1.5460 *** (0.2784) | -0.0897 (0.291) | 1.7819 *** (0.5639) | -0.0342 (0.0358) |
| | 间接效应 | 0.8427 ** (0.3840) | 0.8984 ** (0.4273) | -0.2630 ** (0.1015) | 2.9560 *** (0.6504) | 0.0599 (0.0513) |
| | 总效应 | 1.6659 *** (0.3708) | -0.6476 (0.4431) | -0.3527 *** (0.1034) | 4.7380 *** (0.5046) | 0.0257 (0.0311) |
| 经济距离权重矩阵 | 直接效应 | 0.8652 *** (0.2516) | -1.4259 *** (0.2373) | -0.0944 (0.0803) | 2.1976 *** (0.2839) | -0.0742 * (0.0415) |
| | 间接效应 | 0.9582 *** (0.3061) | 0.7015 (0.4541) | -0.2269 ** (0.1071) | 2.2175 *** (0.6648) | 0.0902 * (0.0509) |
| | 总效应 | 1.8334 *** (0.3524) | -0.7243 (0.164) | -0.3213 *** (0.1138) | 4.4151 *** (0.5612) | 0.0160 (0.0275) |

注：***、**、*分别表示在1%、5%、10%的显著性水平下显著，括号内为标准误。

（三）扩展讨论与分析

1. 空间异质性分析

考虑到我国区域发展不平衡的特征，本书进一步将全国样本划分为东部、中部和西部进行进一步的异质性分析，东部省份包括北京、天津、河北、辽宁、上海、江苏、浙江、福建、山东、广东、海南；中部省份包括山西、吉林、黑龙江、安徽、江西、河南、湖北、湖南；西部省份包括内蒙古、广西、重庆、四川、贵州、云南、陕西、甘肃、青海、宁夏、新疆。三大区域数字经济、区域创新及其耦合关系对经济高质量发展的影响如表 7-14 所示。

表 7-14　空间异质性分析

| | | 数字经济与区域创新耦合 | |
| --- | --- | --- | --- |
| | | 地理邻接矩阵 | 经济距离矩阵 |
| 东部 | 直接效应 | 1.5623*** (0.2104) | 1.6130*** (0.1061) |
| | 间接效应 | 1.1334*** (0.4165) | 1.6765*** (0.2201) |
| | 总效应 | 2.6956*** (0.5164) | 3.2895*** (0.1812) |
| 中部 | 直接效应 | 0.5212* (0.2804) | 0.7635*** (0.2156) |
| | 间接效应 | 0.3598 (0.5135) | 0.1856 (0.3148) |
| | 总效应 | 0.8809 (0.5587) | 0.9491** (0.4171) |
| 西部 | 直接效应 | 0.0451 (0.1458) | 0.2530 (0.2197) |
| | 间接效应 | -0.2151 (0.3967) | 0.1093 (0.2006) |
| | 总效应 | -0.1699 (0.4598) | 0.1622 (0.2758) |

注：***、**、*分别表示在 1%、5%、10% 的显著性水平下显著，括号内为标准误。

由表 7-14 可直观看出在两种矩阵下数字经济与区域创新耦合协调的空间溢出效应由东部向西部呈现递减，在东部显著，而在中西部城市显著性较低。可能的原因是数字经济在我国发展呈现不均衡、不充分的状态，数字经济与区域创新耦合度对经济增长作用较强的城市聚集在东部地区。首先，东部沿海城市具有丰富的产业集群，依托信息通信产业的集群发展优势，通过上游产业带动下游产业，加快产业数字化转型的推进。其次，数字经济与区域创新都需要研发创新人才，而我国的大部分高校与研发人才等关键创新要素都集中在东部地区。最后，东部地区的市场贸易也要领先于中西部地区，上海、广东等地区的经济均为市场拉动型，在国内双循环体系下，东部地区的数字贸易需求和数字消费总量要显著大于中西部城市，而数字经济总量也逐渐成为我国国内循环体系的关键力量。

另外，从分权重矩阵看，经济距离权重矩阵下数字经济与区域创新的耦合协调对经济增长的作用要大于地理邻接权重矩阵，即数字经济与区域创新的耦合协调驱动经济增长的溢出在经济关联城市表现的作用更明显，可能的解释为经济距离接近的城市产业发展、资源要素储备差异较小，能够在数字经济发展的过程中步调一致，经济距离接近的城市对彼此产生的空间溢出效应要大于地理邻近城市产生的空间溢出。

2. 基于数字经济不同维度与区域创新耦合对经济增长的分析

进一步估计数字经济构成的不同维度与区域创新之间的耦合关系对经济增长产生的空间效应分解，估计结果如表 7-15 所示。

**表 7-15 数字经济各维度与区域创新的耦合对经济增长的效应分解**

| | | 地理邻接矩阵 | 经济距离矩阵 |
|---|---|---|---|
| 数字化基础设施发展水平 | 直接效应 | 0.752***<br>(0.0934) | 0.861***<br>(0.0941) |
| | 间接效应 | 0.841***<br>(0.1637) | 0.846***<br>(0.1522) |
| | 总效应 | 1.594***<br>(0.1681) | 1.707***<br>(0.1584) |
| 数字经济的发展规模 | 直接效应 | 0.992***<br>(0.1315) | 1.018***<br>(0.1415) |
| | 间接效应 | 1.280***<br>(0.2765) | 1.075***<br>(0.2469) |
| | 总效应 | 2.272***<br>(0.3205) | 2.093***<br>(0.2995) |
| 移动数字化终端的应用程度 | 直接效应 | 0.465***<br>(0.1342) | 0.418***<br>(0.1436) |
| | 间接效应 | 0.729**<br>(0.3639) | 0.461<br>(0.3229) |
| | 总效应 | 1.194***<br>(0.4156) | 0.879**<br>(0.3857) |

注：***、**、*分别表示在1%、5%、10%的显著性水平下显著，括号内为标准误。

首先，数字化基础设施与区域创新的耦合作用的直接效应、间接效应与总效应的系数均显著为正，说明基础设施的铺设对经济增长具有推动作用，并存在明显的空间溢出，各省政府应该大力支持并加大对数字经济基础设施的财政投入。其次，数字经济发展规模与区域创新的耦合作用亦显著具有直接效应和间接效应，2020 年中国的数字经济发展规模达 39.2 万亿元，占 GDP 的 38.6%，数字经济发展规模的扩大能够更加快速地产生"长尾"客户市场，推动经济发展，通过区域创新与数字经济发展规模的耦合能够发挥出正向外部效应，开发市场需求潜能，与邻近省市在基础设施上共同合作建设，在数字化开发创新上交流协作，不仅能够促进本地经济增长，同时也能对邻接省份的经济增长产生倍增效应。最后，移动数字化终端的应用程度与区域创新的耦合在地理邻接矩阵上的直接效应和间接效应均显著为正，而在经济距离权重矩阵下直接效应显著，间接效应不显著，移动数字化终端与区域创新的耦合主要体现在移动通信设备的技术创新上，移动终端的创新技术降低了生产者与消费者之间的供需成本，消费者能够及时了解商品的价格详情，在线讨价还价，降低了交易费用，实现良性的动态产供销模式，有利于地区农业、工业、服务业产业的可持续发展，从而促进经济增长。

　　综合来看，数字经济各维度中数字经济的发展规模与区域创新的耦合作用对经济增长的空间溢出效应较为明显，而数字化移动终端的应用程度与区域创新的耦合作用对经济增长的空间溢出效应最弱，可能的解释是数字经济的发展规模与区域创新的耦合扩展面更广，能够从多条途径发挥对经济增长的外部性，而移动数字化终端的应用程度仅体现在设备层面，其产生的空间溢出效应相对而言具有局限性，而数字基础设施的发展水平与区域耦合对经济增长产生的溢出效应居于两者之间，数字化基础设施是数字化发展的基础，也是数字经济可持续发展的保障，各级政府应立足于数字经济基础设施建设，最大化释放数字经济红利。

　　（四）稳健性检验

　　1. 替换被解释变量

　　为了保证模型结果的可靠性，本书将衡量经济增长的指标人均 GDP 增长率替换为各省份 GDP 的对数值来进行稳健性检验，结果如表 7-16 所示，核心解释变量数字经济与区域创新的耦合协调在 1% 的显著性水平下通过了检验，且在地理邻接权重矩阵和经济距离权重矩阵下核心解释变量和控制变量的显著性和符号均未发生变化，因此可以认为文章的估计结果是稳健的。

表 7-16 稳健性检验

| | | 地理邻接矩阵 | 经济距离矩阵 |
|---|---|---|---|
| 替换被解释变量 | 直接效应 | 0.9984 *** (0.2592) | 1.0627 *** (0.3098) |
| | 间接效应 | 0.9113 *** (0.3352) | 0.9195 *** (0.3143) |
| | 总效应 | 1.9097 *** (0.3223) | 1.9822 *** (0.3529) |
| 剔除直辖市 | 直接效应 | 0.5399 *** (0.0941) | 0.6977 *** (0.0999) |
| | 间接效应 | 0.8875 *** (0.2278) | −0.2667 (0.1879) |
| | 总效应 | 1.4274 *** (0.2412) | 0.4310 ** (0.2007) |
| 内生性检验 | 直接效应 | 0.6773 *** (0.1386) | 0.6932 *** (0.1372) |
| | 间接效应 | 0.4016 (0.3337) | 0.1991 (0.2930) |
| | 总效应 | 1.0789 *** (0.4006) | 0.8923 ** (0.3507) |

2. 剔除直辖市

由于北京、天津、上海、重庆属于直辖市，因此和各省份的经济发展模式会有差异，政策实施也略有不同，因此可能会出现异常值，为了保证模型的稳健性，本书剔除这四个城市进行空间杜宾模型的检验，结果如表 7-16 所示，可以看出剔除直辖市之后除了经济权重矩阵下的间接效应发生符号变化之外，其他回归结果的显著性和结果均未发生变化，表明结果具有一定的稳健性。

3. 内生性检验

由于模型的自变量与因变量之间可能会存在反向因果的内生性问题，即经济增长水平可能会对数字经济与区域创新的耦合水平具有反向影响，因此为了解决模型的由于内生性问题带来的偏误，本书借鉴汪伟等（2013）的做法，将解释变量和控制变量的指标滞后一期，研究上期的经济增长水平对数字经济与区域创新的耦合水平的影响，能够弱化反向因果问题。根据模型结果可以看出核心解释变量的正负以及显著性与基准模型无异，除了影响程度有些许差异，因此可判定模型不存在内生性问题，模型是稳健的。

### 六、结论与政策建议

本书以我国30个省份2011～2019年的数据为研究样本，基于地理邻接矩阵、经济距离矩阵构建空间杜宾模型对数字经济与区域创新的耦合促进经济增长的溢出效应进行研究，并进行空间异质性分析得出以下结论：

第一，数字经济与区域创新的耦合能够显著提升本省的经济增长，对邻近地区的经济增长也存在明显的溢出效应，且产生的溢出效应要大于直接效应。

第二，空间异质性分析结果表明，我国数字经济与区域创新的耦合对经济增长的空间溢出作用由东部向中西部递减，东部远高于中西部地区，呈现区域发展不平衡不充分的特征。

第三，从数字经济分维度角度看，数字经济的发展规模与区域创新的耦合对经济增长产生的空间溢出效应最大，数字经济基础设施发展水平次之，数字化移动终端的应用程度最小，说明在区域创新过程中扩散数字化发展规模对我国经济增长具有重要意义。

（一）构建协同高效的区域资源流动与共享机制

加快各省份区域资源的流动与共享，激励数字经济与区域创新的耦合能够发挥出更大的空间溢出作用。在数字化发展过程中会遭受很多由于历史因素遗留而产生的壁垒，具体体现在信息、技术、人才等方面，而空间溢出效应就是打破这些壁垒，就政府而言，首先应该消除"地方本位"思想，打破城市之间的行政边界，扩大空间溢出效应的空间半径；其次，政府应抓住数字经济的发展契机，加大科技投入与创新人才投入，可以从基础设施着手培育数字经济动能，政府应当成立数字经济发展基金，为数字经济基础设施建设提供充裕的资金保障，重点建设工业互联网、5G通信基站等网络服务供给设施，扩大网络的覆盖范围，提高信息网络传输效率；最后，加快数字经济赋能传统基础设施建设，推动传统产业数字化转型升级，加强大数据、云计算、人工智能等技术在传统产业中的运用，提高产业生产率，促进经济高质量发展。

（二）实施因地制宜的差别发展政策

促进数字经济与区域创新的耦合协调发展，在不同地区施行差别政策，在区域经济差异较大的中国，数字经济与区域创新的耦合协调作用要对症下药，在东部地区，区域创新能力较强，在这一环境下，数字经济仅与消费领域结合不能发挥出最大作用，还要进一步赋能传统产业的发展，推动产业升级，才能发挥出二者协调发展的最大合力。在中部地区，数字经济与区域创新能力发展水平较弱，为了促进二者协调发展，应当平衡政府与市场的作用，政府大力积极鼓励数字发展，引入创新人才，而市场则发挥资源优化配置作用，二者有机统一促进经济高质量发展。在西部地区，区域创新能力较弱，人才外流现象严重，导致不能为数字经济的发展提供良好的空间载体，因此西部城市应当重点提升创新要素投入，为数字经济提供发展平台和空间，才能有效促进数字经济与区域创新的耦合协调，进一步提升经济发展质量。

（三）强化顶层设计，扩展数字经济延伸产业规模

扩大各省数字经济发展规模，推动数字经济强势崛起。数字经济是一种以平台为核心组织，利用数据组合国内要素资源形成供需动态平衡的新业态模式，数字经济释放了大量市场潜力，因此我国要加强数字经济发展的顶层设计，从数字化应用范围和吸引数字化人才两个方面来扩大数字经济规模，从数字技术创新方面，扩展数字技术在消费领域的应用场景，为消费互联网经济发展奠定基础，同时将数字技术运用到教育、医疗、养老等民生行业，线上线下深度融合，拓展数字经济资源的覆盖范围，加快智慧城市和数字乡村等新兴数字化基础设施建设，在乡村振兴战略的引导下推进数字化乡村建设，丰富农村的信息服务体系。由于人才是数字经济发展的基础与动力，因此在吸引数字化人才方面，政府应当积极筹办数字化人才及相关产业人才的培养工作，完善人才发展机制，中部地区和西部地区数字经济发展基础相对薄弱的省份，可以采取以下人才培养措施：第一，可以在当地高校开设数字经济相关课程，高校学生是潜在人才，加强高校学术对数字领域前沿知识的认知与应用，为数字经济发展建立人才后备军。第二，对企业员工进行有针对性的数字化专业知识培训，有利于传统产业数字化转型。第三，政府应当提高数字化人才的补贴优惠与福利水平，激励更多人才进军数字经济。

# 第八章 传统制造业与数字经济融合典型案例研究

本章在深入调研的基础上，分析了四个传统制造业与数字经济融合的典型案例，发现传统制造通过与数字经济融合实现了由产品中心向客户中心的转变，由人智驱动向数智驱动转变，由局部建设向全面发展的转变，由传统组织向柔性组织的转变。

## 第一节 从"产品中心"向"客户中心"转变

在传统封闭的工业技术体系下，制造业商业价值的创造以产品为中心，关注的是产品质量和制造效率的提升。随着商业模式向平台化、共享型转变，产品和服务的内在逻辑也发生变化，市场对于产品多样化和个性化需求的提升，要求企业实时洞察、满足客户需求、为客户提供积极的体验并以客户的视角来看待并优化整个业务，加速从"以产品为中心"转向"以客户为中心"，从规模化转向个性化。作为一种新的生产模式，企业需要依托互联网平台使用户参与到从产品设计到成品生产的全过程，并将用户需求直接转化为生产排单，实现以用户为中心的个性定制与按需生产，在全面综合成本、质量、柔性和时间等竞争因素的前提下，有效地解决需求个性化与大规模生产之间的冲突。业务模式的变革是企业开展数字化转型的出发点和落脚点，是转型价值的直接体现。

## 一、面临痛点

江苏采绎来电子商务有限公司（以下简称采绎来）成立于 2013 年 8 月，目前是集设计、生产和销售于一体的文创 IP 周边产品综合运营公司。公司致力于为追求个性和品质生活的年轻人提供创意化的文创周边产品。近年来，采绎来成功地从一家纯电商公司转型成为一家文创企业，开拓了属于自己的数字化转型发展之路，在如何提高科技含量、提升产品文化内涵来提高产品附加值方面有自己独到的看法。

前些年消费升级的"新浪潮"到来，催生了巨大的市场。对企业来说，顺势而为，加快实现文体旅产业转型跨越，倒逼技术、服务、产业链和供应链的升级，能用产业化、市场化和品牌化的思维发展文化产业才能为企业带来更多机遇。采绎来需要做好"需求侧"文章，以进一步激发文化产业创新活力。

随着采绎来品牌影响力和知名度不断提高，为了进一步推出多款式、降低单个款式产量以满足更多柔性需求，传统方法下企业自身的研究可能遇到瓶颈。在提升文创产品内容多元化的同时，让车间生产线同时满足批量生产和客户个性化需求会是采绎来在进一步发展道路上必须攻克的难关。

## 二、实施过程

为了更好地适应市场日益更新的需求，采绎来在众创空间、文案设计空间、应用空间、主播直播间和智能生产线等领域拓展了公司之前的电商业务。

以文体旅产业大发展，开创美丽城市建设新局面，作为读懂江南文化的重要窗口，采绎来抓住巨大的发展机会，用产品讲述了江南文化故事。采绎来立足历史文化，以喜闻乐见的表现方式，为追求个性和品质生活的年轻人提供创意化的文创产品。走进采绎来，映入眼帘的便是各式各样、独具风情的文创产品，让文化文物"活"了起来。人文荟萃的历史底蕴、山清水秀的自然生态都是采绎来文创产品的灵感来源。除了创意，采绎来的文创产品还有很强的实用性。在做设计的时候，将古典的东西跟现代的、潮流文化的东西做一些结合，让年轻人更好地去理解传统文化和中国经典传说。为了让这些宝贵的文化文物资源"活"起来后"火"起来，采绎来旗下拥有片刻文创、快鸭智能工厂、觅光传媒、艺术呀等电商平台负责内容的研发、生产制造、推广。同时，公司和 B. DUCK 小黄鸭、熊本熊、国家宝藏、奈良美智和村上隆等十几个知名 IP 签订了版权合作。

采绎来旗下控股子公司片刻文创不仅与知名设计师，插画师知名 IP 签约合作，更是注重培养年轻有才华的原创插画师，为其成长铺路，携手致力孵化原创 IP。随着团队的成熟完善，公司的设计师、插画师团队对外承接设计服务，如企业形象设计、文创业态跨界和吉祥物角色设计等，团队能力日益精进，工作成果颇受瞩目。通过采绎来强大的生产供应链和互联网营销，片刻文创将亲手培养的设计师、画家、摄影师的原创作品产品化，实现其商业价值，在未来的文创市场占据了一席之地。

除从事文化创意设计及周边产品生产外，采绎来还提供个性化定制服务，致力于打造全球领先的柔性供应链平台，按照需求快速、小批量生产出个性化产品。近期，采绎来的柔性制造智能车间即将落地，车间搭载的自动分拣系统将极大提升裁切布片的分拣效率，且误差率极低，同时将实现该工段少人化。为了更好地赋能文创，提高品牌价值，采绎来生产车间正在不断进行自动化改造。3D 试衣间柔性定制平台将深度赋能采绎来文创产品个性化定制，实现消费者直连工厂的 C2M 模式。目前，帆布袋、抱枕、衣物等产品的平台建模工作已基本完成。

### 三、应用成效

2019 年，公司第一个与传统文化结合的系列文创作品小状元，将常熟特色状元文化、重新演绎传统的江南文化融入潮流文化、年轻人的网络语言，两者相结合，让产品呈现出比较丰富的时代感，有传统元素又有现代语言。目前，公司拥有 137 名签约或合作的插画师，成功孵化了十几个年销售额超过 100 万元的文创设计师品牌。采绎来设计出百姓喜闻乐见的插画，并将其定制成抱枕、背包、鞋靴等 40 多类产品，实现年营收 3000 多万元。公司计划未来孵化 1000 个原创设计师，开设 100 家年销售额 1000 万元以上的原创设计师品牌店。采绎来同时也借助了直播平台，联合知名主播进行产品销售，给消费者带来更直观、生动的购物体验，将文创产品推广到全国各地。

公司创建至今以独特性、创意性和附加值来进行各类 DIY 设计，对网络客户的服务做到最个性、最便利、最快速。这背后是一套自动化的生产和管理体系，采绎来通过智能共享车间来全面提升个性化小批量订单的集成处理能力，已全面实现三十几类文创周边产品一个起订的个性化柔性定制订单处理能力，24 小时发货的快速供应链能力。

8年前，采绎来仅是一家电商平台，靠销售四件套赚取毛利。8年后，采绎来逐渐发展成为一家"文化创意+智能生产+营销推广"的文创公司。采绎来的发展模式、设计定制理念和先进的智能共享生产线给制造业企业提供了新的发展思路。从设计到最终落地的全流程的每一个细节处，都体现出了采绎来对事业的专注以及对人性需求的思考。

# 第二节 从"人智驱动"向"数智驱动"转变

数字化技术促进了人与物、物与物、人与人之间的连接，这突破了传统物理层面连接方式和数量的限制，泛在连接和跨域协作形成了海量的数据资产。数据作为新的生产要素将为企业的生产、组织和运营带来新的价值创造。基于对海量工业数据的采集、分析、治理及共享，并综合大数据、云计算、数字孪生等技术，企业可以积累专家经验、建立知识库和沉淀工艺机理模型，推动生产决策从"人智"不断发展为机器"辅智、混智"并向"数智"演进，提升资源优化配置效率。这种模式下的转型变革主要表现为数据驱动、平台支撑和泛在互联。

## 一、面临痛点

波司登是传统纺织服装企业，公司整体对数字化的理解和时代不同步，并且信息化、数字化和智能化建设的基础比较薄弱。数字化建设成本高、系统性强，需要投入大量的资源和时间，还需要跨越部门、跨越组织边界，协同整合资源，企业应同步推进组织变革，这给企业的共生能力提出了很高的要求。回首过去，波司登在推进数字化转型的过程中不是一帆风顺的，甚至可以说是大起大落。

首先，波司登忽视了洞察消费者的需求。2009年，波司登宣布了"3+1"战略，旨在快速扩充产品品类并扩大消费者需求，但是由于缺乏非羽绒服品类的开发和销售经验，再加上消费者对波司登的四季化产品没有什么品牌认知，在其他已有品牌的冲击下，波司登男装、女装和儿童装的销售不仅没有什么大的突破，还导致了资源的分散，品类规划的杂乱，这给波司登的主营业务羽绒服造成了极大损失。到了2014年，波司登净利润大幅下滑80%以上，被迫终止盈利能力不济的服装品牌。到了2017年2月，波司登在伦敦的海外旗舰店也宣布关闭，其股价也降到了历史的冰点。

其次，在商品供应链端，由于波司登不能明确对市场和消费者的需求，导致在原材料采购、成衣生产、商品配置方面产生了很多不确定因素。产生了产品若一旦畅销就脱销，但若一旦滞销就导致了大量库存积压，高库存与高脱销并存的问题。

所以，推进数字化转型战略，打造以消费者为中心的数字化运营能力，是波司登在竞争中取得成功的重要基础，也是波司登长期关注的企业发展的核心议题。

## 二、实施过程

为了打造数字化转型能力，波司登逐步推进实施数字基础、数据治理、数字化运用体系、数据驱动业务模式创新和数字化商业智能，实现从数据治理思维迈向数字化管理决策思维的新高度。经过密集、紧凑和高效的沟通协调和业务磨合，波司登明确了针对消费者、商品供应链端和经销商零售商的数字化转型方针。

在消费者需求方面，从电商平台的搜索统计，到门店消费者调研的反馈，波司登通过对线上线下数据的转换和分析，以"数字化"的眼光洞悉市场全局，对接客户需求，这也为设计团队带来海量设计灵感。出自波司登设计团队的羽绒服，既立足品牌定位、全球市场趋势等要素，又凝聚了客户满意度，可以说是高科技、高颜值、高功能的产品。波司登全力打造全域数据中台，通过全域数据中台向外连通阿里生态的数据海，向内构建企业一方的数据湖，形成数字化闭环赋能新零售变革，并结合消费者洞察、营销洞察、商品洞察、商品运营，构建以消费者为中心的全链路数字化升级能力。同时，波司登整合嫁接时代的资源和流量，做好内容中台，社群营销，离店销售，拓客拉新，精准匹配顾客需求，撬动消费升级新机遇，多触点链接时代消费人群，巩固市场领先地位。

在供应链管理方面，为了去库存，提高流转速度，早在 2016 年，波司登便和阿里云一起打造"零售云平台"，将原本分散在各地的仓库、门店库存数据以及和线下割裂的线上库存数据"聚拢"在一起，逐渐建立起中国服装行业最先进的智能配送中心。公司推动按需智能供货，定制化商品加内容加服务，实现产品智能生产与组合，可以实时查询线上线下的每一个单品、每一个库存，最快速度响应市场需求，做到库存最优、成本最低。在经销商零售商端，打通线上线下场景，激活实体店，连接实体店终端和线上门店全渠道对接，创造用户新体验。

为了打造商品一体化运营的新零售模式，波司登通过中台将原本分散在各地的仓库、门店的库存数据，以及和线上割裂开的线上数据，全部聚拢在一起，通过拉通价值链精准预测，提供自动化建议，实现智能运营。逐步打通终端一线，包括线上线下的消费者经营，货品管理以及品牌推广的线上线下一体化，打造"线下门店+线上云店"的店铺增收模型，推动线上线下全网全渠道融合，提升门店、商品、品牌以及顾客的经营效益。通过加强对消费者的数字化研究，商品数字化研究，提供线下门店、在线电商等多种触达消费者方式，波司登不仅提升了精准营销能力和商品运营效率，更在疫情最严峻的关头顶住了压力，经受住了考验，通过互联网加大数据加智能制造，快速响应市场和顾客需求，提升门店、商品、品牌以及顾客经营效益。

### 三、应用成效

波司登顺应时代发展趋势，在数字化迅速发展的时代中积极推动数字化转型策略，布局企业数字化建设。波司登依托布局在消费者需求的数字平台，供应链的数字平台，零售物流的数字平台等方面的基础，满足了消费者个性化需求。目前，世界权威市场调查机构欧睿国际完成 2020 年羽绒服产品零售渠道销售额和销售量统计，结果显示，波司登羽绒服规模全球第一，销售额、销售量同时位列第一。

在消费者需求方面，波司登推进建设的全域数据中台，强化了对顾客需求的洞察和研究，以用户为核心，以数据为能源，精细描绘顾客画像，提供更优质的消费服务和场景化体验。随着数字化转型的落地，波司登持续打通"人货场""产销存"，提升了门店、商品、品牌以及顾客经营效益。

在供应链数字化方面，波司登独立研发了拥有自主知识产权的软件系统和大数据中心，建设了行业最先进的智能配送中心和智能制造生产基地，实现所有设备的互联互通并实时和市场信息链接，快速精准送达用户，指引快速生产补货，实现好卖的货不缺货、不好卖的货不生产，智能化程度和品牌快反能力遥遥领先于同行业水平。同时，做到质量可溯源、产量精准可控、流程透明可视，为中国制造探索创新路径。通过与阿里云合作打造的"零售云平台"，波司登已经建设成可以 15 天快速反应的供应链体系。具体来看，波司登只会投产 40%左右的订单，待产品上市后，再根据市场反应进行滚动下单，完成剩下 60%的订单，一扫以往库存积压的弊病。

在渠道升级和新零售运营方面，公司持续推进的新零售运营及数字化转型策略，实现了优质快反及全渠道深度融合，并持续提升经营效益。波司登还整合物流配送仓储体系，以分拣车间为例，通过采用自主研发的智能配送系统，现在只要 15 个分拣员工就可满足江浙沪所有门店和线上销售需求，而在以前至少需要40 人。依托智能配送中心，波司登在全国设置九大库区，在行业内首创以 1 套物流管理系统管控所有库存。在这个智能配送中心，搬运、分拣、配送、储存、清点全部由"机器人"完成，自动化程度接近 90%。波司登通过自主研发的智能拉式补货 iSCM 系统、物流 WMS 系统、工控 WCS 系统搭建起一张"数据网"，实时采集线下门店零售数据、线上平台销售数据，基于门店消费者地理位置，自动匹配商品最近库存地点，自动下发自动触发设备运作，快速出库的同时无缝对接，调度快递公司资源，将产品最快速送达消费者和门店。此外，波司登还开始以微信公众号、小程序商城、导购个人微信为载体构建私域，帮助门店和消费者在线上建立关系，打通全渠道数据，促进消费升级，也让营销更加精准。

"智改数转"帮助波司登从根本上解决了服装行业供应与消费者真实需求不匹配、库存积压和结构性缺货等痛点问题，真正做到了好卖的货不缺货，不好卖的货不生产，波司登领跑羽绒服专业赛道的势头持续强劲。全面推动企业数智化转型，把数字化落地应用到"用户、品牌、产品、渠道、零售、人资、财务"的经营管理过程中，以"一体化、一盘棋、一张网"的思路推进数字化变革，通过最大限度的数据共享，实现数据的充分应用，连接消费者的能力就是品牌力。

## 第三节　从"局部建设"到"全面发展"

把握行业发展趋势，企业可以以某个领域作为工业化和信息化的关键切入点，建立智能化试点，培育智能化发展新模式，发挥智能化试点的模范带头作用。然后坚持总体规划、分步实施、以点带面和效益驱动的原则，实施多元发展，持续推进制造、服务全生命周期的各个环节及相应系统的优化集成，将数字化融入制造生产全流程，在环保管控、安全管理、质量提升、降本降耗、设备管理、物流优化等多个方面开展更有针对性的数字化建设，真正实现了发展"智"

造、利用"智"造、享赢"智"造,最终由点及面,实现智能化全面开花。

## 一、面临痛点

沙钢集团是世界 500 强企业之一,中国最大的民营钢铁企业。沙钢主导产品为宽厚板、热轧卷板、冷轧卷板、高速线材、大盘卷线材和带肋钢筋等,已形成 150 多个系列,14000 多个品种,6000 多个规格。

自 2015 年全行业陷入寒冬之后,钢铁行业发展进入瓶颈期就已经成为很多人的共识,钢铁行业已不再处于资源为王的时代。在 2017 年,沙钢集团走上传统企业数字化转型的道路,欲进入数据中心领域,形成由特钢业务转为特钢、数据中心双主业协同发展的格局。近年来,以智能制造为代表的新一轮产业变革浪潮汹涌而至,叠加全球新冠疫情影响,钢铁行业生产活动受到很大影响,企业普遍面临消费升级、成本下不去、竞争加剧和增长停滞等突出难题。为了应对钢铁行业转型升级和高质量发展,江苏沙钢加速融合制造技术和新一代信息技术,秉持着总体规划、分步实施的原则,由点及面,全面推进"智慧沙钢"建设,希望为转型成功提供新引擎。

## 二、实施过程

沙钢的智能化不仅遍及生产过程的烧结、焦化、炼铁、炼钢、轧钢等各工序,而且惠及产品研发、生产管控、智慧物流等方方面面,真正做到了互联互通,一个都不能少。

生产方面,沙钢以转炉特钢车间、棒线三车间和棒线九车间为智能工厂试点,主要针对我国高端线材产品供给能力不足、尺寸精度低,以及稳定性、均匀性、一致性差等问题,对沙钢转炉特钢、开坯修模和线材轧钢生产线全流程进行智能化改造,达到建设一个中心(集成控制和大数据中心)、一条智能化生产线(转炉炼钢到线材轧制的全流程智能化生产线)、四大系统(数据采集与控制系统、制造执行系统、企业资源计划系统、决策支持系统)、七大平台(数字化仿真平台、全流程质量管控平台、设备全生命周期管理平台、智能物流和仓储平台、环境和安全检测平台、能源监控智能优化平台、可控可视化管理平台)的成效。

能源管控方面,钢铁生产过程具有波动性,想把成千上万的设备和介质最高效地管控和利用好,需要集中管控和智能管理。2018 年沙钢能源动力管控中心建成投运，在近500平方米的能源管控中心大厅，21米长、1.3米高的电子显示屏上动态显示着动力总厂各车间510处的监控画面，45台电脑页面实时显示能源系统的运行数据和各种运行操作画面。沙钢通过远程集中控制，实现了全公司能源的统一管理和平衡调度，在保证全公司生产及动力工艺系统稳定性的同时，进一步提高了整体能源的利用率和经济性。目前，沙钢实现了煤气零排放，并且发电效率由原来的每4.2立方米煤气发电1千瓦时发展到现在每3.2立方米煤气发电1千瓦时，还通过移峰填谷等手段大幅度降低用电支出。2019年，沙钢能源管理系统产生效益3.7亿元。

智慧物流建设方面，沙钢建成了物流管控集成平台，系统针对集团整体物流业务，从码头卸货开始到原辅料的入库，再到产成品的出库，最后到码头的装货结束，形成物流的全过程闭环管理，实现了物流与购销、物流与生产、物流与库存、物流与计量的有效集成，为经营、生产管理的有效运作提供物流支撑，提升物流执行效率，降低物流成本。

品种开发方面，沙钢研发团队通过数字化工艺仿真平台，改变传统实验试错法产品开发模式，采用机理模型和大数据分析相结合，基于纳观、微观、宏观模型对材料的成分、组织结构、性能进行设计与优化，仿真出建议方案。例如，开发高强帘线钢LX92A、桥梁缆索钢S92B等新品时，从成分到工艺都要进行不断调整。按照传统做法需要先确定成分，用小炉子试炼、通过热模拟实验设计工艺，进行轧制，组织性能不合就调整成分工艺重来一遍。采用智能化仿真平台后，成分和工艺设计以及试错全部利用平台来完成，节约研发周期35%以上。除产品开发外，还可对普通产品的工艺进行优化，用于研究高碳钢偏析与连铸参数关系、弹簧钢55SiCr脱碳与加热炉温度和气氛之间的关系、将工艺参数对组织性能的影响视觉化等，极大提升了新产品及新工艺的研发效率。

**三、应用成效**

沙钢的智能化发展，起于"点"，成于"面"。危中寻机，沙钢抢抓智能化发展新机遇。目前，沙钢机械化、自动化的程度已经达到80%、90%，信息化已经全面实施，智能化正在有计划逐步推进。

生产方面，近年来，沙钢通过采用国内外先进自动化、信息化、大数据、云计算、人工智能和系统工程技术等手段，对现有生产线工艺、质量、设备、安全、数据采集与分析、模型建立和智能控制等方面进行技术改造，实现了生产线高度自动化、减少人工干预、提高生产控制准确性、提升生产效率和提高产品质量的目标。沙钢在焦化、转炉、炼铁和板材生产线都配有专家系统，并不断提高、优化、完善，使生产更加智能。其中，具体到炼钢领域，沙钢历时五年完成的高炉智能诊断系统已经成功应用于国内最大的 5800 立方米高炉，在降本增效、提高生产效率和改善产品质量方面起到了关键作用。该高炉 70% 以上的时间不需要人工干预，利用沙钢自己开发的专家系统，自采集信息、自决策、自执行。这个系统内含 3 万多个数据，最快数据响应是毫秒级，实现了由经验模式向数据支撑决策的转变。在炼钢领域，2019 年 8 月下旬，国内首条商业化全自动出钢生产线——转炉特钢车间 120 吨转炉自动出钢项目热调试一次成功。炉长只需在主控室内轻轻按下按钮，便自动执行摇炉、开钢包车、加料、挡渣、抬炉等出钢操作，全程无须人工干预，这有效改善了工人工作环境、提高了安全系数、缩短了出钢周期和提高了钢水合格率。

能源管控方面，沙钢通过构建能源和环保管控集成平台，实现能源管理与能源计量、生产管理的有效集成，直接提升能源综合利用和减排水平；通过建立全公司管控一体化的能源管理中心平台，覆盖基础自动化、过程监控及管理三个层次，实现对能源和环保系统的集中控制和监测，以及在能源生产、输配、消耗环节的集中化、扁平化、全局化、平衡化管理。

智慧物流建设方面，物流成本及物流本身的能源消耗显著降低，物流效率大幅提升。2020 年 4 月，由沙钢集团与中船集团共同投资建设的国内一流、国际领先的钢铁物流园——玖隆钢铁物流园成功入选江苏省智慧物流降本增效综合改革试点单位，成为唯一入选改革试点的钢铁物流单位。

品种开发方面，沙钢着力打造的全流程数字化材料设计与工艺仿真平台，通过探索材料化学成分、组织结构、工艺参数与产品性能的对应关系，实现炼钢、连铸、加热、轧制、冷却等工艺流程的数字化、可视化和智能化。从而缩短产品研发周期、提高产品质量稳定性、提升产品个性化定制服务能力。

# 第四节　从"传统组织"到"柔性组织"

新业务和新技术的创新实现，需要组织结构、人员结构和行为方式等相应做出调整，支撑新业务新技术的应用落地，组织是需要柔性和可变的，这样才能增强应对不确定性的能力。传统的"层级式"组织架构，信息从上至下传递效率低，很难适应快节奏的市场变化以及客户对于生产全流程参与的需求。数字化时代，需要管理者构建新型组织方式为员工提供开放共享、沟通协作的平台，减少信息壁垒。组织方式的转型变革主要表现为战略重塑、资源共享和灵活机制等。

## 一、面临痛点

江苏美的清洁电器股份有限公司是美的集团股份有限公司的控股子公司，隶属于美的清洁电器事业部，跟随集团一起进行了数字化转型。

2012 年对美的来说是压力很大的一年。从外部来看，由于消费者对家电的要求越来越高，整个家电行业都需要转型升级，美的面临很大的同行竞争压力。同时，天猫、京东等电子商务平台的快速发展，也给美的这样以自建渠道为主的企业带来了很大的渠道压力。从内部来看，美的有 10 个事业部，彼此相对独立，每个事业部都有自己的系统、数据和流程，仅 ERP 系统就有 6 种不同的选型，事业部之间数据也没有打通，美的在治理层面按子集团、子平台运作，缺乏顶层设计以及主数据建设过程，存在大量"烟囱式"系统，各领域口径不统一，容易出现信息孤岛，无法拉通集团整体运营。于是自 2012 年起，美的开始了集团内部的数字化转型。

## 二、实施过程

美的首先进行了战略重塑。企业数字化转型，如果没有数字化顶层设计，最终结果一定缺乏体系性。企业要先明确战略方向，然后整个后端的流程设计才能配合企业战略。美的首先整体评估企业数字化现状，包括研发、营销、供应链、财务、人力等各个领域，然后针对薄弱环节，结合 IT 能力和业务需求，提出针对性的解决方案，作为顶层设计的依据与参考。为了提高企业效率，美的针对流程管理改变了传统管理中的一些习惯。美的取消按平台、子集团、事业部分别进行管理的流程体系，执行了"632 项目"变革，就是 6 个运营系统、3 个管理平台、2 个技术平台，也就是说，所有事业部都必须采用同样的运营系统、管理平台和技术平台，确保一致性，所有的经营单元不允许随便差异化，比如要先有订单才能生产，这就是企业级的流程规范，所有的经营单元不允许更改，特殊情况可以根据业务需求个性化调整。伴随着"632 项目"的实施，美的集团的组织架构也在迭代升级，各个业务部门根据需求不断地重组、拆分、融合。原来美的集团的 IT 职能是分散的，有三层组织架构：第一层是集团 IT；第二层是产业集团 IT；第三层是事业部 IT。实施"632 项目"后，所有 IT 职能都融合到集团层面，形成以产品经理制为核心的 IT 组织架构。为了拉通价值链，美的全面进行数字化转型，形成研、产、供销、服务、企业管理、大数据等全方位运营经验，数字化支撑、触达深度的业务变革：链接用户与企业，覆盖供应链、制造、物流、交付、服务、产品、购买、计划等不同业务场景，通过管理实践、数据资产以及云端服务，以算法、数据及算力等形式，拉通销售端、营销端、产品端、制造端、供应端，实现全价值链卓越运营。

其次，美的进行了数字化管理，以实现数字资源的共享和价值的创造。在智能制造方面，美的智能制造不仅是工厂里的智能制造、产线的自动化，还包含从用户洞察开始，从产品研发创新、计划采购一体化、供应商协同到柔性制造。以数据为核心将研产供销等所有业务环节连接起来，将业务从物理形态转变为数字形态，实现透明化，再通过数据驱动全价值链业务的变革与持续改善。同时，美的与供应商全价值链协同，全面提升供应商智能制造能力，支撑中小企业快速上云上平台，助力智能制造升级。新型"黑灯工厂"，基于 MES 的制造集成平台，实现自动化生产、数字化透明，以数据驱动制造运营管理，端到端价值链拉通，实现设备自动化、生产透明化、物流智能化、管理移动化、决策数据化。在大数据方面，美的通过数据实时掌握企业的"健康状况"，远胜于仅凭下属汇报和经验直觉来做出决策。数据包含企业内外部数据，在美的内部被分为两块：一块是来自互联网的大数据，另一块是企业内部的大数据，它是多层级、多维度的数据分析能力的支撑，美的现在 90%以上的经营分析指标线上化，70%的决策通过系统来产生。在数字化营销方面，美的业务大部分面向终端消费者，因此构建出一套以用户为中心的数字化营销体系，通过渠道云、用户云、新零售的整合解决方案，利用数字化手段连接用户、渠道商、零售门店和导购等工作人员，最终实现用户直达、效率驱动、全域融合。目前，美的渠道转型成果显著，10 年前，美的有超过 2000 个渠道对应仓库，现在只需要不到 150 个，节省了大量的物力、人力、资金。

**三、应用成效**

在美的集团内部，数字化已成为美的重要的战略发展规划之一，数字化创新业务板块已成为美的五大事业群之一，对集团意义重大。美的集团董事长兼总裁方洪波曾指出，真正决定数字化转型成败的并不只是技术，而是人的思维意识的改变，以及组织方面的变革。在数字化转型的大背景下，美的要求组织、文化和人才管理更具有弹性，力图构建一个适应变革的高效和敏捷的组织，打造用户导向和价值驱动的文化氛围，建立一套数字化核心人才的引入和培养机制。

美的在数字资源管理方面也成果斐然，当年美的巨大的决心与投入在 10 年后终于开花结果，美的已把 20 余万人、20 余个分散在全球的生产基地、10 余个事业部的业务流程、数据统一到一个系统里，通过数字化、智能化实现智能精益制造。同时，将自身基于制造业的洞察以及软件、硬件上的优势累积构建工业互联网平台，赋能制造业转型。如今，美的已成为一家数字化、智能化驱动的科技集团，拥有数字驱动的全价值链及柔性化智能制造能力，是中国制造业中数字化程度最高的企业之一。

截至 2020 年，美的启动数字化转型之后综合取得了阶段性的成果，营收从当年的 1341 亿元上涨至 2800 多亿元，净利润从 67 亿元增加到 275 亿元，资产总额从 926 亿元上涨至 3604 亿元，存货占比从 17.6% 下降到 8.6%，资金周转天数从 26 天变成 2.3 天等，这成绩背后是集团综合业务发展，其中持续不断的数字化转型对集团整体运营效率贡献可观。

# 第九章 传统制造业与数字经济融合政策研究

本章利用 Python 搜集 2012～2021 年国家层面发布的 121 项传统制造业与数字经济融合的相关政策，从共性层面上通过 Jieba 分词后对主要高频主题词进行词频分析与社会网络图分析，在政策词频分析的基础上结合 PMC 模型，选取不同类型的四项政策文本进行个性分析。

## 第一节 研究设计

### 一、研究综述

党的十九大作出我国经济已由高速增长阶段转向高质量发展阶段的重大判断，推动高质量发展是当前和今后一个时期谋划经济工作的根本方针。制造业是实体经济的主体，制造业的高质量发展关系到经济高质量发展的全局，必须摆在更加突出的位置①。与此同时，数字技术迅猛发展，以人工智能、工业互联网、大数据等技术为基础的数字经济已经深度融入社会发展的方方面面，进而成为影响传统制造业生产方式的重要因素，成为推动传统制造业高质量发展的新动力。为推动传统制造业的高质量发展，国家陆续出台《增强制造业核心竞争力三年行动计划（2018-2020 年）》等一系列重大政策，为传统制造业与数字经济融合指

---

① 苗圩，韩春瑶．推动制造业高质量发展［N］．人民日报，2019-04-15（012）．

明了方向。但传统制造业与数字经济融合属于新鲜事物，政策制定处于"摸着石头过河"式的探索阶段，政策效应具有不确定性特征，需要在理性分析的基础上，发现薄弱环节，明确未来政策制定重点。以国家层面的政策为样本，采取政策文本量化分析方法，探索政策的共性特征和个性特点，对于促进传统制造业与数字经济高质量融合具有重要的现实意义。

所谓传统制造业与数字经济融合是指人工智能、大数据、云计算、区块链以及物联网等新技术的发展促进了技术、平台与产业全面融合①，打破传统制造业原有的组织、管理、决策等模式，创造出一种新型的制造生态，为传统制造业发展注入新动能，实现传统制造业与数字经济深度融合。

对于传统制造业与数字经济融合政策的研究，国内外学者给予了一定的关注。Nosova 等（2021）认为，构建技术链和多元化联系，在经济政策中引入"数字风格"，能够引导相关产业与数字经济融合。Marcel 和 Kunkel（2020）认为，传统制造业与数字经济融合对生产力、就业、部门联系和贸易产生结构性变化的影响，分析结构性变化的影响可以为产业政策提供重要的见解。Lee（2019）认为，外部驱动力如数字技术的快速发展、发达国家制造业政策的复苏等，促使西方国家在政策层面上展示传统制造业与数字经济融合的愿景。王伟玲和王晶（2019）认为，在有关政策的支持下，传统制造业与数字经济融合，推动传统制造业向"大数据化"迈进，衍生出新模式，任保平和豆渊博（2021）认为，"十四五"时期经济发展的基本政策取向是产业结构的升级，因制造业发展缓慢制约了产业结构的转型升级，所以完善传统制造业与数字经济融合政策，成为重中之重。

综上所述，传统制造业与数字经济融合政策的研究多停留在政策内容定性分析或对政策实施效果进行验证分析，对传统制造业与数字经济融合政策展开量化评价的研究较少，难以为我国传统制造业与数字经济融合政策提供有力依据。目前，政策量化评价方法主要有熵权 TOPSIS 法②、问卷调查法③、层次分析法④、

---

① 孟方琳，汪遵瑛，赵袁军，姚歆．数字经济生态系统的运行机理与演化［J］．宏观经济管理，2020（2）：50-58.

② 刘冰洁，曾嘉悦，赵彦云．旅游产业的政策量化及其影响分析［J］．经济问题探索，2021（12）：71-82.

③ 王振坡，张馨芳，宋顺锋．我国城市交通拥堵成因分析及政策评价——以天津市为例［J］．城市发展研究，2017，24（4）：118-124.

④ 蔡新宇，孙迪，付丽丽．基于"五通"政策的俄语区国家人才需求空间分布研究［J］．北京联合大学学报（人文社会科学版），2019，17（4）：109-118.

内容分析法①、灰色关联分析法②等，虽然上述政策量化评价研究方法具有一定的可行性，但存在研究者主观性强、评价精准度弱、对政策样本质量和数量的要求过高等问题，难以适应传统制造业与数字经济融合这种政策样本数量少、结构化复杂的新兴领域。PMC 指数模型将数学工具和文本挖掘方法融合，能客观准确地构建政策量化评价模型，在政策量化领域得以广泛应用。为此，本书利用文本挖掘技术结合共词分析、PMC 指数模型方法深入剖析传统制造业与数字经济融合政策，以期为我国政策的制定及优化提供理论依据。

**二、数据来源**

（一）数据采集

本书的数据来源于"北大法宝""北大法意""国务院政策文件库""工业与信息化部政策文件库"以及其他机构的官方网站政策文件库。国务院于 2011 年 12 月 30 日发布了《工业转型升级规划（2011-2015 年）》，这是第一次将整个工业作为规划对象，目标是使我国传统制造业从低附加值、粗放型转向高附加值、集约型③。因此，本书以颁布《工业转型升级规划（2011-2015 年）》作为时间节点，选择 2012~2021 年国家层面出台的政策作为研究对象，为了使数据精确，笔者在以上官网中检索政策篇名带有"制造""工业互联网"等关键词，政策内容含有"数字""转型""智能制造"等关键词，同时为了保证政策文本的普全率，在政府机构官网上进行检索补充，为了保证政策的时效性，去掉已经失效的政策文件，再经过人工精读政策去掉类似申报的通知，删去重复政策，最终得到 121 篇传统制造业与数字经济融合的有关政策。

（二）数据预处理

针对搜集到的政策文本进行初步处理，包括中文分词环节，去除停用词环节。在中文分词环节，政策内容基本上为中文，因中文具有灵活的表达方式，相较于其他语言，中文的分词更复杂，利用 Jieba 的中文分词包进行处理分析。在去除停用词环节，利用正则表达式匹配模式，去除符合模式的字符，如停用词、

① Michael He Zhang，冯泓，冯白. 基于政策工具视角的我国养老金融政策量化分析 [J]. 广西社会科学，2021（3）：117-123.

② 崔旭，贺沛沛. 基于灰色关联分析的智慧图书馆政策要素和政策体系研究 [J]. 图书馆学研究，2020（17）：35-42+93.

③ 胡迟."十二五"以来制造业转型升级：成效、问题与对策 [J]. 经济研究参考，2012（57）：3-22+30.

非中文字符等，中文停用词库用是常见的"Chinese stopwords"词库。

### 三、研究方法

本书主要用到共词分析、PMC 指数模型两种方法，对传统制造业与数字经济融合政策进行分析和评价。

#### （一）共词分析

根据政策文本中高频关键词共同出现的次数，来确定政策文本中各个关键的主题词之间的关系。本书利用 Python 构造高频关键词的共现矩阵，并且利用 Uci-net6 对共现矩阵进行分析，进而揭示出传统制造业与数字经济融合政策文本的高频主题词之间的关系，反映出政策内容的要素。通过 SPSS 26 进行聚类分析将表示各主题词之间复杂关系的共词网络图划分为不同类之间的关系，且采用树状图的形式直观地表示，以便于研究政策共性特征。

#### （二）PMC 指数模型

PMC 指数模型源于 2008 年鲁伊斯提出的"Omnia Mobilis"假说①。为分析政策的个性特点提供理论依据，如针对具体某一政策的发布主体、政策受体、政策领域等方面进行评价，因此本书选取 4 篇不同类型的政策文本，利用 PMC 指数模型可以多维度对单项指标进行具体的分析，构建 PMC 曲面反映出政策的不同维度，针对具体的政策进行评估具有独特优势②。PMC 指数模型具体分析过程主要有：多投入产出表的构建、变量值计算、PMC 指数计算、绘制 PMC 指数曲面③。

## 第二节　政策量化分析

### 一、传统制造业与数字经济融合政策共性分析

#### （一）政策文本主题词共现网络特征

逐篇通读 121 篇传统制造业与数字经济融合政策文件，在掌握政策文件内容

---

① 杜宝贵，陈磊. 基于 PMC 指数模型的科技服务业政策量化评价：辽宁及相关省市比较 [J]. 科技进步与对策，2022，39（1）：132–140.

② 戚湧，张锋. 基于内容分析的战略性新兴产业政策评价研究 [J]. 科技进步与对策，2020，37（17）：118–125.

③ 张永安，郄海拓. 国务院创新政策量化评价——基于 PMC 指数模型 [J]. 科技进步与对策，2017，34（17）：127–136.

的基础上，首先将政策文本导入 Python 软件，利用 Python 对 121 篇政策文件进行 Jieba 分词处理，对分词结果进行词频统计。其次，对分词结果进行处理：一是删去"发展""重点""推动"和"提升"等无实际意义的词；二是通过咨询专家把含义相似的高频词加以整合，如把"产业集聚"和"产业集群"合并为"产业集聚"，"高等教育学校"和"高校"合并为"高校"等。经过上述处理后统计其他高频关键词出现的次数，共得到了 244 个高频词的词频，运用 1973 年由 Donohue 所发明的高低词频推算公式，以及基于本书的实际状况，选取词频大于 6 的主题词为论文的主要调研对象，共得出了 34 个基本包含传统制造业与数字经济融合内涵的高频率主题词，如表 9-1 所示。

表 9-1　政策高频主题词词频

| 主题词 | 频次 | 主题词 | 频次 |
| --- | --- | --- | --- |
| 智能制造 | 1322 | 网络化 | 173 |
| 信息化 | 775 | 制造强国 | 170 |
| 工业互联网 | 679 | 产业集聚 | 145 |
| 工厂 | 574 | 科研院所 | 131 |
| 智能化 | 544 | 公共服务平台 | 130 |
| 数字化 | 530 | 物联网 | 124 |
| 产业化 | 493 | 人工智能 | 123 |
| 互联网 | 460 | 高校 | 111 |
| 有限公司 | 438 | 电子商务 | 107 |
| 大数据 | 406 | 工业机器人 | 102 |
| 信息技术 | 397 | 科技创新 | 101 |
| 绿色制造 | 306 | 协同创新 | 91 |
| 转型升级 | 304 | 云计算 | 82 |
| 机器人 | 304 | 协同发展 | 81 |
| 创新中心 | 251 | 金融科技 | 78 |
| 服务型制造 | 217 | 信息物理系统 | 78 |
| 技术创新 | 199 | 互联网+ | 62 |

　　通过 Python 语言生成高频主题词的共现矩阵词表来统计文本中两两词组共同出现的次数，以便于描述词组之间的亲密程度并且将其导入 Ucinet 进行可视化得到文本中高频主题词之间复杂关系的社会网络图，如图 9-1 所示。网络图中的

每个节点都代表一个主题词，节点大小表示主题词中心度大小，节点之间的连线表示主题词之间的共现关系①。在社会网络图分析中，用于表示节点中心度最常见的指标是点度中心度，反映主题词在网络图中的作用及地位②。通过节点大小以及节点之间连线的疏密程度可以反映主题词的地位以及主题词之间的联系，进而分析政策的特点③。

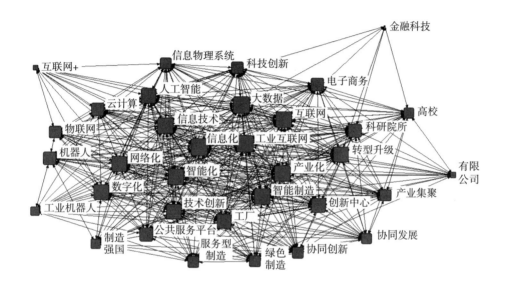

图9-1　传统制造业与数字经济融合政策高频主题词共现网络

利用上述的国家层面政策文件高频主题词词频统计表和主题词共现网络图对政策文件的内容特点进行剖析，发现政策目标具有"四化"特征、政策客体具有协同特征、政策领域具有创新特征。

（1）政策目标具有"四化"特征。

从图9-1可以直观地看出，主题词智能制造、信息化、智能化、数字化、产业化位居前列，说明国家在进行传统制造业与数字经济融合时非常注重智能制

①　臧维，张延法，徐磊.我国人工智能政策文本量化研究——政策现状与前沿趋势［J］.科技进步与对策，2021，38（15）：125-134.

②　刘艳，曹伟，李石柱，张士运.上海市全面创新改革试验区相关政策研究［J］.科技管理研究，2017，37（23）：72-78.

③　戚湧，张锋.基于内容分析的战略性新兴产业政策评价研究［J］.科技进步与对策，2020，37（17）：118-125.

造，是以智能制造为传统制造业与数字融合的主攻方向。传统制造业和数字经济融合相关政策是围绕数字化促进传统制造业与数字经济融合进行部署，促进传统制造业向着信息化、智能化、数字化、产业化等方向发展。《关于推动工业互联网加快发展的通知》指出加速推动互联网服务行业的发展，推进现代供应链的创新及应用，通过互联网整合信息、共享数据，形成连接不同类型企业供应链的协同网络，提升供给产品与服务的效率和质量。《加强工业互联网网络安全工作的指导意见的通知》指出加强工业互联网安全建设，提高信息安全保障措施，健全互联网安全保障体系。将先进的制造技术与新一代信息技术深度融合①，将制造、产品、服务全生命周期的各个环节联系起来，实现传统制造业信息化、智能化、数字化、产业化。

（2）政策客体具有协同特征。

政策客体是指政策发生作用的对象和范围，包括数字人才和政策希望解决的与数字人才相关的问题。由表 9-1 可知高校、科研院所、创新中心等主题词出现频数较高，从"事"的角度看，政策需要解决的是围绕传统制造业建设创新中心、科研院所等基地。从"人"的角度看，《关于深化"互联网+先进制造业"发展工业互联网的指导意见》等指出加快数字人才培养，为传统制造业与数字经济融合提供人才保障。

（3）政策领域具有创新特征。

关注到技术创新、科技创新、协同创新、创新中心等主题词出现频数较高，从网络图中直观地看出四个关键词与信息化、智能化、智能制造等主题词联系密切，《工业互联网创新发展行动计划（2021-2023 年）》《关于工业大数据发展的指导意见》等指出通过信息技术创新驱动，催生新模式新产业，通过信息共享平台、公共服务平台等平台建设更多创新机会。另外，由于创新具有动态性，因此需要不定期地评估政策产生的效果，以确保执行时具有一定的优化空间，促进数字经济与传统制造业融合。

（二）政策文本主题词聚类分析

为更深层次分析高频主题词之间的关系，利用共词方法进行高频主题词聚类分析。首先需要将不同类别的关键词进行分类，划分出不同类型以便于进一步挖掘政策的重点，并研究它们之间的关系。利用 Python 语言编写程序将文本中的

---

① 陈重辉．基于智能制造的 SMT 生产流程的优化研究［D］．天津大学，2019.

高频主题词生成共现矩阵，考虑到主题词的共现矩阵中数值差别大，为了消除这一影响，使数据达到适应聚类分析的标准，本书采用计量学中常用的 Ochiia 系数法［见式（9-1）］将共现矩阵转化为相关矩阵①，如表 9-2 所示（限于篇幅仅列出前 10 位），将其导入 SPSS 软件中。

$$Ochiia = \frac{AB\ 两主题词同时出现的频次}{\sqrt{A\ 主题词出现的总频次} \times \sqrt{B\ 主题词出现的总频次}} \quad (9-1)$$

表 9-2　高频主题词相关矩阵（前 10 位）

|  | 智能制造 | 信息化 | 工业互联网 | 工厂 | 智能化 | 数字化 | 产业化 | 互联网 | 有限公司 | 大数据 |
|---|---|---|---|---|---|---|---|---|---|---|
| 智能制造 | 1 | 0.236119 | 0.102381 | 0.282399 | 0.29244 | 0.189952 | 0.105288 | 0.057706 | 0.002628 | 0.077803 |
| 信息化 | 0.236119 | 1 | 0.02757 | 0.074966 | 0.117048 | 0.134187 | 0.035592 | 0.118913 | 0.001716 | 0.035655 |
| 工业互联网 | 0.102381 | 0.02757 | 1 | 0.113728 | 0.103659 | 0.138358 | 0.069136 | 0.191456 | 0.001834 | 0.144749 |
| 工厂 | 0.282399 | 0.074966 | 0.113728 | 1 | 0.182534 | 0.217564 | 0.011279 | 0.027245 | 0.001994 | 0.051787 |
| 智能化 | 0.29244 | 0.117048 | 0.103659 | 0.182534 | 1 | 0.283078 | 0.133237 | 0.12594 | 0.006146 | 0.085113 |
| 数字化 | 0.189952 | 0.134187 | 0.138358 | 0.217564 | 0.283078 | 1 | 0.054777 | 0.11544 | 0 | 0.049582 |
| 产业化 | 0.105288 | 0.035592 | 0.069136 | 0.011279 | 0.133237 | 0.054777 | 1 | 0.039898 | 0.006456 | 0.029057 |

从图 9-2 主题词聚类树状图可知，将主题词分为四大类，分别为融合方向类（包括主题词智能化等）、支持体系类（包括主题词科研院所等）、信息服务类（包括主题词服务型制造等）、产业发展类（包括主题词产业聚集等）。

传统制造业在生产商品和产品方面已经达到较高水平，但未来的传统制造业不能仅限于制造，而应能够利用数据，成为互联网和大数据的终端企业，因此传统制造业与数字经济融合已成为亟须解决的问题。传统制造业与数字经济融合发展方向为智能化、数字化、网络化、智能制造等，侧面印证我国制定的政策是符合实际需求的。有力推动我国传统制造业向智能、数字等方向发展，提高传统制造业综合竞争力，通过与数字经济融合形成新模式新业态。

为了保障传统制造业与数字经济融合，我国政策在制定时考虑到支持体系建

---

① 陈红琳，魏瑞斌，张玮，张宇航. 基于共词分析的国内文本情感分析研究［J］. 现代情报，2019，39（6）：91-101.

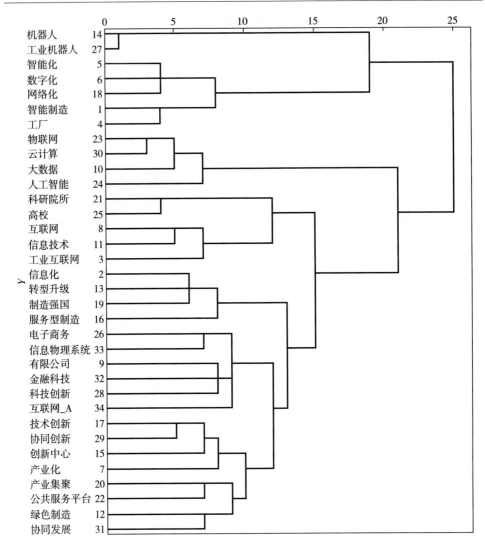

图 9-2　主题词聚类树状图

设，支持体系类主题词有科研院所、高校、信息技术、互联网、物联网等，表明我国政策对数字人才培养高度重视。通过发展信息技术，充分发挥互联网，物联网的应用，提高数字教育质量，为传统制造业与数字经济融合提供人才支持。同时传统制造业与数字经济融合难以离开技术创新，互联网、云计算、大数据等数字技术的成熟，不仅加快了技术革新，而且将大数据与互联网、云计算等技术进行组合，能够提升大数据的利用率，深层次挖掘利用大数据，提高融合质量，为融合提供技术支持。

传统制造业存在产品附加值低、价值链低端锁定等问题，通过服务型制造能够延长传统制造业的价值链、增加附加值等，因此传统制造业与数字经济融合政策制定时需要考虑信息服务类，该类主要主题词包括服务型制造、信息化、信息物理系统等。《关于推进"上云用数赋智"行动培育新经济发展实施方案》等指出服务型制造是先进制造业和现代服务业深度融合的典型模式，也是顺应新一轮科技革命和产业变革，增强制造业核心竞争力、培育现代产业体系、实现高质量发展的重要途径。通过技术创新发展智能制造、服务型制造，促使互联网+、服务业、制造业深入融合，为加快融合速度与质量、成为制造强国奠定基础。

产业发展也是政策的一个关注点，企业发展类的主题词有产业化、产业集聚、绿色制造、协同发展等，这表明我国传统制造业与数字经济融合政策是联系实际的，绿色制造是传统制造业发展的动力，数字技术有效降低传统制造业碳排放，提高传统制造业绿色制造水平。其中，对传统制造业关联较大的企业或产业做到集中安排，促使同类企业或产业之间的集聚，能够形成产业化，协同推进产业集聚，形成对经济发展起到带动作用的产业集群，促进产业可持续健康发展。

**二、传统制造业与数字经济融合政策个性分析**

（一）政策选取及变量分类

以上政策主题词分类反映出政策文本共性特征，没有分析政策文本个性特点，因此为进一步研究政策效果，本书将使用 PMC 指数建模的方式对政策文本进一步分析与定量评估，考虑到不同机构发布政策的侧重点不同，本书根据政策文本发布时间和发布机构，从统筹规划、资金支持、技术支持、行动计划四个不同类别的政策文本中各挑选一篇进行分析，政策编号记为 P1、P2、P3、P4。

为了更加全面地分析政策的个性特点，本书以表9-3所示的传统制造业与数字经济融合政策为样本，在参照 Mario（2011）、张永安和耿喆（2015）对政策评价的研究基础上，结合传统制造业与数字经济融合政策共性特征，共设置10个一级指标变量，分别为政策效力（$X_1$）、政策性质（$X_2$）、发布主体（$X_3$）、政策受体（$X_4$）、政策领域（$X_5$）、政策重点（$X_6$）、政策评价（$X_7$）、激励保障（$X_8$）、参与对象（$X_9$）、政策公开（$X_{10}$）和39个二级指标变量，具体变量设计如表9-4所示。

表9-3 传统制造业与数字经济融合政策样本

| 编号 | 政策名称 | 发文字号 | 发布日期 |
|---|---|---|---|
| P1 | 国务院关于印发《中国制造2025》的通知 | 国发〔2015〕28号 | 2015年5月8日 |
| P2 | 关于推动工业互联网加快发展的通知 | 工信厅信管〔2020〕8号 | 2019年10月22日 |
| P3 | 国家发展改革委关于印发《增强制造业核心竞争力三年行动计划（2018-2020年）》的通知 | 发改办产业〔2017〕2063号 | 2017年11月20日 |
| P4 | 印发《金融科技（FinTech）发展规划（2019-2021年）》 | 银发〔2019〕209号 | 2019年9月6日 |

表9-4 PMC指数模型政策变量设置

| 一级指标 | 二级指标及变量名称 | | | | | |
|---|---|---|---|---|---|---|
| 政策效力 | $X_{1;1}$ | 长期 | $X_{1;2}$ | 中期 | $X_{1;3}$ | 短期 |
| 政策性质 | $X_{2;1}$ | 预测 | $X_{2;2}$ | 监管 | $X_{2;3}$ | 指导 |
| | $X_{2;4}$ | 建议 | $X_{2;5}$ | 规范 | | |
| 发布主体 | $X_{3;1}$ | 国务院及办公厅 | $X_{3;2}$ | 国家部委 | $X_{3;3}$ | 其他机构及部门 |
| 政策受体 | $X_{4;1}$ | 各省市 | $X_{4;2}$ | 各直属机构 | $X_{4;3}$ | 其他 |
| 政策领域 | $X_{5;1}$ | 经济 | $X_{5;2}$ | 技术 | $X_{5;3}$ | 社会服务 |
| | $X_{5;4}$ | 环境 | $X_{5;5}$ | 其他 | | |
| 政策重点 | $X_{6;1}$ | 技术创新 | $X_{6;2}$ | 绿色制造 | $X_{6;3}$ | 转型升级 |
| | $X_{6;4}$ | 其他 | | | | |
| 政策评价 | $X_{7;1}$ | 依据充分 | $X_{7;2}$ | 目标明确 | $X_{7;3}$ | 方案科学 |
| | $X_{7;4}$ | 规划翔实 | | | | |
| 激励保障 | $X_{8;1}$ | 税收优惠 | $X_{8;2}$ | 财政支持 | $X_{8;3}$ | 金融支持 |
| | $X_{8;4}$ | 知识产权 | $X_{8;5}$ | 人才激励 | $X_{8;6}$ | 开展试点 |
| 参与对象 | $X_{9;1}$ | 高校 | $X_{9;2}$ | 科研院所 | $X_{9;3}$ | 政府 |
| | $X_{9;4}$ | 企业 | $X_{9;5}$ | 其他 | | |
| 政策公开 | $X_{10;1}$ | 政策公开 | | | | |

（二）多投入产出表的构建

多投入产出表是一个可以存放大量历史数据以及可以检测任何变量变化的大

数据分析框架。由若干个一级指标变量和若干个二级指标变量所构成，多投入产出表的主要不同之处就是不按照重要性对变量进行排序以及能够接受与一级指数变量相关的任何二级指标变量并且给予同等权重[①]。

本书结合传统制造业与数字经济政策评估体系中的 10 个一级指数变量和 39 个二级指标变量，对 4 个政策文本进行详细分析，根据政策文本内容，利用二进制（0 或 1）系统对二级指标变量进行打分，当政策文本涉及相应指标则赋值为 1，反之则为 0。例如，第一项政策效力中第一个二级指标长期，用来判断有待评价的政策文本时效是否在 10 年以上，若政策时效在 10 年以上则赋值为 1，否则赋值为 0，建立 4 项政策投入产出表，如表 9-5 所示。

表 9-5　4 项政策投入产出

|  | $X_1$ | | | | $X_2$ | | | |
| --- | --- | --- | --- | --- | --- | --- | --- | --- |
|  | $X_{1;1}$ | $X_{1;2}$ | $X_{1;3}$ | $X_{2;1}$ | $X_{2;2}$ | $X_{2;3}$ | $X_{2;4}$ | $X_{2;5}$ |
| P1 | 1 | 0 | 0 | 1 | 1 | 1 | 1 | 1 |
| P2 | 0 | 1 | 0 | 1 | 1 | 1 | 1 | 0 |
| P3 | 0 | 0 | 1 | 1 | 1 | 1 | 1 | 1 |
| P4 | 0 | 0 | 1 | 1 | 1 | 1 | 0 | 1 |

|  | $X_3$ | | | $X_4$ | | |
| --- | --- | --- | --- | --- | --- | --- |
|  | $X_{3;1}$ | $X_{3;2}$ | $X_{3;3}$ | $X_{4;1}$ | $X_{4;2}$ | $X_{4;3}$ |
| P1 | 1 | 0 | 0 | 1 | 1 | 1 |
| P2 | 0 | 1 | 0 | 1 | 1 | 1 |
| P3 | 0 | 1 | 0 | 1 | 1 | 1 |
| P4 | 0 | 0 | 1 | 0 | 0 | 1 |

|  | $X_5$ | | | | | $X_6$ | | | |
| --- | --- | --- | --- | --- | --- | --- | --- | --- | --- |
|  | $X_{5;1}$ | $X_{5;2}$ | $X_{5;3}$ | $X_{5;4}$ | $X_{5;5}$ | $X_{6;1}$ | $X_{6;2}$ | $X_{6;3}$ | $X_{6;4}$ |
| P1 | 1 | 1 | 1 | 1 | 1 | 1 | 1 | 1 | 1 |
| P2 | 1 | 1 | 1 | 0 | 1 | 1 | 0 | 1 | 1 |
| P3 | 1 | 1 | 1 | 0 | 1 | 1 | 1 | 1 | 1 |
| P4 | 1 | 1 | 1 | 1 | 1 | 1 | 0 | 1 | 1 |

① 方永恒，陈友倩．国务院保障性住房政策量化评价——基于 10 项保障性住房政策情报的分析 [J]．情报杂志，2019，38（3）：101–107.

| | $X_7$ | | | | | | | | $X_8$ | | |
|---|---|---|---|---|---|---|---|---|---|---|---|
| | $X_{7;1}$ | $X_{7;2}$ | $X_{7;3}$ | $X_{7;4}$ | | $X_{8;1}$ | $X_{8;2}$ | $X_{8;3}$ | $X_{8;4}$ | $X_{8;5}$ | $X_{8;6}$ |
| P1 | 1 | 1 | 1 | 1 | | 1 | 1 | 1 | 1 | 1 | 1 |
| P2 | 1 | 1 | 1 | 1 | | 0 | 0 | 0 | 0 | 1 | 1 |
| P3 | 1 | 1 | 1 | 1 | | 0 | 1 | 1 | 1 | 1 | 1 |
| P4 | 1 | 1 | 1 | 1 | | 1 | 1 | 1 | 1 | 1 | 1 |
| | | | $X_9$ | | | | | | $X_{10}$ | | |
| | $X_{9;1}$ | $X_{9;2}$ | $X_{9;3}$ | $X_{9;4}$ | $X_{9;5}$ | | | | $X_{10;1}$ | | |
| P1 | 1 | 1 | 1 | 1 | 1 | | | | 1 | | |
| P2 | 0 | 0 | 1 | 1 | 1 | | | | 1 | | |
| P3 | 1 | 1 | 1 | 1 | | | | | 1 | | |
| P4 | 1 | 1 | 1 | 1 | | | | | 1 | | |

（三）PMC 指数计算

PMC 指数的大小可以反映政策制定的总体效果[1]，通过式（9-2）和式（9-3）构建多投入产出表后，再通过式（9-4）进一步确定一级评价指标的具体数值，最后通过式（9-5）计算出各项政策的 PMC 指数，同时参考 Estrada 的政策评价等级划分标准如表9-6所示。根据式（9-4）和式（9-5）计算出的结果，确定 4 项政策的 PMC 指数以及等级如表9-7所示。

$$X \sim N[0, 1] \tag{9-2}$$

$$X \sim \{XR：[0\sim1]\} \tag{9-3}$$

$$X_t\left(\sum_{j=1}^{n} \frac{X_{tj}}{T(X_{tj})}\right) \tag{9-4}$$

$$PMC = \begin{bmatrix} X_1\left(\sum_{i=1}^{3} \frac{X_{1i}}{3}\right) + X_2\left(\sum_{i=1}^{5} \frac{X_{2i}}{5}\right) + X_3\left(\sum_{i=1}^{3} \frac{X_{3i}}{3}\right) + \\ X_4\left(\sum_{i=1}^{3} \frac{X_{4i}}{3}\right) + X_5\left(\sum_{i=1}^{5} \frac{X_{5i}}{5}\right) + X_6\left(\sum_{i=1}^{4} \frac{X_{6i}}{4}\right) + \\ X_7\left(\sum_{i=1}^{4} \frac{X_{7i}}{4}\right) + X_8\left(\sum_{i=1}^{6} \frac{X_{8i}}{6}\right) + X_9\left(\sum_{i=1}^{5} \frac{X_{9i}}{5}\right) + X_{10} \end{bmatrix} \tag{9-5}$$

---

① 赵杨，陈雨涵，陈亚文．基于 PMC 指数模型的跨境电子商务政策评价研究［J］．国际商务（对外经济贸易大学学报），2018（6）：114-126.

表9-6　政策评价等级划分标准

| PMC 指数 | 10~9 | 8.99~7 | 6.99~5 | 4.99~0 |
|---|---|---|---|---|
| 等级评价 | 完美 | 优秀 | 可接受 | 不良 |

表9-7　4项政策 PMC 指数汇总表

| 一级变量 | P1 | P2 | P3 | P4 | 均值 |
|---|---|---|---|---|---|
| 1 | 0.33 | 0.33 | 0.33 | 0.33 | 0.33 |
| 2 | 1.00 | 0.80 | 1.00 | 0.80 | 0.90 |
| 3 | 0.33 | 0.33 | 0.33 | 0.33 | 0.33 |
| 4 | 1.00 | 1.00 | 1.00 | 0.33 | 0.83 |
| 5 | 1.00 | 0.80 | 0.80 | 1.00 | 0.90 |
| 6 | 1.00 | 0.75 | 1.00 | 0.75 | 0.88 |
| 7 | 1.00 | 1.00 | 1.00 | 1.00 | 1.00 |
| 8 | 1.00 | 0.33 | 0.83 | 1.00 | 0.79 |
| 9 | 1.00 | 0.60 | 1.00 | 1.00 | 0.90 |
| 10 | 1.00 | | | | 1.00 |
| PMC 指数 | 8.66 | 6.94 | 8.29 | 7.54 | 7.86 |
| 编号 | PMC 指数 | | | | |
| P1 | 8.66 | | | | 优秀 |
| P2 | 6.94 | | | | 可接受 |
| P3 | 8.29 | | | | 优秀 |
| P4 | 7.54 | | | | 优秀 |

（四）PMC 曲面图绘制

为了更加直观地分析 PMC 指数，本书借助政策文本评价模型的可视化即 PMC 曲面，在多维坐标系下将 PMC 指数以图像的方式直观展示评价结果，以便于从各维度评价和判断四项政策模型的优劣。计算 PMC 矩阵是绘制 PMC 曲面图的基础[①]，PMC 矩阵是由所有一级变量的得分构成的，由于 4 项政策中 $X_{10}$ 的值均为 1 且考虑到曲面具有均衡性以及矩阵具有对称性故将 $X_{10}$ 剔除，最终得到由 9 个一级变量构成的三阶矩阵。PMC 矩阵计算方法如式（9-6）所示。通过式

---

① 胡峰，戚晓妮，汪晓燕. 基于 PMC 指数模型的机器人产业政策量化评价——以 8 项机器人产业政策情报为例 [J]. 情报杂志，2020，39（1）：121-129+161.

（9-6）计算出 4 项政策文本的 PMC 矩阵，如表 9-8 所示。

$$PMC\ 曲面 = \begin{bmatrix} X_1 & X_2 & X_3 \\ X_4 & X_5 & X_6 \\ X_7 & X_8 & X_9 \end{bmatrix} \qquad (9-6)$$

表 9-8　4 项政策的 PMC 矩阵

$$P_1 = \begin{bmatrix} 0.33 & 1.00 & 0.33 \\ 1.00 & 1.00 & 1.00 \\ 1.00 & 1.00 & 1.00 \end{bmatrix} \qquad P_2 = \begin{bmatrix} 0.33 & 0.80 & 0.33 \\ 1.00 & 0.80 & 0.75 \\ 1.00 & 0.33 & 0.60 \end{bmatrix}$$

$$P_3 = \begin{bmatrix} 0.33 & 1.00 & 0.33 \\ 1.00 & 0.80 & 1.00 \\ 1.00 & 0.83 & 1.00 \end{bmatrix} \qquad P_4 = \begin{bmatrix} 0.33 & 0.80 & 0.33 \\ 0.33 & 1.00 & 0.75 \\ 1.00 & 1.00 & 1.00 \end{bmatrix}$$

通过分析以上 4 项政策 PMC 指数，发现 4 项政策中共有三项政策为优秀，一项政策为可接受，没有完美政策和不良政策。4 项政策评价 PMC 指数平均值为 7.86，等级评价为优秀，表明国家在传统制造业与数字经济融合政策的制定上考虑较为全面，规划也较为详尽，积极贯彻落实传统制造业与数字经济融合战略。但经分析发现仍然存在以下几个问题：

（1）将 4 项政策一级变量的得分与其均值进行对比发现，在 $X_1$ 政策效力处，4 项政策 PMC 得分均为 0.33，与均值相等，说明融合政策内容在规划目标期限具有针对性，在规划政策长期效力、中期效力和短期效力上规划得较为全面，但同一政策文本并没有做到综合考虑，没有做到组合设置，如中长期目标、短中期目标等。

在 $X_2$ 政策性质处，P1 和 P3 的 PMC 得分均为 1，高于平均值 0.9，说明 P2、P3 的政策性质非常全面，覆盖所有二级指标。P2 和 P4 的 PMC 得分均为 0.8，略低于平均值，说明 P2、P4 政策性质较为全面。

在 $X_3$ 发布主体处，与政策效力一致，4 项政策 PMC 得分均为 0.33 与均值相等，说明同一政策发布主体较为单一，凸显出政策主体，在某个方向上专门对其制定政策具有针对性，但发布主体没有深入合作，各部门之间协作配合薄弱。

在 $X_4$ 政策受体处，政策 P1、P2、P3 的 PMC 得分均为 1，高于平均值，说明 P1、P2、P3 政策能够落实到各省市、各直属机构等，适用对象全面，但 P4 的 PMC 得分仅 0.33，与平均值相差较大，因此 P4 适用对象窄。

在 $X_5$ 政策领域处，政策 P1、P4 的 PMC 得分为 1 高于平均值，表明政策在不同阶段的特点与需求以及政策涉及的领域在扩充，而政策 P1、P3 的 PMC 得分为 0.8，略低于平均值，其原因都集中在未涉及环境因素，这就要求在制定政策时为了实现融合目标的同时兼顾环境因素，应以生态环境建设为抓手，不断优化传统制造业整体结构，促进与数字经济深度融合。

在 $X_6$ 政策重点处，政策 P1、P3 的 PMC 得分为 1 高于平均值，说明 P1 和 P3 涵盖了技术创新、绿色制造、转型升级等重点，而政策 P2、P4 的 PMC 得分仅有 0.8，低于平均值，主要原因是均没有涉及绿色制造。这说明我国制定传统制造业与数字经济融合政策需要进一步把重点聚焦在绿色制造上，绿色制造是一个综合考虑环境影响和资源消耗的现代制造模式，根据上文中的政策领域的角度验证了对环境的约束力不足。

在 $X_7$ 政策评价处，政策 P1、P2、P3、P4 的 PMC 得分均为 1，表面四项政策的政策评价涵盖面广，突出了我国传统制造业与数字经济融合政策依据充分、目标明确、方案科学、规划翔实的优势及特点。

在 $X_8$ 激励保障处，政策 P1、P3、P4 高于平均值，仅有 P2 低于平均值，主要原因是税收优惠、财政支持、金融支持、知识产权二级指标的得分较低。

在 $X_9$ 参与对象处，政策 P1、P3、P4 的 PMC 得分均为 1，但 P2 因未涉及高校和科研院所导致 PMC 得分仅为 0.6，但总体来看平均值为 0.9，突出协同共治的优势与特点。

（2）结合 PMC 曲面图如图 9-3 所示，对 4 项政策分别进行深入分析，并提出对应的优化路径，结果如下：

政策 P1 的 PMC 指数为 8.66，排名第一，PMC 等级评价为优秀，政策文件是 2015 年为全面推进实施制造强国的战略文件和实施制造强国战略第一个十年的行动纲领，由国务院发布的《中国制造 2025》。其中，所有一级指数变量均是大于或者等于平均值，这表明我国在制定制造业数字融合政策时，能够充分地考虑到各个维度指标，政策 P1 主要制定长期目标，其根本原因是政策 P1 作为传统制造业与数字经济融合引导性文件，必须将制造业的长期总体目标制定清楚，短期具体规划需要其他部门或者各地政府结合实际。

政策 P2 的 PMC 指数为 6.94，排名第四，PMC 等级评价为可接受，政策文件是 2020 年工业和信息化部发布的《关于推动工业互联网加快发展的通知》，其

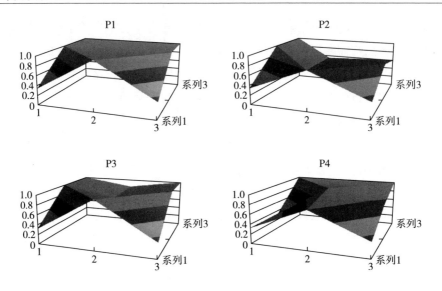

图 9-3　PMC 曲面图

中 $X_2$ 政策性质、$X_5$ 政策领域、$X_6$ 政策重点、$X_8$ 激励保障、$X_9$ 参与对象的 PMC 得分均低于平均值，其中，$X_8$ 激励保障的 PMC 得分最低，与平均值相差也最大，这也与该项政策的特殊性有关，政策 P2 是推动工业互联网在更广范围、更深程度、更高水平上融合创新，该项政策的环节全部落在融合创新而且政策具有较强的针对性，导致该政策的作用领域 PMC 得分较低，因政策领域 PMC 得分低导致无法对各个领域进行细分，从而导致政策重点的 PMC 得分偏低，由于该政策具有较高的针对性以及政策领域细分度不足，也导致参与对象较少，从而使激励保障的 PMC 得分偏低，建议优化路径为 $X_5$—$X_6$—$X_9$—$X_8$—$X_2$。

政策 P3 的 PMC 指数为 8.29，排名第二，PMC 等级评价为优秀，该项政策是 2017 年发展和改革委员会为了加快发展先进制造业，推动互联网、大数据、人工智能和实体经济深度融合，制定的《增强制造业核心竞争力三年行动计划（2018-2020 年）》，其中，只有 $X_5$ 政策领域的 PMC 得分为 0.8 低于平均值，其他一级指标均高于或等于平均值，政策 P3 是在政策 P1 的引导下结合实际制定短期目标，在政策文本中提出推动制造业绿色化，却没有提出相应的措施，因此该项政策若要进行完善，可重点考虑 $X_5$。

政策 P4 的 PMC 指数为 7.34，排名第三，PMC 等级评价为优秀，该项政策是为了完善我国金融科技，提升其应用能力，促进群众对数字化、智能化的满意度，由 2019 年中国人民银行发布的，其中 $X_2$ 政策性质、$X_4$ 政策受体、$X_6$ 政策重点三个一级指标 PMC 得分低于平均值，该项政策的重点在于提升金融科技，使数字技术与金融业务深度融合，因此政策重点过于单一，政策受体仅限于金融有关的企业，因影响三个一级指标的得分的影响因素逻辑关系不强，针对该项政策可以考虑使用一级变量与平均值之间差值的绝对值大小进行改进，绝对值大的优先改进，因此建议优化路径为 $X_4$—$X_6$—$X_2$。

# 第三节　研究结论与政策建议

## 一、研究结论

利用 Python 搜集 2012~2021 年国家层面发布的 121 项传统制造业与数字经济融合的相关政策，并对其进行文本处理，从共性层面上通过 Jieba 分词后对主要高频主题词进行词频分析与社会网络图分析，并生成相关矩阵进行聚类分析，但仅通过共性层面无法得到政策的个性特征，因此在政策词频分析的基础上结合 PMC 模型，对传统制造业与数字经济融合政策构建出科学的政策分析框架，选取不同类型的 4 项政策文本进行个性分析，通过分析可知，在共性层面上政策具有目标明确、重视人才培养、重创新促融合以及政策扶持不均衡四大特点。从个性层面上看，本书选取的 4 项政策 PMC 指数得分仅有一项为可接受其他三项均为优秀，通过 PMC 指数模型可直观看出政策 P1 需要改进的地方较小，最接近完美等级，其他政策在部分方面需要改进。

## 二、政策建议

因此结合本书研究，提出以下政策建议：

1. 加强顶层设计，促进政策发布主体深入合作

政府和主管部门要准确把握大数据、云服务等信息技术在不同行业、不同领域的发展趋势，加强顶层设计，进一步明确目标定位、主导产业和空间格局，推动实体经济和数字经济融合发展。积极研究制定数字资源确权、开放、流通、交易、安全等相关制度和标准，探索地区间、部门间共享共有的机制，克服区域不

平衡发展带来的"数字鸿沟"。健全数字规则，加强数据治理和流动，坚决反对垄断和不正当竞争行为，持续优化数字经济营商环境。加强发布主体内部的交流，建立创新型、合作型、服务型、协同性机关的目标，促进各机关的信息、资源共享，避免出台的政策措施偏离要点重点，同时也可以避免出现相似政策措施。

系统谋划大中小企业协同发展的数字化产业布局，打造基于大型制造企业的数字化转型平台和面向中小企业的数字化赋能平台，通过大企业建平台和中小企业用平台双轮驱动，推动数字化资源协同和对接，培育一批基于数字化平台的虚拟产业集群，进一步开放合作，促进产业链各环节良性互动发展，逐步形成大中小企业各具优势、竞相创新、梯次发展的数字化产业格局。

传统制造业具有受益主体多、涉及面广等特点以及传统制造业与数字经济融合又需涉及工业和信息化部、国务院、发展改革委等众多部门，因此在制定政策时需要以《中国制造2025》为纲领，同时加强各部门协作配合、深化部门合作的深度以及广度。

2. 参与主体多元化，扩大参与对象范围

积极地引导社会各方为传统制造业与数字经济融合提供支持。传统制造业与数字经济融合不单单是制造业本身参与，而是需要多方共同参与的一项重大工程，因此在制定政策时，需要考虑到涉及数字经济融合的所有对象，如政府、高校、科研院所、企业、金融机构等，积极鼓励更多对象参与，为了提高各方参与积极性，政府需要与各方主体进行沟通并且能够及时对政策进行调整修改，确保政策不脱离实际。

政府可以强化财政专项资金统筹，在税收方面给予正处于数字化转型的中小型企业一定的税收优惠，引导各级财政资金加大对传统产业数字化转型的投入，加强对数字经济领域重大平台、重大项目及试点示范支持。此外，政府可以引导金融机构、风险投资机构和更多社会资本参与到传统产业数字化转型这项运动中来，鼓励金融机构开发特色产品来为传统产业转型做经济支撑，支持符合数字化转型的企业开展股权融资等方式；另外，政府可以对有专利、有发明的企业进行奖励，并对购买新设备和利用现有信息技术对设备进行数字化改造的企业进行补贴。最后，政府可以完善人才激励机制，给予优秀人才一定时期内的生活费，并且可以鼓励大中型企业给予领军人才一定的安家费，支持企业采用期权、股权激励等方式吸引高端复合型人才。

3. 政策领域多样化，最大发挥作用方面

从政策领域角度来看，最重要的领域有经济、技术、环境等，数字经济是一个完全新的经济形态，传统制造业正在积极地与数字经济进行高质量融合。为了推进高质量融合发展，需要重点关注技术领域、经济领域、环境领域。不断突破技术瓶颈，摆脱对核心技术的进口依赖，促使数字经济与传统制造业深度融合，形成高度融合的经济体系。但是涉及传统制造业与数字经济融合的领域较多，我国政策在制定时仅考虑到重点领域，其他领域在政策中并没有细化，因此需要加强政策领域的细化，需要积极部署信息基础设施，打造自主可控的数字化赋能平台，解决人才短缺问题，使融合政策更加全面。

应加快信息基础设施建设，积极投入5G、云计算、大数据、物联网等新型数字基础设施建设，鼓励云计算中心发展，打造科技基础设施和创新资源开放共享平台。引入"云制造"领域，促进企业生产效率提升与商业模式创新，并加快城乡工业宽带网络升级改造，推进基础设施物联网络建设，提升软硬件基础设施水平。鼓励运营商为工业企业，特别是中小企业优化网络专线建设、简化接入手续，进一步降低资费水平。建立公用的数据库和知识库，支持骨干企业研发适应数字化发展环境下的安全技术和产品，组织开展应用示范，增强安全技术支撑和服务能力。建设制造业创新中心，分类分库建设覆盖企业、行业、产品、市场、研发等数据资源的行业数据库，构建从产品设计、生产制造到售后服务全链条的创新体系。

围绕数字闭环、业务闭环等行业数字化转型发展的两个战略，推动相关部门以问题为导向，以技术为核心，以产业为依托，以关键工程和重大项目为抓手，加大投资力度，加快自主可控的数字化赋能平台建设。比如：搭建舆情监测平台、数字技能培训平台、社会治理平台、网络安全监测平台等，解决数字化转型过程中的行业和企业发展的关键和共性问题，实现数字化转型的普惠共创发展。

数字化时代对人才提出了更高的要求，要求不仅是技术型人才还是管理型人才，尤其是具有实践经验的人才，来为企业数字化转型做出人才支撑。企业的技术人才不仅要对传统产业的业务流程和专业知识了如指掌，还要有数字化信息思维，具备处理数字化经济的能力。一是可以引导互联网企业和制造型企业联合建立人才培养基地，在智能制造、工业互联网等具体项目中培养锻炼人才。二是企业可以加强与各个高校之间的联系，充分运用高校中的人才资源，培养应用技能型人才。可以在高校课程教育的基础上，不断对人才培养的范围进行拓展，逐渐延伸到远程教育、成人教育中。三是可以对行业协会、咨询公司等第三方组织机构进行沟通，使其在数字技术复合型人才培养方面发挥出重要作用。

4. 完善激励措施，提高制造业企业融合积极性

区别于工业化时代企业主要关注于产品的数量、质量和价格等属性，数字经济下企业管理将围绕用户而展开，产品、服务的模式均以价值的创造与供给为核心。数字化不仅是利用数字技术提升效率，而且意味着竞争属性的变化，也意味着管理思维的转变。企业数字转型不仅要求企业决策者形成数据驱动的决策习惯和能力，还要从培养管理层和普通员工的数字意识、工作习惯以及改变原有的流程和组织结构、调整资产组合、支持新的数字业务和商业模式等方面推进企业数字化转型战略和方案的落地。企业应高度重视对各层级员工的数字化技能和知识的培训和宣传，明确企业的数字化转型目的以及各层级员工的个人学习目的，在企业内部营造积极开放的学习氛围，促进员工积极参与数字化技能和管理知识的学习活动，加快数字技术和数字化管理实践在企业内的应用和传播，还可以鼓励员工对现有的不符合企业数字化发展的管理实践进行质疑，并用学习到的数字化技能和知识改造现有业务、开发新业务、拓展新市场，将学习到的数字化技能和知识运用到日常的管理实践中，不断改进企业现有的产品、服务和流程，推动企业数字化转型的实践转化为企业绩效。

从激励措施层面来看。目前，传统制造业与数字经济融合政策所采取的激励措施主要包括财政支持、人才激励、开展试点等，而金融支持和税收优惠相关的内容较少，需要重点关注并加以完善。而在政策进一步完善过程中，为防止政策表面化，不仅需要细化激励保障措施，而且还应该将金融支持和税收优惠相关的政策内容更系统地具体地呈现出来，扩大其普适性并且给出标准化定义，此外应重点鼓励传统制造业企业积极地参与数字经济融合，对积极地融合数字经济的企业给予适当的奖励和优惠，能有效帮助传统制造业企业平稳度过融合阶段。

5. 优化融合模式，提高融合绩效

传统企业的管理理念、经营方式和生产方式较为固化，其进行数字化转型的实施工程浩大，在进行数字化转型时，应当先对自身的业务现状、经营管理能力和行业环境情况有所了解，深入分析企业需要解决的问题，明确企业定位和转型能力，选择合适的数字化转型模式，制定出符合企业发展的数字化转型策略。

按照"连接—数据—智能"思路逐渐推进数字化转型，首先是数字化建设，企业在进行数字化建设的时候还是要优先考虑解决连接和协同问题，这个过程有

些是处理信息化阶段没有做完的事情，进行优化和整合。其次是数据驱动运营，数据贯穿整个数字化建设生命周期，即业务和数据建设两条线是并行的。传统方式是 IT 系统建设完成后才考虑如何利用数据进行分析决策，而新的构建思路是数据建设配合业务建设和协同并行，数据不断地反哺业务，支撑业务运作。最后是智能，智能不是简单基于预设规则的自动化，而是可以自适应地进行规则调整和优化，这个需要的是大数据的积累，不是一蹴而就的，但是前期要有这个意识。

以市场需求为中心提高数字化转型绩效。在进行数字化转型的过程中，传统企业应该充分了解自身行业的特点以及消费市场需求所在，根据客户市场需求进行针对性战略变革，并及时进行调整，保持市场、产品及业务定位准确，才能抓住消费热点，吸引消费群体。此外，企业进行数字化转型需要大量投入，管理者更需要准确把握市场需求，保证资金投入的有效性，才能帮助企业转型发展成功。

# 参考文献

［1］ Acemoglu D, Aghion P, Zilibotti F. Distance to frontier, selection, and economic growth ［J］. Journal of the European Economic Association, 2006, 4 (1): 37-74.

［2］ Acemoglu D, Zolobottif. Productivity difference ［J］. Quarterly Journal of Economics, 2001, 116 (2): 563-606.

［3］ Aghion P, Howitt P. A model of growth through creative destruction ［J］. Econometrica, 1992, 60 (2): 323-351.

［4］ Abrell T, Pihlajamaa M, Kanto L, et al. The role of users and customers in digital innovation: insights from B2B manufacturing firms ［J］. Information & Management, 2016, 53 (3): 324-335.

［5］ Arellano M, Bond S. Some tests of specification for panel data: Monte Carlo evidence and an application to employment equations ［J］. The review of economic studies, 1991, 58 (2): 277-297.

［6］ Arellano M, Bover O. Another look at the instrumental variable estimation of error-components models ［J］. Journal of econometrics, 1995, 68 (1): 29-51.

［7］ Bahrami H. The emerging flexible organization: perspectives from Silicon Valley ［J］. California Management Review, 1992, 34 (4): 33-52.

［8］ Barton D L. Core capabilities and core rigidities: a paradox in managing new produ－ct development ［J］. Strategic Management Journal, 1992, 13 (S): 111－125.

［9］ Benhabibj, Spoegel M M. The role of human capital in economic development evidence from aggregate cross-country data ［J］. Journal of Monetary Economics, 1994,

34 (2): 143-173.

[10] Blackburn M, Alexander J, Legan J D, et al. Big Data and the Future of R&D Management: the rise of big data and big data analytics will have significant implications for R&D and innovation management in the next decade [J]. Research-Technology Management, 2017, 60 (5): 43-51.

[11] Blundell R, Bond S. Initial conditions and moment restrictions in dynamic panel data models [J]. Journal of econometrics, 1998, 87 (1): 115-143.

[12] Bocken N M, Boons F, Baldassarre B. Sustainable business model experimentation by understanding ecologies of business models [J]. Journal of Cleaner Production, 2019.

[13] Bogers M, Hadar R, Bilberg A. Additive manufacturing for consumer-centric business models: implications for supply chains in consumer goods manufacturing [J]. Technological Forecasting and Social Change, 2016, 102: 225-239.

[14] Borisov D, Serban E. The digital divide in Romania-A statistical analysis [J]. Economia Seria Management, 2013, 15 (1): 347-355.

[15] Broekhuizen T, Broekhuis M, Gijsenberg M J, et al. Introduction to the special issue-Digital business models: a multi-disciplinary and multi-stakeholder perspective [J]. Journal of Business Research, 2021, 122: 847-852.

[16] Caputo A, Marzi G, Pellegrini M M. The internet of things in manufacturing innovation processes: development and application of a conceptual framework [J]. Business Process Management Journal, 2016, 22 (2): 383-402.

[17] Cardona M, Kretschmer T, Strobel T. ICT and productivity: conclusions from the empirical literature [J]. Information Economics and Policy, 2013, 25 (3): 109-125.

[18] Chen Yyk, Jaw Yl, Wubl, Effec of digital transformation on organizational performance of AMEs [J]. Internet Research Electionic Networking Applications & Policy, 2016, 26 (1) 186-212.

[19] Chu L K, Hoang D P. Determinants of firm-level innovation performance: new evidences from asean manufacturing firms [J]. The Singapore Economic Review, 2021: 1-31.

[20] Cohen D, P Zarowin. Accrual-based and real earnings management activi-

ties around seasoned equity offerings [J]. Journal of Accounting and Economics, 2010, 50 (1): 2-19.

[21] Craig Giffi, et al. Deloitte and the manufacturing institute skills gap and future of work study [R]. Deloitte In-sights, 2018, 3-7.

[22] Czernich N, Falck O, Kretschmer T, et al. Broadband infrastructure and economic growth [J]. The Economic Journal, 2011, 121 (552): 505-532.

[23] Dean Jr J W, Snell S A. Integrated manufacturing and job design: moderating effects of organizational inertia [J]. Academy of Management Journal, 1991, 34 (4): 776-804.

[24] Del Giudice M. Discovering the internet of things (IoT) within the business process management: a literature review on technological revitalization [J]. Business Process Management Journal, 2016, 22 (2): 263-270.

[25] Demar K E F, Harcourt R R. Companies must adapt to the internet to survive [J]. CPA Journal, 2004, 74 (4): 9.

[26] Donohue J C. Understanding Scientific Literatures: A Bibliometric Approach [M]. Cambridge: The MIT Press, 1973: 49-50.

[27] Dunn M, Jones C. Institutional logics and institutional pluralism: the contestation of care and science logics in medical education, 1967-2005 [J]. Administrative Science Quarterly, 2010, 55 (1): 114-149.

[28] Erik Brynjolfsson, Daniel Rock, Chad Syverson. Artificial Intelligence and the Modern Productivity Paradox: A Clashof Expecta-tionsand Statistics [R]. NBER Working Paper 24001, November 2017.

[29] Ghobakhloo Morteza. The future of manufacturing industry: a strategic roadmap toward Industry 4.0 [J]. Journal of Manufacturing Technology Management, 2018.

[30] Gunasekaran A. Agile manufacturing: enablers and an implementation framework [J]. International Journal of Production Research, 1998, 36 (5): 1223-1247.

[31] Gur Baxani V, Dunkle D. Gearing up for successful digital transformation [J]. MIS Quarterly Executive, 2019, 18 (3): 209-220.

[32] He J J, Tian X. The dark side of analyst coverage: the case of innovation [J]. Journal of Financial Economics, 2013, 109 (3): 856-878.

[33] Henderson D J, Simar L. A Fully Nonparametric Stochastic Frontier Model for Panel Data [J]. Nonparametric Kernel, 2005.

[34] Hess T, Matta C, Benlian A, et al. Options for formulating a digital transformation strategy [J]. MIS Quarterly Executive, 2016, 15 (2): 123-139.

[35] Hino A. Time-series QCA: studying temporal change through Boolean analysis [J]. Sociological Theory and Methods, 2009, 24 (2): 247-265.

[36] Hoffman C M, Joan - Arinyo R. CAD and the product master model [J]. Computer-Aided Design, 1998, 30 (11): 905-918.

[37] Honohan P. Financial development, growth and poverty: how close are the links? [M] //Financial development and economic growth. Palgrave Macmillan, London, 2004: 1-37.

[38] Ian Foster, Zhao Yong, Ioan Raicu, et al. Cloud computing and grid computing 360-degree compared [C]. Grid Computing Environments. Workshop, 2008:1-10.

[39] Joakim Bjorkdahl. Strategies for digitalization in manufacturing firms [J]. California Management Review, 2020, 62 (4): 17-36.

[40] Kim T Y, Kim E, Park J, et al. The faster-accelerating digital economy [M] //Economic Growth. Springer, Berlin, Heidelberg, 2014: 163-191.

[41] Kohli R, Melville N P. Digital innovation: A review and synthesis [J]. Information Systems Journal, 2019, 29 (1): 200-223.

[42] Lee Sang Keun. The digital transformation of Germany's manufacturing industry and industry 4.0 strategy [J]. Koreanische Zeitschrift Fuer Wirtschaftswissenschaften, 2019, 37 (4).

[43] Leitão, P, A W Colombo and S Karnouskos. Industrial Automation Based on Cyber - physical Systems Technologies: Prototype Implementations and Challenges [J]. Computers in Industry, 2016, 81: 11-25.

[44] Li F, Nucciarelli A, Roden S, et al. How smart cities transform operations models: a new research agenda for operations management in the digital economy [J]. Production Planning & Control, 2016, 27 (6): 514-528.

[45] Lin J, Yu Z, Wei Y D, et al. Internet access, spillover and regional development in China [J]. Sustainability, 2017, 9 (6): 946.

［46］Mario Arturo Ruiz Estrada. Policy modeling：definition，classification and evaluation ［J］. Journal of Policy Modeling，2011，33（4）：523-536.

［47］Matthess M，Kunkel S. Structural change and digitalization in developing countries：conceptually linking the two transformations ［J］. Technology in Society，2020，63（1）：101428.

［48］Melville N，Ramirez R. Information technology innovation diffusion：an information requirements paradigm ［J］. Information Systems Journal，2008，18（3）：247-273.

［49］Michael He Zhang，冯泓，冯白. 基于政策工具视角的我国养老金融政策量化分析 ［J］. 广西社会科学，2021（3）：117-123.

［50］Müller J M，Buliga O，Voigl K L. Fortune favors the prepared：How SMEs approach business model innovations in Industry 4. 0 ［J］. Technological Forecasting and Social Change，2018，132：2-17.

［51］Nosova Svetlana，Norkina Anna，Makar Svetlana，Fadeicheva Galina. Digital transformation as a new paradigm of economic policy ［J］. Procedia Computer Science，2021，190：657-665.

［52］Núbia C，Chaim O，Cazarini E，et al. Manufacturing in the fourth industrial revolution：a positive prospect in sustainable manufacturing ［J］. Procedia Manufacturing，2018，21：671-678.

［53］Opresnik D，M Taisch. The value of Big Data in servitization ［J］. International Journal of Production Economics，2015，165：174-184.

［54］Osterwalder A，Pigneur Y. Business Model Generation. A Handbook for Visionaries，Game Changers，and Challengers ［M］. John Wiley & Sons，Hoboken，2010.

［55］Paiola M，Gebauer H. internet of things technologies，digital servitization and business model innovation in B to B manufacturing firms ［J］. Industrial Marketing Management，2020，89：245-264.

［56］Paoletti I. Mass customization with additive manufacturing：new perspectives for multi performative building components in architecture ［J］. Procedia Engineering，2017，180：1150-1159.

［57］Pavitt K. Sectoral patterns of technical change：towards a taxonomy and a theory [J]. Research Policy, 1984, 13 (6): 343-373.

[58] Pietrobelli C. Global value chains in the least developed countries of the world: Threats and opportunities for local producers [J]. International Journal of Technological Learning Innovation & Development, 2008, 1 (4): 459-481.

[59] Quadri I, Bagnato A, Brosse E, et al. Modeling methodologies for cyber-physical systems: research field study on inherent and future challenges [J]. Ada User Journal, 2015, 36 (4): 246-253.

[60] Rachuri S, Sriram R D, Narayanan A, et al. Sustainable Manufacturing: Metrics, Standards, and Infrastructure-Workshop Summary [C] //proceedings of the 6th annual IEEE Conference on Automation Science and Engineering, Toronto, Canada, 2010: 144-149.

[61] Romer P M. Endogenous technological change [J]. Journal of Political Economy, 1990, 98 (5, Part 2): 71-102.

[62] Sailer P, Stutzmann B, Kobold D. Successful digital transformation—How change management helps you to hold course [R]. Siemens IoT Services, 2019.

[63] Seo SK Lang C. Psychogenic antecedents and apparel customization: moderating effects of gender [J]. Fashion and Textiles, 2019, 6 (1): 19.

[64] Shahbazpour M, Seidel R H A. Using sustainability for competitive advantage [C]. 13th CIRP International Conference on Life Cycle Engineering, 2006: 287-292.

[65] Siegel D S, Waldman D A, Youngdahl W E. The adoption of advanced manufacturing technologies: human resource management implications [J]. IEEE Transactions on Engineering Management, 1997, 44 (3): 288-298.

[66] Sjödin D, Parida V, Kohtamäki M, et al. An agile co-creation process for digital servitization: a micro-service innovation approach [J]. Journal of Business Research, 2020, 112: 478-491.

[67] Sjödin D R, Parida V, Leksell M, et al. Smart factory implementation and process innovation: a preliminary maturity model for leveraging digitalization in manufacturing moving to smart factories presents specific challenges that can be addressed through a structured approach focused on people, processes, and technologies [J]. Research-Technology Management, 2018, 61 (5): 22-31.

［68］Stieglitzn. Digital dynamics and types of industry convergence: the evoluti-on of the handheld computer market ［J］. The Industrial Dynamics of the New Digital Economy, 2003 (12): 179-208.

［69］Sturgeon T J, Kawakami M. Global value chains in the electronics industry: Characteristics, crisis, and upgra-ding opportunities for firms from develo-ping countries ［J］. International Journal of Technological Learning In-novation & De-velopment, 2011, 4 (1): 120-147.

［70］Tao F, Wang Y, Zuo Y, et al. internet of things in product life-cycle en-ergy management ［J］. Journal of Industrial Information Integration, 2016, 1: 26-39.

［71］Tapscott D. The Digital Economy ［M］. New York: McGraw-Hill Educa-tion, 2015.

［72］Thornton P H. Markets from Culture: Institutional Logics and Organizational Decisions in Higher Education Publishing ［M］. Stanford CA: Stanford University Press, 2004.

［73］Townsend A M. The Internet and the rise of the new network cities, 1969-1999 ［J］. Environment and Planning B: Planning and Design, 2001, 28 (1): 39-58.

［74］Vandermerwe S, Rada J. Servitization of business: adding value by adding services ［J］. Eur. Manage, 1988 (6): 314-324.

［75］Vial G. Understanding digital transformation: a review and a research agenda ［J］. The Journal of Strategic Information Systems, 2019, 28 (2): 118-144.

［76］Wang G., A. Gunasekaran, E. W. T. Ngai and T. Papadopoulos. Big data analytics in logistics and supply chain management: Certain investigations for research and applications ［J］. International Journal of Production Economics, 2016, 176: 98-110.

［77］Ward P, Zhou H. Impact of information technology integration and lean/just-in-time practices on lead-time performance ［J］. Decision Sciences, 2006, 37 (2): 177-203.

［78］Warner K, Waeger M. Building dynamic capabilities for digital transforma-tion: an ongoing process of strategic renewal ［J］. Long Range Planning, 2019, 52 (3): 326-349.

［79］Weill P，Woerner S. Thriving in an increasingly digital ecosystem［J］. MIT Sloan Management Review，2015，56（4）：27-34.

［80］Westerman G，Bonnet D. Revamping your business through digital transformation［J］. MIT Sloan Management Review，2015，56（3）：10.

［81］Wu F，Yeniyurt S，Kim D，Cavusgil S T. The impact of information technology on supply chain capabilities and firm performance：a resource-based view［J］. Ind. Mark. Manage，2006，35（4）：493-504.

［82］Yilmaz S，Haynes K E，Dinc M. Geographic and network neighbors：spillover effects of telecommunications infrastructure［J］. Journal of Regional Science，2002，42（2）：339-360.

［83］Yilmaz S，Haynes K E，Dinc M. Geographic and network neighbors：Spillover effects of telecommunications infrastructure［J］. Journal of Regional Science，2002，42（2）：339-360.

［84］Yin S，Kaynak O. Big data for modern industry：chal lenges and trends［J］. Proceedings of the IEEE，2015，103（2）：143-146.

［85］Yeow A，Soh C，Hansen R. Aligning with new digital strategy：a dynamic capabilities approach［J］. Journal of Strategic Information Systems，2018，27（1）：43-58.

［86］Yu W，Chavez R，Jacobs M A，et al. Data-driven supply chain capabilities and performance：a resource - based view［J］. Transportation Research Part E：Logistics and Transportation Review，2018，114：371-385.

［87］Zhou X，Li K W，Li Q. An analysis on technical efficiency in post-reform China［J］. China Economic Review，2011，22（3）：357-372.

［88］Zott C，Amit R. Designing your future business model：an activity system perspective［J］. O&M：Structures & Processes in Organizations Journal，2009.

［89］安东尼奥·葛兰西. 狱中札记［M］. 北京：中国社会科学出版社，2000.

［90］蔡宁，贺锦江，王节祥."互联网+"背景下的制度压力与企业创业战略选择——基于滴滴出行平台的案例研究［J］. 中国工业经济，2017（3）：174-192.

［91］蔡卫星，倪骁然，赵盼，杨亭亭. 企业集团对创新产出的影响：来自

制造业上市公司的经验证据［J］.中国工业经济，2019（1）：137-155.

　　［92］蔡新宇，孙迪，付丽丽.基于"五通"政策的俄语区国家人才需求空间分布研究［J］.北京联合大学学报（人文社会科学版），2019，17（4）：109-118.

　　［93］蔡银寅."互联网+"背景下中国制造业的机遇与挑战［J］.现代经济探讨，2016（11）：64-68.

　　［94］钞小静，薛志欣，孙艺鸣.新型数字基础设施如何影响对外贸易升级：来自中国地级及以上城市的经验证据［J］.经济科学，2020，42（3）：46-59.

　　［95］陈冬梅，王俐珍，陈安霓.数字化与战略管理理论——回顾、挑战与展望［J］.管理世界，2020，36（5）：220-236.

　　［96］陈国青，曾大军，卫强，张明月，郭迅华.大数据环境下的决策范式转变与使能创新［J］.管理世界，2020，36（2）：95-105+220.

　　［97］陈红琳，魏瑞斌，张玮，张宇航.基于共词分析的国内文本情感分析研究［J］.现代情报，2019，39（6）：91-101.

　　［98］陈梦根，周元任.数字化对企业人工成本的影响［J］.中国人口科学，2021（4）：45-60+127.

　　［99］陈启斐，刘志彪.反向服务外包对我国制造业价值链提升的实证分析［J］.经济学家，2013（11）：68-75.

　　［100］陈庆江，王月苗，王彦萌.高管团队社会资本在数字技术赋能企业创新中的作用——"助推器"还是"绊脚石"？［J］.上海财经大学学报，2021，23（4）：3-17.

　　［101］陈旭升，梁颖.双元驱动下智能制造发展路径——基于本土制造企业的多案例研究［J］.科技进步与对策，2020，37（10）：71-80.

　　［102］陈昭，刘映曼.政府补贴、企业创新与制造业企业高质量发展［J］.改革，2019（8）：140-151.

　　［103］陈重辉.基于智能制造的 SMT 生产流程的优化研究［D］.天津大学，2019.

　　［104］崔旭，贺沛沛.基于灰色关联分析的智慧图书馆政策要素和政策体系研究［J］.图书馆学研究，2020（17）：35-42+93.

　　［105］丁纯，李君扬.德国"工业 4.0"：内容、动因与前景及其启示［J］.

德国研究，2014，29（4）：49-66+126.

[106] 丁志帆. 数字经济驱动经济高质量发展的机制研究：一个理论分析框架 [J]. 现代经济探讨，2020（1）：85-92.

[107] 杜宝贵，陈磊. 基于 PMC 指数模型的科技服务业政策量化评价：辽宁及相关省市比较 [J]. 科技进步与对策，2022，39（1）：132-140.

[108] 杜运周，贾良定. 组态视角与定性比较分析（QCA）：管理学研究的一条新道路 [J]. 管理世界，2017（6）：155-167.

[109] 杜运周，李佳馨，刘秋辰，赵舒婷，陈凯薇. 复杂动态视角下的组态理论与 QCA 方法：研究进展与未来方向 [J]. 管理世界，2021，37（3）：180-197+12-13.

[110] 方永恒，陈友倩. 国务院保障性住房政策量化评价——基于 10 项保障性住房政策情报的分析 [J]. 情报杂志，2019，38（3）：101-107.

[111] 葛笑春，刘虎，田雪莹，葛登科. 多重制度逻辑下组织创业资源的识取——非营利组织转型为社会企业的案例研究 [J]. 管理案例研究与评论，2021，14（2）：192-204.

[112] 辜胜阻，吴华君，吴沁沁，余贤文. 创新驱动与核心技术突破是高质量发展的基石 [J]. 中国软科学，2018（10）：9-18.

[113] 郭进. 传统制造业企业智能化的路径选择研究 [J]. 人文杂志，2021（6）：69-78.

[114] 韩璐，陈松，梁玲玲. 数字经济、创新环境与城市创新能力 [J]. 科研管理，2021，42（4）：35-45.

[115] 何建佳，葛玉辉，张光远. 信息化进程中的组织变革与 IT 治理 [J]. 商业研究，2006（17）：117-120.

[116] 何文彬. 全球价值链视域下数字经济对我国制造业升级重构效应分析 [J]. 亚太经济，2020（3）：115-130+152.

[117] 何玉梅，赵欣灏. 新型数字基础设施能够推动产业结构升级吗——来自中国 272 个地级市的经验证据 [J]. 科技进步与对策，2021，38（17）：79-86.

[118] 胡迟. "十二五" 以来制造业转型升级：成效、问题与对策 [J]. 经济研究参考，2012（57）：3-22+30.

[119] 胡峰，戚晓妮，汪晓燕. 基于 PMC 指数模型的机器人产业政策量化

评价——以 8 项机器人产业政策情报为例 [J]. 情报杂志, 2020, 39 (1): 121-129+161.

[120] 胡山, 余泳泽. 数字经济与企业创新: 突破性创新还是渐进性创新? [J/OL]. 财经问题研究: 1-12 [2021-12-23].

[121] 黄群慧, 贺俊. 中国制造业的核心能力、功能定位与发展战略——兼评《中国制造 2025》[J]. 中国工业经济, 2015 (6): 5-17.

[122] 黄群慧, 霍景东. 产业融合与制造业服务化: 基于一体化解决方案的多案例研究 [J]. 财贸经济, 2015 (2): 136-147.

[123] 黄群慧, 余泳泽, 张松林. 互联网发展与制造业生产率提升: 内在机制与中国经验 [J]. 中国工业经济, 2019 (8): 5-23.

[124] 黄群慧, 余泳泽, 张松林. 互联网发展与制造业生产率提升: 内在机制与中国经验 [J]. 中国工业经济, 2019 (8): 5-23.

[125] 黄阳华, 林智, 李萌. "互联网+" 对我国制造业转型升级的影响 [J]. 中国党政干部论坛, 2015 (7): 73-75.

[126] 惠献波. 数字普惠金融发展能激励企业创新吗? ——新三板上市公司的证据 [J]. 企业经济, 2021, 40 (7): 63-74.

[127] 吉峰, 牟宇鹏. 基于扎根理论的传统企业互联网化转型影响因素研究 [J]. 湖南社会科学, 2016 (6): 141-146.

[128] 纪成君, 陈迪. "中国制造 2025" 深入推进的路径设计研究——基于德国工业 4.0 和美国工业互联网的启示 [J]. 当代经济管理, 2016, 38 (2): 50-55.

[129] 江玉国. 工业企业 "智造" 转型的动力机制研究 [J]. 科研管理, 2020, 41 (2): 104-114.

[130] 姜松, 孙玉鑫. 数字经济对实体经济影响效应的实证研究 [J]. 科研管理, 2020, 41 (5): 32-39.

[131] 蒋振宇, 王宗军. 关系强度对企业创新意愿和创新能力的影响机理——基于企业内外部视角的分析 [J]. 研究与发展管理, 2020, 32 (3): 123-135.

[132] 焦勇. 数字经济赋能制造业转型: 从价值重塑到价值创造 [J]. 经济学家, 2020 (6): 87-94.

[133] 焦勇, 刘忠诚. 数字经济赋能智能制造新模式——从规模化生产、个

性化定制到适度规模定制的革新［J］．贵州社会科学，2020（11）：148-154．

［134］金青，张忠．智能产品的工业服务设计研究［J］．工业技术经济，2016（11）：93-101．

［135］荆文君，孙宝文．数字经济促进经济高质量发展：一个理论分析框架［J］．经济学家，2019（2）：66-73．

［136］库姆斯，等．经济学与技术进步［M］．北京：商务印书馆，1989．

［137］李冬伟，俞钰凡．中国大型企业社会责任战略选择动因研究——一个新制度理论解释框架［J］．北京理工大学学报（社会科学版），2015，17（3）：60-69．

［138］李春发，李冬冬，周驰．数字经济驱动制造业转型升级的作用机理——基于产业链视角的分析［J］．商业研究，2020（2）：73-82．

［139］李宏贵，曹迎迎，杜运周．动态制度环境下企业创新的战略反应［J］．管理学报，2018，15（6）：856-864．

［140］李景海，林仲豪．"互联网+"、创新驱动发展与广东民营经济转型升级路径研究［J］．江淮论坛，2016（2）：50-56．

［141］李君，成雨，窦克勤，邱君降．互联网时代制造业转型升级的新模式现状与制约因素［J］．中国科技论坛，2019（4）：68-77．

［142］李君，邱君降．2014-2019中国两化融合发展演进与进展成效研究［J］．科技管理研究，2020，40（21）：175-184．

［143］李君，邱君降，成雨．工业企业数字化转型过程中的业务综合集成现状及发展对策［J］．中国科技论坛，2019（7）：113-118．

［144］李强，孔蕾，张科．工业4.0与云制造的比较分析［J］．机床与液压，2020，48（11）：179-184．

［145］李文，张珍珍，梅蕾．企业网络、大数据能力与商业模式创新机制研究——基于fsQCA方法的实证分析［J］．科技进步与对策，2022，39（1）：121-131．

［146］李晓华．数字经济新特征与数字经济新动能的形成机制［J］．改革，2019（11）：40-51．

［147］李雪，吴福象，竺李乐．数字经济与区域创新绩效［J］．山西财经大学学报，2021，43（5）：17-30．

［148］李英杰，韩平．数字经济下制造业高质量发展的机理和路径［J］．宏

观经济管理，2021（5）：36-45.

[149] 李远刚. 区域大数据与实体经济深度融合实证分析 [J]. 工业技术经济，2021，40（8）：134-141.

[150] 梁强，王博，宋丽红，徐二明. 家族治理与企业战略导向：基于制度逻辑理论的实证研究 [J]. 南方经济，2021（1）：120-134.

[151] 廖信林，杨正源. 数字经济赋能长三角地区制造业转型升级的效应测度与实现路径 [J]. 华东经济管理，2021，35（6）：22-30.

[152] 林春，孙英杰. 创新驱动与经济高质量发展的实证检验 [J]. 统计与决策，2020，36（4）：96-99.

[153] 林兢，戴诗蕊，林丽花. 国有企业汉商集团反并购民企卓尔失败探源 [J]. 管理案例研究与评论，2021，14（4）：446-456.

[154] 刘冰洁，曾嘉悦，赵彦云. 旅游产业的政策量化及其影响分析 [J]. 经济问题探索，2021（12）：71-82.

[155] 刘飞. 中国省域信息化与工业化融合的影响因素研究 [J]. 西安财经大学学报，2020，33（1）：45-50.

[156] 刘明达，顾强. 从供给侧改革看先进制造业的创新发展——世界各主要经济体的比较及其对我国的启示 [J]. 经济社会体制比较，2016（1）：19-29.

[157] 刘强. 智能制造理论体系架构研究 [J]. 中国机械工程，2020，31（1）：24-36.

[158] 刘艳，曹伟，李石柱，张士运. 上海市全面创新改革试验区相关政策研究 [J]. 科技管理研究，2017，37（23）：72-78.

[159] 刘洋，董久钰，魏江. 数字创新管理：理论框架与未来研究 [J]. 管理世界，2020，36（7）：198-217+219.

[160] 刘业政，孙见山，姜元春，陈夏雨，刘春丽. 大数据的价值发现：4C 模型 [J]. 管理世界，2020，36（2）：129-138+223.

[161] 刘意，谢康，邓弘林. 数据驱动的产品研发转型：组织惯例适应性变革视角的案例研究 [J]. 管理世界，2020，36（3）：164-183.

[162] 刘媛媛，徐沛钰，刘靖瑜. 高管团队社会资本对 CSR 负面事件的缓解效应——基于产品市场视角 [J]. 科研管理，2019，40（1）：131-138.

[163] 楼永，赵铄，郝凤霞. 数字化能否调节产品创新与服务转型的交互效应——基于 A 股制造业上市公司的实证研究 [J/OL]. 科技进步与对策：1-9

［2022-03-19］.

　　［164］卢克·多梅尔. 人工智能——改变世界, 重建未来［M］. 赛迪研究院专家组译. 北京: 中信出版社, 2016.

　　［165］陆峰. 中国智能制造发展迈向下一个路口［J］. 互联网经济, 2017（Z1）: 46-51.

　　［166］罗伯特·K. 殷. 案例研究: 设计与方法［M］. 重庆: 重庆大学出版社, 2010.

　　［167］罗序斌. 传统制造业智能化转型升级的实践模式及其理论构建［J］. 现代经济探讨, 2021（11）: 86-90.

　　［168］马黄龙, 屈小娥. 数字普惠金融对经济高质量发展的影响——基于农村人力资本和数字鸿沟视角的分析［J］. 经济问题探索, 2021（10）: 173-190.

　　［169］孟方琳, 汪遵瑛, 赵袁军, 姚歆. 数字经济生态系统的运行机理与演化［J］. 宏观经济管理, 2020（2）: 50-58.

　　［170］苗圩, 韩春瑶. 推动制造业高质量发展［N］. 人民日报, 2019-04-15（12）.

　　［171］那丹丹, 李英. 我国制造业数字化转型的政策工具研究［J］. 行政论坛, 2021, 28（1）: 92-97.

　　［172］裴政, 罗守贵. 人力资本要素与企业创新绩效——基于上海科技企业的实证研究［J］. 研究与发展管理, 2020, 32（4）: 136-148.

　　［173］戚湧, 张锋. 基于内容分析的战略性新兴产业政策评价研究［J］. 科技进步与对策, 2020, 37（17）: 118-125.

　　［174］戚聿东, 肖旭. 数字经济时代的企业管理变革［J］. 管理世界, 2020, 36（6）: 135-152+250.

　　［175］齐二石, 李天博, 刘亮, 黄毅敏. 云制造理论、技术及相关应用研究综述［J］. 工业工程与管理, 2015, 20（1）: 8-14.

　　［176］钱晶晶, 何筠. 传统企业动态能力构建与数字化转型的机理研究［J］. 中国软科学, 2021（6）: 135-143.

　　［177］邱兆林. 政府干预、企业自主研发与高技术产业创新——基于中国省级面板数据的实证分析［J］. 经济问题探索, 2015（4）: 43-48.

　　［178］裘莹, 郭周明. 数字经济推进我国中小企业价值链攀升的机制与政策研究［J］. 国际贸易, 2019（11）: 12-20+66.

[179] 任保平，豆渊博．"十四五"时期新经济推进我国产业结构升级的路径与政策 [J]．经济与管理评论，2021，37（1）：10-22．

[180] 任宗强，赵向华．个性化定制模式下制造型企业知识管理与动态优化机制 [J]．中国管理科学，2014（S1）：539-543．

[181] 沈坤荣，耿强．外国直接投资、技术外溢与内生经济增长——中国数据的计量检验与实证分析 [J]．中国社会科学，2001（5）：82-93+206．

[182] 沈运红，黄桁．数字经济水平对制造业产业结构优化升级的影响研究——基于浙江省 2008—2017 年面板数据 [J]．科技管理研究，2020，40（3）：147-154．

[183] 史宇鹏．数字经济与制造业融合发展：路径与建议 [J]．人民论坛·学术前沿，2021（6）：34-39．

[184] 宋晓玲．数字普惠金融缩小城乡收入差距的实证检验 [J]．财经科学，2017（6）：14-25．

[185] 苏屹，李丹．研发投入、创新绩效与经济增长——基于省级面板数据的 PVAR 实证研究 [J]．系统管理学报，2021，30（4）：763-770．

[186] 唐林伟，黄思蕾．从"机器换人"到"人机共舞"——工业 4.0 进程中工程技术人才角色定位与教育形塑 [J]．高等工程教育研究，2020（4）：75-82．

[187] 童有好．"互联网+制造业服务化"融合发展研究 [J]．经济纵横，2015（10）：62-67．

[188] 涂智苹，宋铁波．多重制度逻辑、管理者认知和企业转型升级响应行为研究 [J]．华南理工大学学报（社会科学版），2020，22（1）：45-57．

[189] 汪伟，胡军，宗庆庆，郭峰．官员腐败行为的地区间策略互动：理论与实证 [J]．中国工业经济，2013（10）：31-43．

[190] 王军，朱杰，罗茜．中国数字经济发展水平及演变测度 [J]．数量经济技术经济研究，2021，38（7）：26-42．

[191] 王开科，吴国兵，章贵军．数字经济发展改善了生产效率吗 [J]．经济学家，2020（10）：24-34．

[192] 王猛，宣烨，陈启斐．创意阶层集聚、知识外部性与城市创新——来自 20 个大城市的证据 [J]．经济理论与经济管理，2016，36（1）：59-70．

[193] 王庆喜，章鑫，辛月季．数字经济与浙江省高质量发展研究——基于

空间面板数据的分析［J］. 浙江工业大学学报（社会科学版），2021，20
（1）：42-49+89.

［194］王庆喜，章鑫，辛月季. 数字经济与浙江省高质量发展研究——基于
空间面板数据的分析［J］. 浙江工业大学学报（社会科学版），2021，20
（1）：42-49，89.

［195］王瑞荣，陈晓华. 数字经济助推制造业高质量发展的动力机制与实证
检验——来自浙江的考察［J/OL］. 系统工程：1-15［2021-08-19］.

［196］王树祥，张明玉，郭琦. 价值网络演变与企业网络结构升级［J］. 中
国工业经济，2014（3）：93-106.

［197］王维国. 论国民经济协调系数体系的建立［J］. 统计研究，1995
（4）：66-68.

［198］王伟玲，王晶. 我国数字经济发展的趋势与推动政策研究［J］. 经济
纵横，2019（1）：69-75.

［199］王伟玲，吴志刚. 新冠肺炎疫情影响下数字经济发展研究［J］. 经济
纵横，2020（3）：16-22.

［200］王卫星，林凯. 轻资产运营下科技型中小企业盈利模式的实证研究
［J］. 科技管理研究，2015，35（7）：185-191.

［201］王喜文. 工业互联网：以新基建推动新变革［J］. 人民论坛·学术前
沿，2020（13）：23-31.

［202］王性玉，邢韵. 高管团队多元化影响企业创新能力的双维分析——基
于创业板数据的实证检验［J］. 管理评论，2020，32（12）：101-111.

［203］王艺霖，胡艳娟，朱非凡，石超，武理哲. 云制造资源优化配置研究
综述［J］. 制造技术与机床，2017（11）：36-42.

［204］王永龙，余娜，姚鸟儿. 数字经济赋能制造业质量变革机理与效
应——基于二元边际的理论与实证［J］. 中国流通经济，2020，34（12）：
60-71.

［205］王瑜炜，秦辉. 中国信息化与新型工业化耦合格局及其变化机制分析
［J］. 经济地理，2014，34（2）：93-100.

［206］王玉荣，杨震宁. 我国制造业的创新环境及其动力：475个企业样本
［J］. 改革，2010（1）：45-54.

［207］王玉燕，林汉川. 全球价值链嵌入能提升工业转型升级效果吗——基

于中国工业面板数据的实证检验 [J]. 国际贸易问题, 2015 (11): 51-61.

[208] 王媛媛, 张华荣. 全球智能制造业发展现状及中国对策 [J]. 东南学术, 2016 (6): 116-123.

[209] 王振坡, 张馨芳, 宋顺锋. 我国城市交通拥堵成因分析及政策评价——以天津市为例 [J]. 城市发展研究, 2017, 24 (4): 118-124.

[210] 温忠麟, 叶宝娟. 中介效应分析: 方法和模型发展 [J]. 心理科学进展, 2014, 22 (5): 731-745.

[211] 吴传清, 张诗凝. 长江经济带数字经济发展研究 [J]. 长江大学学报 (社会科学版), 2021, 44 (2): 75-82.

[212] 吴非, 常曦, 任晓怡. 政府驱动型创新: 财政科技支出与企业数字化转型 [J]. 财政研究, 2021 (1): 102-115.

[213] 吴非, 胡慧芷, 林慧妍, 任晓怡. 企业数字化转型与资本市场表现——来自股票流动性的经验证据 [J]. 管理世界, 2021, 37 (7): 130-144+10.

[214] 吴敏洁, 徐常萍, 唐磊. 中国区域智能制造发展水平评价研究 [J]. 经济体制改革, 2020 (2): 60-65.

[215] 吴旺延, 刘珺宇. 智能制造促进中国产业转型升级的机理和路径研究 [J]. 西安财经大学学报, 2020, 33 (3): 19-26.

[216] 肖静华. 从工业化体系向互联网体系的跨体系转型升级模式创新 [J]. 产业经济评论, 2017 (2): 55-66.

[217] 肖静华, 毛蕴诗, 谢康. 基于互联网及大数据的智能制造体系与中国制造企业转型升级 [J]. 产业经济评论, 2016 (2): 5-16.

[218] 谢康, 肖静华, 周先波, 乌家培. 中国工业化与信息化融合质量: 理论与实证 [J]. 经济研究, 2012, 47 (1): 4-16+30.

[219] 谢勇, 刘治红, 吴宏超. 中国制造向中国智造转型的发展模式初探 [J]. 兵工自动化, 2017 (2): 1-7.

[220] 徐广林, 林贡钦. 工业 4.0 背景下传统制造业转型升级的新思维研究 [J]. 上海经济研究, 2015 (10): 107-113.

[221] 徐辉, 邱晨光. 数字经济发展提升了区域创新能力吗——基于长江经济带的空间计量分析 [J/OL]. 科技进步与对策: 1-10 [2021-12-23].

[222] 徐翔, 赵墨非. 数据资本与经济增长路径 [J]. 经济研究, 2020, 55

（10）：38-54.

［223］徐向龙，侯经川．促进、加速与溢出：数字经济发展对区域创新绩效的影响［J/OL］．科技进步与对策：1-9［2021-12-23］．

［224］薛栋．智能制造数字化人才分类体系及其标准研究——美国 DMDII 的数字人才框架启示［J］．江苏高教，2021（3）：68-75.

［225］薛阳，胡丽娜．制度环境、政府补助和制造业企业创新积极性：激励效应与异质性分析［J］．经济经纬，2020，37（6）：88-96.

［226］严子淳，李欣，王伟楠．数字化转型研究：演化和未来展望［J］．科研管理，2021，42（4）：21-34.

［227］阎世平，武可栋，韦庄禹．数字经济发展与中国劳动力结构演化［J］．经济纵横，2020（10）：96-105.

［228］杨蕙馨，田洪刚．中国制造业技术进步与全球价值链位置攀升——基于耦合协调的视角［J］．安徽大学学报（哲学社会科学版），2020，44（6）：130-144.

［229］姚娟，邢镔，曾骏，文俊浩．云制造服务组合研究综述［J］．计算机科学，2021，48（7）：245-255.

［230］姚锡凡，练肇通，杨岭，等．智慧制造——面向未来互联网的人机物协同制造新模式［J］．计算机集成制造系统，2014，20（6）：1490-1498.

［231］殷群，田玉秀．数字化转型影响高技术产业创新效率的机制［J］．中国科技论坛，2021（3）：103-112.

［232］尹君，谭清美．智能生产与服务网络下新型产业：创新平台运行模式研究［J］．科技进步与对策，2018，35（6）：65-69.

［233］余江，孟庆时，张越，张玢，陈凤．数字创新：创新研究新视角的探索及启示［J］．科学学研究，2017，35（7）：1103-1111.

［234］袁宝龙，李琛．创新驱动我国经济高质量发展研究——经济政策不确定性的调节效应［J］．宏观质量研究，2021，9（1）：45-57.

［235］袁勇，王飞跃．区块链技术发展现状与展望［J］．自动化学报，2016，42（4）：481-494.

［236］曾繁华，侯晓东，吴阳芬．"双创四众"驱动制造业转型升级机理及创新模式研究［J］．科技进步与对策，2016，33（23）：44-50.

［237］翟淼．投资扩张和成本压力下的过度生产——基于中国制造业上市公

司的经验研究 [J]. 中央财经大学学报, 2013 (11): 90-96.

[238] 臧维, 张延法, 徐磊. 我国人工智能政策文本量化研究——政策现状与前沿趋势 [J]. 科技进步与对策, 2021, 38 (15): 125-134.

[239] 湛正群, 杨华. 外部环境、内部能力与高新技术企业创新绩效关系实证研究 [J]. 科技管理研究, 2016, 36 (15): 136-142.

[240] 张伯旭, 李辉. 推动互联网与制造业深度融合——基于"互联网+"创新的机制和路径 [J]. 经济与管理研究, 2017, 38 (2): 87-96.

[241] 张古鹏, 陈向东, 杜华东. 中国区域创新质量不平等研究 [J]. 科学学研究, 2011, 29 (11): 1709-1719.

[242] 张国胜, 杜鹏飞, 陈明明. 数字赋能与企业技术创新——来自中国制造业的经验证据 [J]. 当代经济科学, 2021, 43 (6): 65-76.

[243] 张恒梅, 李南希. 创新驱动下以物联网赋能制造业智能化转型 [J]. 经济纵横, 2019 (7): 93-100.

[244] 张建清, 余道明. 中国制造业成本: 演变、特点与未来趋势发展 [J]. 河南社会科学, 2018, 26 (3): 57-62.

[245] 张洁, 高亮, 秦威, 吕佑龙, 李新宇. 大数据驱动的智能车间运行分析与决策方法体系 [J]. 计算机集成制造系统, 2016, 22 (5): 1220-1228.

[246] 张琳, 蔡荣华, 张妞, 赵翊廷. PE 助力制造业企业"走出去"与价值创造 [J]. 管理案例研究与评论, 2021, 14 (6): 679-697.

[247] 张璐, 赵爽, 长青, 崔丽. 跨越组织层级的鸿沟: 企业创新能力动态构建机制研究 [J]. 管理评论, 2019, 31 (12): 287-300.

[248] 张明超, 孙新波, 钱雨. 数据赋能驱动智能制造企业 C2M 反向定制模式创新实现机理 [J]. 管理学报, 2021, 18 (8): 1175-1186.

[249] 张培, 张丽平. 制造业服务化制度情境与创新网络: 政府参与视角 [J]. 管理现代化, 2019, 39 (6): 32-37.

[250] 张庆昌, 王跃生. 中美印制造业成本比较: 一个案例引发的思考 [J]. 宏观经济研究, 2018 (6): 169-175.

[251] 张庆君, 黄玲. 数字普惠金融、产业结构与经济高质量发展 [J]. 江汉论坛, 2021 (10): 41-51.

[252] 张少华, 陈治. 数字经济与区域经济增长的机制识别与异质性研究 [J]. 统计与信息论坛, 2021, 36 (11): 14-27.

[253] 张腾，蒋伏心，韦联韬. 数字经济能否成为促进我国经济高质量发展的新动能？[J]. 经济问题探索，2021（1）：25-39.

[254] 张婷婷，张所地. 城市公共性不动产结构、人才集聚与经济高质量发展 [J]. 经济问题探索，2019（9）：91-99.

[255] 张笑，赵明辉，张路蓬. 政府创新补贴、高管关系嵌入与研发决策——WSR 方法论视角下制造业上市公司的实证研究 [J]. 管理评论，2021，33（5）：194-207.

[256] 张轶龙，崔强. 中国工业化与信息化融合评价研究 [J]. 科研管理，2013，34（4）：43-44.

[257] 张永安，耿喆. 我国区域科技创新政策的量化评价——基于 PMC 指数模型 [J]. 科技管理研究，2015，35（14）：26-31.

[258] 张永安，郄海拓. 国务院创新政策量化评价——基于 PMC 指数模型 [J]. 科技进步与对策，2017，34（17）：127-136.

[259] 赵滨元. 数字经济对区域创新绩效及其空间溢出效应的影响 [J/OL]. 科技进步与对策：1-8 [2021-05-31]. http：//kns. cnki. net/kcms/detail/42. 1224. G3. 20210517. 0944. 004. html.

[260] 赵昌文，"十三五"时期中国产业发展新动向 [J]. 财经问题研究，2016（3）：27-34.

[261] 赵宸宇. 数字化发展与服务化转型——来自制造业上市公司的经验证据 [J]. 南开管理评论，2021，24（2）：149-163.

[262] 赵卿，曾海舰. 产业政策推动制造业高质量发展了吗？[J]. 经济体制改革，2020（4）：180-186.

[263] 赵涛，张智，梁上坤. 数字经济、创业活跃度与高质量发展——来自中国城市的经验证据 [J]. 管理世界，2020，36（10）：65-76.

[264] 赵涛，张智，梁上坤. 数字经济、创业活跃度与高质量发展——来自中国的经验证据 [J]. 管理世界，2020，36（10）：65-76.

[265] 赵西三. 数字经济驱动中国制造转型升级研究 [J]. 中州学刊，2017（12）：36-41.

[266] 赵岩，赖伟燕. 基于 TOE 理论下的我国工业互联网实施能力影响因素分析 [J]. 管理现代化，2021，41（5）：25-28.

[267] 赵杨，陈雨涵，陈亚文. 基于 PMC 指数模型的跨境电子商务政策评

价研究［J］. 国际商务（对外经济贸易大学学报），2018（6）：114-126.

［268］郑嘉琳，徐文华. 数字经济助推我国经济高质量发展的作用机制研究——基于区域异质性视角的分析［J］. 价格理论与实践，2020（8）：148-151.

［269］周锋，顾晓敏，韩慧媛，何建佳. 质量管理实践、吸收能力与创新绩效——基于船舶企业智能制造视角［J］. 科技进步与对策，2021，38（7）：67-75.

［270］周济. 智能制造——"中国制造2025"的主攻方向［J］. 中国机械工程，2015，26（17）：2273-2284.

［271］周龙飞，张霖，刘永奎. 云制造调度问题研究综述［J］. 计算机集成制造系统，2017，23（6）：1147-1166.

［272］周振华. 信息化与产业融合［M］. 上海：上海三联书店，2003.

［273］朱丽，柳卸林，刘超，杨虎. 高管社会资本、企业网络位置和创新能力——"声望"和"权力"的中介［J］. 科学学与科学技术管理，2017，38（6）：94-109.

［274］朱金生，朱华. 政府补贴能激励企业创新吗？——基于演化博弈的新创与在位企业创新行为分析［J/OL］. 中国管理科学：1-12［2021-12-03］.

［275］宗福季. 数字化转型下工业大数据在质量创新中的应用［J］. 宏观质量研究，2021，9（3）：1-11.

［276］邹新月，王旺. 中国数字金融与科技创新耦合协调发展的时空演变及其交互影响［J］. 广东财经大学学报，2021，36（3）：4-17.